消費者行動論

田中 洋 [著]

ベーシック＋プラス
Basic Plus

中央経済社

はじめに

▶なぜ消費者行動論を学ぶのか

　本書は消費者行動論の大学学部・大学院用のテキストであると同時に，マーケティングを仕事としている社会人のための消費者行動論の入門書でもあります。また，消費や消費者に関心をもつあらゆる人たちのための手引き書でもあります。

　なぜ消費者行動論を学ぶ必要があるのでしょうか。1つの理由はマーケティングの実践にとって，消費者がどのようにふるまっているかを理解することが重要だからです。消費者のニーズ，行動，考え方，価値観，ライフスタイルなどを知らないで，マーケティング活動を行うことはできません。

　しかしそれだけではありません。もう1つ消費者行動論を学ぶべき理由があります。それは現代社会において，私たちは，好むと好まざるとにかかわらず「消費者」という存在であるからです。商品を購入し，使用し，廃棄する活動を日々行っている私たちは，どのように，また，なぜそのようにふるまっているのでしょうか。自分自身のありようを知るという意味においても，消費者行動論を学ぶべき大事な理由があるのです。

▶本書の構成と使い方

　本書は前書『消費者行動論体系』（2008年，中央経済社）をベースとしています。第Ⅰ部基礎編では前書の中身をよりわかりやすくし，同時に最新の動向に基づいてアップデートしてあります。しかし単に読みやすく書き換えたということではありません。

　本書では前書になかった新しいコンテンツが大幅に加えられています。それが第Ⅱ部応用編です。第Ⅱ部では，価値・幸福・贅沢のように誰にとっても切実かつ重要な問題を扱っています。また，コンシューマーインサイトや

コ・クリエーション，オンライン消費者行動のような近年マーケティング界で重視されている概念も取り上げられています。さらに，解釈学的アプローチ，エスノグラフィーなど，前書では扱っていなかった消費者行動論における重要なテーマを記述しています。

　読者の方々には，本書を読むだけでなく，本書に書かれていることを出発点として，消費者行動についてさらに自分自身の考察を進めてくださることを期待しています。もしも大学の教科書として用いられるときは，章のはじめに書かれている「Learning Points」のクエスチョンを基に予習してから講義に臨むことをお勧めします。近年の「反転学習」という用語でも示されているように，高等教育での学習においては，復習よりもむしろ予習が効果的だからです。また章末の「Working（調べてみよう）」「Discussion（議論しよう）」を活用して，教室やゼミ室でさまざまな議論を繰り広げていただきたいと期待しています。

　本書の刊行にあたり，中央経済社最高顧問の山本時男氏，会長の山本継氏，社長の山本憲央氏に御礼申し上げます。本書ができあがるまでには，かなりの時間を要してしまいましたが，この間に辛抱強く著者を励まし，執筆の指針を示してくださった経営編集部編集長の納見伸之氏と同編集部編集次長の市田由紀子さんに感謝申し上げます。

　さらに，中央大学ビジネススクール（大学院戦略経営研究科）で日々私とともにマーケティングや経営学を勉強している社会人大学院生の方々にも御礼を申し上げます。彼らから得た刺激や情報が本書のあちこちに埋め込まれているからです。私は社会人大学院という場所ほど得がたく，また貴重な学びの場はないと考えています。これら社会人大学院生のすべての皆さんへ感謝の気持ちとして，本書を捧げたいと思っています。

2015年1月

田中　洋

▶▶▶目次

はじめに ……………………………………………………………………………… 001

第Ⅰ部 基　礎

第1章 消費とは何か ……………………………………………………… 008

1 現代における消費 …………………………………………………………… 008
2 消費・消費者とは …………………………………………………………… 013
3 消費者行動論の流れ ………………………………………………………… 015
4 消費者行動論の基礎(1)——CDPモデル …………………………………… 017
5 消費者行動論の基礎(2)——二重過程理論 ………………………………… 019

第2章 消費者ニーズ ……………………………………………………… 025

1 ニーズと欲求 ………………………………………………………………… 025
2 欲望と希望 …………………………………………………………………… 027
3 動　機 ………………………………………………………………………… 028

第3章 買い物行動 ………………………………………………………… 035

1 買い物行動のプロセス ……………………………………………………… 035
2 買い物行動のステップ ……………………………………………………… 036
3 購買パターン ………………………………………………………………… 044
4 購入の計画性 ………………………………………………………………… 046

003

第4章 購買意思決定 … 049

1. 個人の購買意思決定 … 049
2. 行動経済学的アプローチ … 064
3. 集団の購買意思決定 … 071

第5章 態 度 … 078

1. 態度とは … 078
2. 態度の理論 … 085
3. 説 得 … 097

第6章 知 覚 … 104

1. 知 覚 … 104
2. 価格の知覚 … 110
3. 学 習 … 113

第7章 記 憶 … 117

1. 記憶とは … 117
2. 処理水準モデル … 122
3. 記憶の技法 … 123
4. そのほかの記憶理論 … 124

第8章 知 識 … 130

1. 知識のタイプ … 130
2. 商品カテゴリー … 137

第9章 感 情 ... 142

1. 感 情 ... 142
2. 気 分 ... 148

第Ⅱ部 応 用

第10章 自己と他者Ⅰ ... 154
所有・信頼・価値

1. 所 有 ... 154
2. 信 頼 ... 158
3. 価 値 ... 164

第11章 自己と他者Ⅱ ... 171
幸福・フロー体験・本物

1. 幸 福 ... 171
2. フロー体験 ... 176
3. 本 物 ... 179

第12章 消費者文化Ⅰ ... 186
解釈学的アプローチ

1. 解釈学的／ポストモダンアプローチ ... 187
2. 消費者文化理論へ ... 189
3. コンシューマーインサイト ... 193
4. アイデンティティ ... 197

第13章 消費者文化Ⅱ ……202
神聖消費・贈り物・贅沢

- 1 / 神聖消費 ……202
- 2 / 贈り物 ……206
- 3 / 贅　沢 ……210

第14章 マクロ視点からの消費 ……220

- 1 / 流　行 ……220
- 2 / 他人指向型性格 ……222
- 3 / 準拠集団 ……226
- 4 / イノベーター ……232
- 5 / シェアリング ……236

第15章 企業と消費者 ……241

- 1 / コ・クリエーション ……241
- 2 / 倫理的消費 ……246
- 3 / 顧客満足 ……249
- 4 / オンライン消費者行動 ……254

さらに学びたい人のために ……263
索　引 ……265

第 I 部

基 礎

第1章 消費とは何か
第2章 消費者ニーズ
第3章 買い物行動
第4章 購買意思決定
第5章 態 度
第6章 知 覚
第7章 記 憶
第8章 知 識
第9章 感 情

第1章 消費とは何か

Learning Points

▶人間の消費という活動にはどのような特徴や傾向があるでしょうか。
▶消費が今日のような文明社会の中心的活動になるまでにどのような歴史があったでしょうか。
▶消費者行動論にはどのような基本的原理があるでしょうか。

Key Words

消費　消費者　希少性　消費者行動論　CDP モデル　二重過程モデル

1 現代における消費

1.1 消費の始まり

　私たちが今日ふつうに行っている**消費**という活動はいつどのようにして始まったのでしょうか。こうした疑問について歴史上の事実として的確に答えることはできません。これが消費の始まりだ，という歴史上の出来事が残されているわけではないからです。また，その前に消費とは何であるか，という疑問にも答えなくてはならないでしょう。

　ここでは，仮に消費という現象が，貨幣による交換，つまり売り買いの結果もたらされた商品を前提としている概念として話を進めましょう。もしそうであるならば，歴史以前の社会，たとえば石器時代には消費は存在しなかったことになるでしょう。石器時代に貨幣は存在しなかったからです。

　ではその消費社会が始まる以前の，石器時代の人間はどのような生活をしていたのでしょうか。石器時代の人間は，小集団（バンド）を形成して，狩猟採集を行い，得られた食べ物を分け合い，石器や衣服を自分たちでつくっ

ていました。たまにそれらを他の部族や家族と交換する機会はありましたが，基本的には自分たちの狩猟採集活動で生活のかなりの部分をまかなっていました。こうした生活活動は貨幣交換によって得る財の消費という先ほどの定義にはあてはまりません。では彼らは現代的な私たちの生活と比較して貧しく飢餓に苦しむ生活を送っていたのでしょうか。

　サーリンズ［1972］は現代に生きる狩猟民族を観察調査して，彼らの生活ぶりを報告しています。アフリカのブッシュマン（サン人）の男性は1人の狩猟採集労働で，4-5人を扶養しています。これは第2次世界大戦までのフランスの農業よりも豊かな生活なのです。また彼らは1日に2時間9分，週に2日ないし1日半しか働かず，それでいて豊かな生活を送っています。

　なぜ石器時代の人たちの生活は豊かだったのでしょうか。それは彼らの人口が狩猟採集の生産性と釣り合っていたからだと考えられます。つまり自分たちがまかなえるだけの規模の人口で生活していたからです。そして狩猟採集社会は収穫を一族で分かち合う平等性が保たれた社会でした。

　それに比較すると現代の私たちは先進国や発展途上国の「**貧困**」をいつも問題にしています。それは貧困と富とが文明とともに発達した社会的関係概念であるからです。

　農業が発達し，農産物の生産力が高まると，人間は次第に多くの人口を養えるようになります。それとともに，狩猟採集社会のように家族が集まって集落を成していた氏族社会と異なり，首長が君臨する，上下の身分によって区切られた階級社会が出現します。古代メソポタミア文明や黄河文明では貨幣が発明され，貨幣による商品の交換が盛んになります。「貧困」という概念はこうした文明社会の所産なのです。貧困は社会関係であり，貧しい者と富める者との格差があるからこそ，貧困というあり方が存在することになります。

　貧困と同じく，文明とともに発達した概念として，「**希少性**」が挙げられます。希少性とはある財がその経済社会の中で得にくい貴重なものであることを意味しています。現代社会は石器時代よりも物質的にははるかに豊かな社会であるにもかかわらず，皮肉なことに多くの財は希少なものとみなされ

ます。たとえば，石油は希少な財であり，こうした天然資源をめぐってさまざまな競争や戦いが繰り広げられてきました。このため，人間は希少な財をめぐって，価格メカニズムを通した売り買いを行い，できるだけ多くの財を手に入れようとします。あるいは財を購入できるパワーをもった貨幣を蓄蔵しようとします。

「希少性」と並んで私たちの消費社会を特徴づける概念があります。それが，**選択**です。私たちの社会は豊富な製品を前提にして，つねに選択を迫られています。人間の消費行動において，何を選択するか，何を選択しないか，は大きな問題で，このために私たちは商品の選択において「**ジレンマ**」を抱えることがあります。こうした選択に伴うジレンマは，トレードオフ（trade-off）の関係と呼ぶことができます。トレードオフとは，消費者の意思決定に伴い，相反する選択を迫られることです。たとえば，より品質の良い商品を手に入れようと思えば，ふつうよりたくさんのお金を支払わなくてはなりません。お金を節約しようと思えば，品質が悪い商品しか買えないかもしれないのです。

消費者行動論では，希少性をもつ財の選択に伴うトレードオフの関係を前にして，消費者はどのような戦略によってジレンマを回避ないし解決しようとしているのかを解明することを試みるのです。

1.2 消費の歴史

では消費はいつごろ始まったのかを歴史から推測してみましょう。貨幣が世界的に歴史的にはじめて発明されたのはメソポタミア文明が栄えた時代だったと考えられています。今日発見されているもっとも古い貨幣は，紀元前3000年紀後半でした（Roberts [2002]）。

メソポタミア地方は紀元前5000年前，「肥沃な三日月地帯」でした。気候条件が今日とは異なり，現在のような砂漠地帯ではなかったのです。ここでは，穀草の栽培が早くから発達していました。農耕と牧畜が発達することによって，その地方の食料の需要を満たす以上の食料の余剰が生み出されるよ

うになりました。こうした余剰農作物は近隣の地域と交換されるようになり、さらに交易活動が発達していきました。

メソポタミア文明では都市が発達しました。メソポタミアの古代都市では、紀元前4000年〜3700年ごろ土器が工房で大量生産され、その地域全体に流通するようになりました。都市では、土器生産を通じて労働の専業化が始まりました。土器をつくるプロフェッショナルの職能集団が1つの工房で少なくとも数百個体から年間では数万個体の土器を生産するようになったのです（常木［2005］）。後代には高速回転のロクロによって土器が生産されるようになり、大量に同じ規格の製品が生産できるようになりました。この結果、ますます遠距離での交易が発達したのです（小泉［2001］）。

このような社会の変遷過程では、生産技術の発達、生産の専業集団の登場、流通、物流網の発達、都市化、という現象が出現しました。そして土器や穀物に対する需要が増大していきました。そして、人々は購買のためにどの商品を選択すべきか、という状況が出現したことが想像できます。ここには、まず生産物が**余剰**しているという現象があります。そして、人々が**選択**を通じて、希少性を感じるようになりました。ここに今日の消費の原型を見ることができるでしょう。

こうして古代文明で始まった消費という活動は、その後、古代ギリシャ文明からローマ社会という初期の豊かな文明社会を経て、ヨーロッパ中世の「商業革命」（ロペス、邦訳［2007］）に至りました。商業革命とは、それまで個人の遍歴商人が担っていた商業を、大貿易会社や大金融会社が担うようになった事態のことです（キャメロン＆ニール、邦訳［2012］）。こうした交易にかかわる大会社は、イタリアの大都市に本拠を置き、ヨーロッパの各国に支店をもっていました。

14世紀には、北ヨーロッパのハンザ同盟の1つであるブリュージュで開かれている大市場へ、ヴェネツィアやジェノヴァで得られた交易商品を船舶で運搬し、遠隔地同士の商品売買が盛んに行われていました。こうした欧州を横断する商業活動が活発化することによって、胡椒・金襴・絹・磁器などの奢侈品や毛織物などの日用品的織物が盛んに生産地から消費地に届けられ

るようになりました。しかしこの中世の段階では，まだまだ一般的な消費者というものは存在しませんでした。

さらに近代の「産業革命」を経験し，19世紀後半からは連続生産工程が発達し，消費財の生産力はますます高まりました。ただし，消費力の向上は，19世紀終わりから，20世紀の初頭にかけて起こった「第2次産業革命」によるところが大きかったのです。第1次の産業革命が汽船や発電機のように，大規模な産業の勃興を促したのに比較して，第2次産業革命では，食品や電気製品のような消費財を産み出す産業が発達したからです。

アメリカは1920年代，第1次世界大戦の特需の結果，不況に悩む欧州を尻目に世界最大の債権国家として躍り出ました。大量生産・大量消費という今日のような消費社会ライフスタイルが定着したのはこの時期です。ラジオや冷蔵庫といった消費財が人々の暮らしを豊かに彩るようになりました。流行という現象が頻繁に見られるようになり，消費者はますます他者の行っている消費スタイルを真似たり，逆に独自性を競うようにもなりました。現代的な「消費者」がはじめて誕生したのは，この20世紀の初めごろのことです。

さらに，第2次世界大戦後，家庭電化製品やテレビが登場し，消費者の消費活動はいっそう活発になりました。現代においては生産にかかわる時間以外は，生活そのものがほぼ消費活動である，という時代がやってきました。消費者はモノだけでなく，ファストフードやテーマパークのような，さまざまなサービスをも消費するようになりました。20世紀の終わりごろ，インターネットが普及し，PCや携帯電話のような電子デバイスが一般化した結果，消費者は以前よりも多くの消費に関する情報を入手して，意思決定に役立てるようになりました。消費者が自分の購買決定において，メーカーや流通業より，パワーをもつようになったのです。

現在において，消費者パワーは米国欧州日本のような先進経済地域のみならず，BRICsや発展途上国にも広がっています。経済のグローバル化に伴って，グローバルな消費スタイルが一般化し，ローカルごとの違いを残しながらも，消費者という存在がより普遍的かつグローバルな存在となったのです。

2 消費・消費者とは

2.1 消費とは

では消費とはどのようなものでしょうか。

英語の consumption という言葉は、何かを使い尽くして破壊に至る、という意味合いをもっています (Miller [2001])。consumption という言葉は、日本語でいう「消尽(しょうじん)」という言葉に近いニュアンスがあります。一方、生産は創造であり、何かを作り出すポジティブな概念として考えられてきました。しかし、消費はそれらの貴重な資源を使い尽くし破壊してしまう、というネガティブな意味をもともとはらんでいたのです。欧州の中世キリスト教社会では、消費という概念がそれ自体、贅沢という概念と同一視されてきました (Secora [1977])。

現代においても、1950年代の批評家**パッカード** (Packard [1960]) は、米国では経済成長の必要性により「より大きな欲望を刺激し、新しい欲求をつくり出す」(邦訳、25頁)ことが中心的な課題となったと述べています。パッカードは生産が、人間が消費できる限界以上の余剰をつくり出していると考えたのです。

しかしながら、消費をポジティブな概念として捉えた人も存在します。現在の社会は人々や企業がお金を使い消費することによって成り立っています。消費を単純に否定しただけでは、私たちの経済は存立しえないことになります。では、消費はどのようにポジティブな存在なのでしょうか。

過剰な消費である贅沢を資本主義の成長エンジンとして捉えたのは19世紀後半のドイツ社会について考察した経済学者**ゾンバルト** (Sombart [1922]) です。ゾンバルトは社会学者の**マックス・ウェーバー**が禁欲的なプロテスタンティズムが資本主義の勃興を促したという説に対して、贅沢こそが資本主義発展の基礎のひとつを作ったと論じています。

たとえば、中世イタリアで行われた貿易活動では、そのほとんどが食物に

添える香料としての医薬品，胡椒などの香料，香水，織物の材料，装飾品，衣服の材料などの高価な贅沢品であったのです。それどころか，近代を迎えた19世紀に入ってもなお，貿易の大きな部分を占めたのはタバコ，コーヒー，紅茶，ココアなどの4大嗜好品でした。

このように消費はそれ自体，私たちの社会にとってネガティブな存在とみなすこともできるし，あるいはポジティブなものと考えることもできます。科学としての消費者行動論は，こうした消費という現象がどのような性質をもったものなのかを明らかにしようとします。

2.2　人間行動としての消費

それでは消費とはどのような人間行動なのでしょうか。

まず「売る」－「買う」，という行動があります。貨幣を用いて，商品の所有権が移動する行為です。「借りる」－「貸す」，という行動も消費にあたります。所有権が移動しないまでも，お金を払ってモノを借りる，あるいは，お金そのものを借りるという行為もあります。「贈る」－「返礼する」，「シェアする」という活動もあります。お中元やお歳暮，あるいは，クリスマスプレゼントのような活動はこうした贈与に含まれます。「使用する」，また，「所有する」，という行為も消費です。さらに，商品やサービスを「経験する」ことも消費のうちに入ってきます。そして，消費活動の帰結として「捨てる」「処理する」といった行動が行われます。

こうした行動を表にまとめてみると，次の**図表 1 – 1**のようになります。消費活動は大きく分けて，貨幣によって商品やサービスを入手し，それらを最終的に処分してしまう活動と，貨幣を直接伴わない活動に大きく二分することができます。さらに，誰に対して行う行為か，によって，他者に行う行為，自分に対して行う行為，という区分をもうけることができます。

では，消費者（consumer）とはどのような存在でしょうか。それは人間を，上記の「売る－買う」などの側面から見たときの概念です。生活者という言い方がなされるときもあります。もちろん人間は消費ばかりしているわけで

図表1-1 ▶▶▶ 消費活動の分類

	貨幣交換活動	非貨幣交換活動
対他者	売る-買う, 借りる-貸す, 所有する	贈る（シェアする）-返礼する
対自己・対自然	捨てる-処理する	使用する-経験する

はありません。人間は消費にかかわる以外の行動も行っているのですが，消費にかかわる行動はたくさんあるのです。

3 消費者行動論の流れ

　消費者行動論は，いくつかの学問領域をその基礎として発達してきました。それは，心理学・社会学・統計学・経済学などです。しかしその歴史はそれほど長いものではありません。消費者行動論が本格的に論じられるようになったのは，第2次世界大戦の後のことです。

　消費者行動をはじめて本格的に追求しようとした人物として，**ディヒター**（Ernest Dichter）と**カトーナ**（George Katona）の2人を挙げることができます。

　ディヒターは**モチベーションリサーチ**（motivation research）の創始者として知られています。モチベーションリサーチとは，消費者の隠された深層にある購買動機を明らかにするための市場調査の技法のことです。今日，消費者インサイトという考え方がよく使われていますが，ディヒターが行ったのはまさに消費者行動においてインサイト（洞察）を追求することでした。

　1907年にウィーンに生まれたディヒターは精神分析の**フロイト**の影響を受けて，深層面接や投映法を用いながら，消費者の購買動機を解明しようとしました。しかしその方法はいわば名人芸のようなものであり，必ずしも誰にでも検証可能な科学的なものではありませんでした。しかし，ディヒターが主張した消費者についての考察はその当時，大きな評判を集め，大企業も彼に相談するようになりました。

一方，経済学者であったカトーナは，ドイツからの移住者でした。1933年に米国に来た彼はゲシュタルト心理学などの影響を受けながら，1945年ミシガン大学の教授となり，経済行動プログラムのディレクターとして，消費者心理学を使いながら経済の予測を行ったのです。

　カトーナは消費者の消費態度や感情を用いて，消費者行動を予測しようと試みました。**消費者センチメント**（consumer sentiment）や**消費者信頼感指数**（consumer confidence index）といった指数を調査に取り入れ，アメリカ経済における支出行動の先行指標としたのです。こうした試みは現在でも**「消費者マインド」**として経済予測に用いられています。

　1960年代以降，消費者行動論の形成に大きな貢献をした3組の研究者がいます。それは**ニコシア**（Nicosia [1966]），**ハワード**と**シェス**（Howard & Sheth [1965]），**エンゲル**，**コラット**と**ブラックウェル**（Engel, Kollat & Blackwell [1968]）です。彼らはそれぞれ消費者行動論のテキストを書きました。つまり彼らは，消費者行動論を大学で学びうる学的体系として整えたのです。こうして消費者行動論は誰でも体系的に学べる学問領域のひとつとして認められるようになりました。

　その後，1970年代には新しい研究領域が活発化しました。たとえば，オペレーション・リサーチ技法の応用，革新の普及研究，組織的購買・産業的購買行動，文化的差異，家庭購買行動，態度—行動関係・態度形成に関わる研究などです。70年代の消費者研究で特筆される成果として1979年の**ベットマン**（James Bettman）の『消費者選択における情報処理理論』が挙げられます。この本では70年代までに提出された消費者情報処理の流れを総括し，体系化が成し遂げられました。

　さらに80年代には消費者の情報処理・多属性態度モデルに基づく研究活動が盛んになります。同時に，象徴主義あるいは解釈主義的な研究の流れも80年代に活発化しました。

　1990年代から2000年代にかけて，消費者行動論はインターネットやコンピュータの普及という社会的変化の影響から新しい研究領域を開拓されました。現在，消費者行動論は，ニューロサイエンスや行動経済学，あるいは進

化心理学などの新しい潮流の影響を受けつつ，いっそう分化・複合化して発展し続けています。

4 消費者行動論の基礎(1)
CDPモデル

　ここでは，消費者行動論の基礎を成す考え方として，2つの考え方を紹介します。

　1つは，エンゲル，コラット，ブラックウェルの1968年の著書『消費者行動論』でEKBモデルとして知られる，**消費者意思決定過程モデル**（**CDPモデル**：consumer decision process model）です（Blackwell, Miniard & Engel [2001]）。このモデルは，**図表1−2**で示されています。

　ここには，消費者が，外部・内部の刺激から始まって，さまざまな情報処理を経て，購入・使用・評価に至る消費者行動全体のプロセスが示されています。

　この図をどのように読めばよいのでしょうか。

　もとの図には番号は入っていませんが，ここでは便宜的に，それぞれの項目に①から⑩のナンバーを振ってみました。

　まず，①では刺激から，知覚に至る流れがあります。つまり消費者の外部から，商品や広告やクチコミなど，さまざまなマーケティング情報が消費者に対して，ふりかかってきます。消費者はこうした商業的な意図をもった刺激に対して何らかの反応を示します。それがここの刺激の後の，①露出，注意，理解，受容，保持，という流れです。本書ではこの箇所を第6章で扱っています。

　次に，②の記憶という箇所では，消費者は，注意・理解・受容に至る知覚の過程で，これまでに経験した消費経験を記憶から呼び起こし，参照します。そこでどのようにこの刺激を理解して，自分のものとしたらよいのか，これを決めることになります（第7章）。

　③ニーズ認知とは，こうした刺激から始まった消費者の反応過程が，自分

のニーズを認知するに至る過程です。消費者は、たとえば、インスタントラーメンの広告を見て、「そういえば、お腹が空いたな」と反応を示すことになります（第2章）。

④探索とは、刺激と自分のニーズの結果、消費者は環境を探索して、購入行動を始めます。インスタントラーメンを食べたいと思った消費者は、どこに行けばそれが買えるか、どのブランドを買えば良いのか、いくらくらいかかるのか、などの情報を他の広告やウェブや他者から入手して、購買の準備を始めます（第3章）。

⑤購入前代替案評価とは、買う前にどのブランドにすべきか、考えている段階を表しています（第4章）。⑥購入段階に至って、消費者は実際の購買という行動に出ます（第3章）。⑦消費とは、実際にその商品を使って経験することを意味します。そして、⑧の満足・不満足・廃棄段階とは、商品使

図表1-2 ▶▶▶ CDPモデル

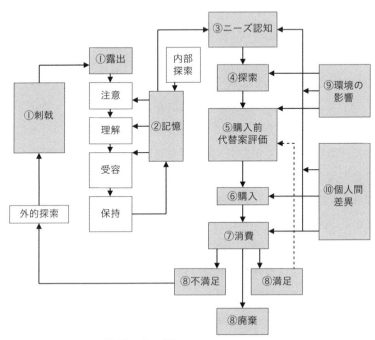

出所：Blackwell, Miniard & Engel [2001] p. 85 一部改変。

用後の評価やその後の商品処理の段階のことです（第4章）。

⑨環境の影響、⑩個人間差異とは、これらの商品購買意思決定プロセスに、社会的な、また、個人的な変数が影響してくることを意味します（第10～14章）。

本書では、主に第Ⅰ部で、CDPモデルのうち、①～⑧の要素を取り扱い、⑨⑩を第Ⅱ部で扱うことにしています。

5 消費者行動論の基礎(2)
二重過程理論

5.1 二重過程理論とは

消費者行動論のもう1つの基礎となる考え方は「二重過程理論」です。

買い物に行ったとき、おいしそうなケーキを見つけて、思わず買ってしまった、というような衝動買いの経験は誰にでもあることでしょう。また一方、マンションを購入するというときは、価格・交通の便・間取り・施工業者・家族の将来計画・将来の転売価格……などを一生懸命考えて、慎重なるがうえにも慎重に決めるのがふつうです。私たちは日常の消費の場面で、このように直感を使って瞬間的に決めることもあれば、さまざまな条件を考え合わせてじっくり考えて決めることの両方があります。

こうしたとき、私たちは、「システム1」と「システム2」という思考における2つのモードを使い分けていることになります。つまりケーキを衝動的に買ったときは、システム1の思考方法を、マンションを慎重に買ったときはシステム2を使ったのです。このように私たちの大脳が用いる2つの情報処理システムのことを二重過程理論と呼んでいます。

この用語をもともと提唱したのは、スタノビッチとウェストという2人の心理学者でした（Stanovich [2011]）。この考え方は広く科学者の同意を得るに至りました。心理学者としては初めてノーベル経済学賞（2002年）を受賞したダニエル・カーネマンは、この2つのシステムという考え方を展開

して,『ファスト&スロー』という一般向けの著書を書いています(カーネマン [2014])。

カーネマンは,故エイモス・トヴェルスキーとともに研究を重ね「プロスペクト理論」を発表したことで知られています。この理論はのちに行動経済学の基礎づけとして用いられました。私たちは完全に合理的ではありえず,同じ金額であってもコンテキスト(置かれた状況)によって異なった価値を見出す存在なのです。またカーネマンたちの研究は,マーケティング論や消費者行動論にも大きな影響を与えています。

カーネマンたちはその研究の初期に,いかに私たちの判断が合理的なものではなく,バイアス(偏り・歪み)をもったものであるかを実験によって示しました。こうした発見は,のちにシステム1がもたらすバイアスであることが判明するのですが,とりあえずカーネマンの案内に従ってシステム1とシステム2がどのようなものであるか見てみましょう。

5.2　システム1のはたらき

ここで言う2つのシステムとは,物事を思考し,判断し,反応するとき,私たちの大脳は2つのやり方がある,ということを意味しています。システム1は自動的に素早く働く知覚の仕組みです。私たちの日常生活の場面の多くで,私たちはシステム1を用いて生活しています。

たとえば,毎日の買い物でスーパーの店頭で,いつも使っている調味料をセール価格で買うとき,あるいは,シアトル系コーヒーショップに入って,愛飲しているカフェラテを注文するときなどです。こうした場合,自分の認知的努力というものはほとんど必要ありません。またシステム1は私たちが起きているときは,常に「オン」の状態になっており,休むことがないのです。そして,システム1は衝動的で,一瞬の判断や行動がそこから生まれてきます。

このようなシステム1の性格のために,私たちはこのシステムを便利に使いこなしている一方,ときとしてバイアスのかかった判断を下してしまうことがあります。たとえば,ある商品の価格を推定するとき,たまたま偶然に

そのときに示された数字を目印に推定してしまう，というような「**アンカリング**」（係留効果）と呼ばれるような効果がそれです。

アンカリング効果の例として次のような場面が想定できます。テレビで放映される通販広告で，最初に高価格の宝飾品をデモンストレーションしておいて，次に別の薄型テレビの価格をオーディエンスに「この値段はいくらだと思いますか？」と推定させます。次に，より安い本当のテレビの販売価格を提示することで，オーディエンスに「安い！」と思わせられる可能性があります。これはシステム1がなせる技なのです。

5.3 システム2のはたらき

これに比較して，システム2が活躍するのは，私たちが"頭を使う"ときです。たとえば，自宅のローンを組むために複雑な計算を行ったり，スマートフォンを選ぶとき3つの機種の中から悩んだ挙げ句1つを選択するような場合です。システム2においては，注意力が必要とされます。また，日常私たちの頭脳は低レベルのモードで働くようになっており，いざというとき以外はシステム2は働かないのがふつうです。そしてシステム2はじっくりと働き，システム1の暴走を抑え，自分自身をコントロールする役割を果たしています。

システム1と2とは共同して事に当たることがあります。それはシステム1が困難に直面しているときです。消費行動で，パッと衝動買いをしようとしたとき，「本当にこれを買っていいの？」という心の中の声が聞こえたとしたら，それはシステム2の声なのです。システム1だけでは判断が難しいとき，システム2が作動し，問題を解決しようとします。

ただシステム2が作動する場合はさほど多くありません。たとえば一番最初にパソコンを買うとき，どの機種を選ぼうか困難を感じた経験があっても，二度目からはさほど努力しなくてもパソコンを選ぶのに苦労しなくなるはずです（しかしスマホやタブレットなど新しい製品カテゴリーが出現するときはまた選定に苦労します）。私たちの脳は，スキルを得て，次第に向上

図表1-3 ▶▶▶ 二重過程理論の概念図

	知覚	直感（システム1）	推論（システム2）
過程		速い 並列処理 自動的 努力を要しない 連想的 学習速度は遅い	遅い 順番に処理 管理されている 努力を要する 規則に支配されている 柔軟
内容	知覚表象 現在刺戟 刺戟に制約される	概念表象 過去，現在，未来 言語によって想起可能	

出所：カーネマン［2011］103頁。

することができるのです。

消費行動でも，いくつかの選択方法があるときは，最も少ない努力で消費者は選択する傾向にあります。このことを「最小努力の法則」と言っていますが，私たちはできるだけ大脳のエネルギーを節約して使うよう進化してきたのです。

図表1-3では上記の2つのシステム以外に，「知覚」が挙げられていますが，これは，人間の目・耳・鼻などで感じ取る感覚器官に由来する反応のことです。たとえば，人間の目や耳は，ごく短時間，見たものを保存＝記憶する働きがあります。こうした感覚器官による知覚のはたらきも消費者行動を側面から支えています。

5.4 消費者行動での二重過程理論

消費者行動では，常にこの2つのシステムが補い合いながら働いています。問題はどのように私たちの反応が，その後の商品購入などにつながるかです。たとえば商品を見て一瞬に感じるような感情的な反応は，その後の購買にどのようにつながるのでしょうか。

ある研究によれば，「好き」という反応と「嫌い」という反応は，消費者の反応として，必ずしも対照的ではないという結果が報告されています（Herr & Page [2004]）。「好き」という反応は自動的なシステム1なのですが，「嫌い」という反応はシステム2，つまり，より注意や思考を要する認知的なプロセスなのです。このため，嫌いという反応はその後の情報処理により大きな影響を及ぼす傾向にあり，ネガティブな反応（「嫌い！」）を想起するほうが，ポジティブな反応想起よりも，その後の情報処理に影響を及ぼすのです。言い換えれば，最初の反応として「嫌い」の反応のほうが，消費行動により大きな影響を及ぼすことになります。

　これを実務的な場面に直してみましょう。店頭で最初に「嫌い」という反応を引き起こすと後で訂正するのが難しい，ということになります。嫌いということは，システム2，つまり，よく考えた結果の判断であることが多いからです。ということは，まず最初に「好き」という反応を引き起こしておく，あるいは少なくとも「嫌い」と思われないことが重要である，ということになるでしょう。

　また，ときに私たち消費者は，こうしたシステム1とシステム2とのコンフリクトに悩むことがあります。たとえば，一見しておいしそうなケーキに惹かれる一方，よく考えるとケーキよりも健康に良さそうなサラダを選んだほうがいいのではないか，というような意思決定場面です。

　シフたち（Shiv & Fedorikhin [1999]）の実験によれば，被験者に認知的資源が乏しい状態，たとえば難しい計算のような認知的タスクを与えた状態で選択させると，感情的に好ましいが認知的にはネガティブな（＝おいしそうだが，健康という点ではどうか？）チョコレートケーキを，フルーツサラダよりも消費者は選択することが多くなります。しかし情報処理をより行いやすい状況において，消費者に選択させると，感情的には好ましくないけれども，認知的にはポジティブな（＝健康により良さそうな）フルーツサラダを選択する傾向が強くなるのです。

　二重過程理論は，消費者行動において，人間の心の働きがどのように関係しているかを説明するための，もっとも基本的な考え方のひとつです。

| Working | 調べてみよう |

実際の消費場面で，システム1とシステム2がそれぞれどのように働いているかを，消費者インタビューを通して，明らかにしてみよう。どの場面でどのシステムが働いているかをチェックしよう。

| Discussion | 議論しよう |

現代社会において，消費が果たしている社会的役割について，2つのグループに分かれて「ディベート」をしてみよう。自分の意見はさておき，1つのグループは消費の積極的役割を支持する議論を，根拠を述べながら主張する。もう1つのグループは消費が社会において否定的な働きをしているという議論を述べる。そのうえで，第三者から見てどちらの議論がより説得力があったかを判定してみよう。

参考文献

- ダニエル・カーネマン著　友野典男監訳　山内あゆ子訳［2011］『ダニエル・カーネマン　心理と経済を語る』楽工社。
- マーシャル・サーリンズ著　山内昶訳［2012］『石器時代の経済学』法政大学出版局。
- ロバート・S. ロペス著　宮松浩憲訳［2007］『中世の商業革命 ヨーロッパ 950-1350』法政大学出版局。
- Bond, S. D., Bettman, J. R. & Luce, M. F. [2009] Consumer judgement from a dual-systems perspective. In: Naresh K. Malhotra (eds.), *Review of marketing research*, Vol. 5, 3-37. (Armonk, NY: M. E. Sharpe)
- Herr, P. M. & Page, C. M. [2004] Asymmetric association of linking and disliking judgments: So what's not to like?, *Journal of consumer research*, 30(4), 588-601.
- Kahneman, D. [2011] *Thinking fast and slow*, New York: Farrar, Straus and Giroux. (村井章子訳 友野典男解説［2014］『ファスト&スロー あなたの意思はどのように決まるか？』（上・下巻）早川書房）
- Roberts, J. M. [2002] *Prehistory and the first civilizations*, Oxford University Press. (東真理子・青柳正規訳［2003］『図説 世界の歴史(1)「歴史の始まり」と古代文明』創元社）
- Shiv, B. & Fedorikhin, A. [1999] Heart and mind in conflict: The interplay of affect and cognition in consumer decision making, *Journal of consumer research*, 26(3) 278-92.
- Stanovich, K. E. [2011] *Rationality and the reflective mind*, New York: Oxford University Press.

第2章 消費者ニーズ

Learning Points
▶ニーズという概念はどのように理解すればよいでしょうか。
▶欲望・希望・動機という概念はそれぞれどのように異なるでしょうか。
▶動機を分析するにはどのようにしたらよいでしょうか。

Key Words
ニーズ　ウォンツ　デマンド　マズローの動機階層説　欲望　希望　動機
モチベーションリサーチ

1　ニーズと欲求

1.1　ニーズを理解する

　人間はなぜ欲求をもつのでしょうか。何か欲しいものがあるから，欲求が発生するのでしょうか。あるいは何らかの欠乏があるために人間は欲求を刺戟されるのでしょうか。

　文化人類学者のメアリー・ダグラスは「驚くべきことに，人がなぜ財をもとめるか，考えてみると誰も知らない」（Douglas & Isherwood [1979] 邦訳，17頁）と述べています。私たちは，何か欲しいとすぐ考える存在ですが，ではなぜ自分がそれを欲しているのか，それを理解しているとは言えない場合が少なくありません。

　私たちが欲する対象は，必ずしもモノだけではありません。たとえば，「スリムになりたい」というようなダイエットを欲する人は何を求めているのでしょうか。スリムな身体だけを求めているのでしょうか。なぜスリムになりたいと願望するのでしょうか。

スリムになりたいと思う人は，単に身体がスリムになることだけを求めているわけではありません。スリムになれば，より健康になれる，体がかっこよくなる，見栄えが良くなる，異性にモテる，自分自身への満足度が高まる，……など，さらに深い理由を挙げることができるでしょう。つまり欲求はいくつかの層からできており，複雑な構造をしているのです。

　マーケティング論では，消費者の基本的欲求をいくつかに分類して理解することが行われてきました。コトラーはこうした欲求を3種類に分類しています。1つは，**ニーズ**（needs：必要性，欲求）です。これは人間の基本的な要求のことを指します。**ウォンツ**（wants：欲求）はニーズが特定の対象に向けられたものであり，ニーズを満たします。**デマンド**（demand：要求）は購入能力に見合った特定の商品に向けられたウォンツのことです。たとえば，「ある地点から別の地点に移動したい」というのはニーズですが，「クルマが欲しい」というのはウォンツであり，デマンドとは「BMWが欲しい」という気持ちです。

　このコトラーの主張が興味深いのは，マーケティング活動の対象となる消費者の欲求は，あくまでも，デマンドであって，ニーズではないとしている点です。つまり，マーケティングは消費者の基本的欲求であるニーズを左右することはできず，それをデマンドという形で提供してはじめてマーケティングになるということなのです。お腹が空いたという状態（ニーズ）をマーケティングでつくり出すことは不可能ですが，日本人の消費者なら，おにぎりと言う形（＝ウォンツ）でそれを充足しようと考えるかもしれません。さらに，そのウォンツをコンビニエンスストアのおにぎりという買いやすく食べやすい形（＝デマンド）で充足することで消費者はそれを購入してくれるのです。

1.2　マズローの動機の7段階説

　マズロー（Maslow［1943］）という心理学者は，人間の動機（motivation）は5つの階層に分類しました。彼は，より「低位」のニーズが満たされると

人間は次のより「高位」なニーズが生じ，そのニーズ満足を求めて活動する，と考えたのです。それは次のようなものでした。

　(1)**生理的ニーズ**（physiological needs）……人間が体の状態を自動的に保つためのホメオスタシス（恒常性）の働き，そのほかにより生じる人間の生物としての要求。(2)**安全ニーズ**（safety needs）……子供が典型的にそうであるように，生理的ニーズが満たされると次に身体的・精神的安全・安心を求める。(3)**愛情ニーズ**（love needs）……所属（belongingness）ニーズとも呼ばれ，友人や家族・社会に所属して，愛情を与えたり受け取ったりしたいというニーズ。(4)**尊敬ニーズ**（esteem needs）……他人から高い評価を得たり尊敬されたいというニーズ。(5)**自己実現ニーズ**（need for self-actualization）……その人がどのような人でありうるか，その可能性を実現するニーズ。理想的な母親であったり，絵画を描くなどさまざまなニーズの形を取る。

　なお，マズローは後年，このニーズ階層モデルにさらに2つの上位階層を付け加えています（Maslow [1970]）。それは(6)**知識と理解への欲求**（desire to know and understand），(7)**美ニーズ**（need for beauty）です。(6)は自分自身や環境について知識や理解を得たいという欲求で，最終的には人間は(7)美というもっとも洗練されたニーズを求めるというのです。

2　欲望と希望

　特に強い欲求は，**欲望**（desire）と呼ばれます。欲望とは消費者が描く夢想と社会的な状況的コンテキストとの間に生まれる情熱のことです（Belk et al. [2003]）。たとえば，クリスマスの贈り物を待つ子供の心理はこうした欲望の1つとして考えることができます。

　ニーズやウォンツと比較すると，欲望は次のような特徴があります。対象が固定化されている，ニーズが身体的で，ウォンツが心理的であるのに比較

して,欲望はその両方である,またニーズが必要性として,ウォンツが願いとして表現されるのに比較して,欲望は情熱として表現されるなどです。

一方,**希望**(hope)という概念があります。希望は「目標に合った結果が可能と評価されるとき喚起される正の感情」(de Mello & MacInnis[2005] p.45)と定義されます。希望はうれしい,興奮するというような正の感情であり,目標と合致した自分にとって望ましい結果が予期されるとき感じられるものです。たとえば,ダイエットをして自分が望む体型が実現できそうとわかったときに感じられるうれしさは希望なのです。

希望はさらに3つに分けることができます。それは(1)希望する (to hope),(2)希望を抱く (to have hope),(3)願いをかける (to be hopeful),です。

(1)の「希望する」とは,目標どおりの結果が可能だと強く望むことを意味します。ダイエットをして望みどおりの体重が可能になると強く思うことはこの「希望する」状態です。

(2)「希望を抱く」とは目標に合った結果が可能だという正の感情を楽しむことです。たとえばダイエットをしようと思い,その目的でハーブ茶を購入して感じる楽しみはこの「希望を抱く」状態です。

(3)の「願いをかける」状態は,目的に合致した結果が実現可能だという期待をもつことを意味します。これは単に期待するというのではなく,結果が仮に悪くなると思っていても「願いをかける」と結果への期待値を上げることはできることになります。たとえば,悪性のガンにかかったとしても回復への願いをかけることはできるのです。

3 動 機

3.1 動機とは何か

私たち消費者が買い物をするとき,そこには何らかの原因があります。この原因のことを「**動機**」(モチベーション)と呼びます。消費者はなぜこの

商品を買ったのか？　あるいはなぜわが社の商品を買わなかったのか？　これはマーケターにとって大きな問題であるはずです。消費者の動機を解明することは，マーケター共通の課題として長らく考察されてきました。動機を解明するためには，まず動機という概念がどのようなものであるかを理解しなければなりません。

　動機という概念は，他の消費者行動概念と似通ったところがあります。たとえば，「動機」と「ニーズ」とはほぼ同じような意味で用いられることが多いようです。また，「ベネフィット」や「価値」という言葉ともよく混同されがちです。

　正確に言えば，ニーズは，動機から行動を導く1つの要素に過ぎません。私たちは普段いろいろなニーズをもっていますが，ニーズだけでは消費行動は起きないのです。

　消費行動が起こるときはニーズにプラスして，**誘因**（欲求の対象）が加わる必要があります。つまり，何か根底的な動機があり，そこにニーズと誘因の2つが作用したとき，行動が起きることになります。

　たとえば，人は生命を維持したいという動機を常にもっています。そうした根本的な動機をもっていたとき，喉が渇いた，という気持ち（＝ニーズ）が起きたとします。しかしそのニーズをもっているだけでは，飲料を買おう，という行動は起きません。自動販売機があったので，「そこで目についた『新発売の飲料』（＝誘因）を買った」というように，ニーズに誘因が加わってはじめて動機が行動の原因として働くことができます。なお，価値という概念は動機を形成する背景要因として，動機に間接的にかかわっていると考えられます。

　このことを**図表2-1**で表してみましょう。

　消費者行動研究者であるシェスたちは動機を次のように定義しています。

「目標対象（goal-object）に向けて消費者に行動をうながす動因や覚醒（興奮）の状態」（Sheth, Mittal, & Newman [1998] p.342）。

図表2-1 ▶▶▶動機と消費行動

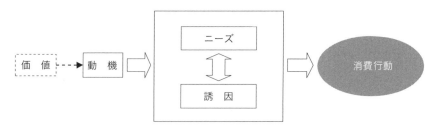

　ここでいう動因とは消費者の心理的「緊張」を減少させるよう消費者を活動させる内的状態のことです。消費者は何か消費行動の必要を感じると，何らかの「緊張」状態が生じます。「(空になったティッシューペーパーの箱を見て) そうだ，家のティッシューペーパーが切れてしまったので，買わなくては」というような状態です。こうした内的な緊張状態を感じると消費者はそれを不快に感じ，解消する必要を感じます。同時に，軽い覚醒あるいは興奮状態をも感じます。それは消費者にとって活動のためのエネルギーになります。

3.2 モチベーションリサーチ

　1950年代から60年代にかけて「モチベーションリサーチ」，つまり消費者の心の奥底に潜んだ消費動機を探し出そうとする運動が起こりました。その火付け役となったのは，**ディヒター**（Dichter [1964]）でした。彼はオーストリアのウィーンで精神分析の創始者として知られるシグムント・フロイト（1856-1939）の診療室の前に住んでいた関係もあり，フロイトの精神分析の方法に影響を受け，人間が自分でも気づかない「無意識」が引き起こす行動という観点を自分の方法に取り入れました。そして，1937年にニューヨークに移住してから，"モチベーションリサーチ"を開始しました（Schumann, Haugtvedt & Davidson [2008]）。彼の行った消費動機分析は，1940年代以降米国で社会的に注目を集めました。

　ディヒターは「インディケーターグループ」と呼ぶ消費に積極的な消費者

を召集して，深層面接を行いました。商品を購入する表面的な動機の背後に隠された消費動機を分析したのです。ディヒターはさらに調査対象商品がどのように動機を満足させるかを「発見」しました（Mullen & Johnson [1990]）。

たとえば，録音機は持ち主の社会的能力ニーズを満足させるとされ，自転車は子供への愛情ニーズを満足させるものである，と解釈されました。また大工道具は，男性性や力強さ動機を満足させるためにある，とか，赤いスポーツカーはエロティシズム動機をもっていることの表れだ，と解釈しました（Lindquist & Sirgy [2006]）。

ディヒターのこうした発見は，広告関係者の注目を引きました。広告表現のクリエイティブの作法に彼の発見が取り入れられたのです。プロクター＆ギャンブル社のブランド「アイボリー」の広告スローガン "あなたの悩みを洗い流しなさい"（Wash your troubles away）はディヒターのアドバイスから考案されたと言われています（Schumann, Haugtvedt & Davidson [2008]）。

ディヒターのこうした考察はジャーナリスティックな関心を呼び，さまざまな形で当時のマスコミをにぎわせました。しかし，必ずしも科学的な方法とはみなされなかったために，モチベーションリサーチは次第に省みられなくなりました。

しかしながら，ディヒターの行った消費者分析の方法はその後，長期的に消費者行動論とマーケティングの実践に影響を与えました。彼が案出したフォーカスグループ集団面接法などの方法は現在でも用いられていますし，インディケーターグループと呼ばれる方法は，近年話題になったコンシューマーインサイトという考え方とよく似ており，消費者の隠れた動機を探るという意味でもよく似ています。

3.3　動機の分類

それではこれまでにさまざまな研究者によって出されている動機の分類を統合することを試みることにしましょう。前に書いたように，ここでは，最

初に何らかの動機があり、そこにニーズと誘因とが共に働いた結果、直接的に消費者を購買という行動に導く動因として働く、という考え方を前提にしています。

図表2-2では、まず動機を大きく、一次動機と二次動機の2つに分けています（Murray［1938］）。前者は喉の乾きや食欲、性欲、睡眠、苦痛回避などの生命維持のために必要不可欠の欲求を指します。後者は達成・親和・権力・依存・承認・支配・顕示などの後天的に学習された欲求のことです。

さらに二次動機は、個人的動機と社会的動機の2つに分けられています（Tauber［1972］, Blackwell, Miniard & Engel［2001］）。個人的動機とは、自分の満足を得るための動機一般のことを指し、社会的動機とは、他者や社会とのかかわりで満足を得たいという動機のことを指します。

また、マクレランド（McClleland［1953］）による人間の基本的な動機として達成動機、権力動機、親和動機の3つの分類と、その他の文献から独自性要求と、自己尊厳の概念を取り入れて、個人的動機と社会的動機を分類しました。

達成動機とは「成果が評価されることで感じられる感情を経験したいというニーズ」（McClleland［1953］p.79）のことです。この達成動機は、さらに社会的志向達成動機と個人志向達成動機の2種類に分けられます。前者は親や親友・家族のように、自分にとって重要な他者の期待にこたえようとす

図表2-2 ▶▶▶動機の分類

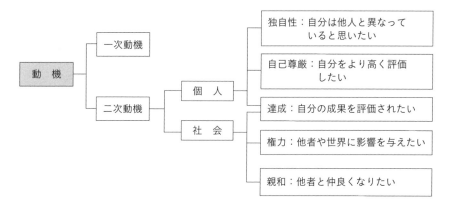

ることが，後者では自分自身の目標のために努力することが目指されます（Arnould, Price & Zinkhan［2002］）。

権力動機とは他者や世界に影響を与えたいとする欲求のことです（Winter［1973］）。この権力動機が強い人ほど自己主張が強い傾向があります。親和動機とは人といっしょにいたい，仲良くしたいというニーズのことです（McClelland［1987］）。

独自性要求とは，自分が他人と異なっていると知覚したいという動機のことです（Snyder & Fromkin［1980］）。また，自己尊厳動機とは，自分自身についてより肯定的な見方を維持したいというニーズを意味します。

3.4　動機を分析する

この動機の分類を使ってどのような分析ができるでしょうか。

たとえば，高級ブランドのハンドバッグをたくさん集めている女性がいるとして，彼女はなぜブランドのハンドバッグをたくさん買うようになったのでしょうか。明らかにハンドバッグを買うことは，二次動機，つまり生理的ではない欲求に基づいていると考えられます。

まず，ブランド物のハンドバッグを買う個人的動機を，**図表2-2**の分類を参考に考察してみましょう。「独自性」，つまりバッグをもつことで自分と他人とは違うことを見せたい気持ちが彼女にはあるのかもしれません。また「自己尊厳」＝バッグをもっている自分自身をより高く評価したい，と思っている可能性もあります。さらに，「達成」＝自分が何かを成し遂げたそのご褒美としてブランドバッグを購入しているとも考えられます。

社会的動機という観点でも見てみましょう。社会的に自分の成果を見せたい「達成」動機，バッグをもつことで社会や他人に影響を与えたいと思っているかもしれません。「権力」動機として，ブランド物のハンドバッグで他人に影響を与えたいという動機があるでしょう。逆に「親和」動機がそこに働いていて，ブランド物のハンドバッグの話題を友人と仲良くシェアしたいという動機が潜んでいるのかもしれません。

このように動機という概念を用いることで，なぜ消費者はその商品を買おうとした，あるいは，買わなかったかを深く問うことができるようになります。消費者の動機を考察することで，消費者行動がより深く理解できることになるのです。

Working　　　　　　　　　　　　　　　　　　　　　　　調べてみよう

パソコン，文房具，カバン，アクセサリー，ファッションなどの商品について，消費者に詳細なインタビューを行い，深い水準でどのような購買動機が働いているかを明らかにしてみよう。

Discussion　　　　　　　　　　　　　　　　　　　　　　議論しよう

消費者が自分でも意識していない商品の購買理由を明らかにするために，どのような方法が有効であるかを論じてみよう。

参考文献

- Arnould, E., Price, L., & Zinkhan, G.［2002］*Consumers*, Boston, MA: McGraw Hills.
- Dichter, E.［1964］*Handbook of consumer motivations*, New York: McGraw-Hill.
- Lindquist, J. D. & Sirgy, M. Joseph［2006］*Shopper, Buyer, and consumer behavior: Theory, marketing applicability, and public policy implications*（3rd ed.）Cincinnati, OH: Atomic Dog Publishing.
- Mullen, B. & Johnson, C.［1990］*The psychology of consumer behavior*, Hillsdale, NJ: Lawrence Erlbaum Associates.
- Murray, H. A.［1938］*Explorations in Personality*, New York: Oxford University Press.
- Sheth, J. N. & Mittal, B.［2003］*Customer behavior: A managerial perspective*. Mason, OH: Thomson South-West.
- Sheth, J. N., Mittal, B. & Newman, B. I.［1998］*Customer behavior: Consumer behavior and beyond*, Fort Worth, TX: Dryden Press.
- Schumann, D. W., Haugtvedt, C. P. & Davidson, E.［2008］History of consumer psychology. In: Curtis P. Haugtvedt, Paul M. Herr & Frank R. Kardes (eds.) *Handbook of consumer psychology*, (pp. 3-28). New York: Lawrence Erlbaum Associates.
- Snyder, C. R. & Fromkin, Howard L.［1980］*Uniqueness: The human pursuit of difference*, New York: Plenum Press.
- Tauber, E. M.［1972］Why do people shop?, *Journal of Marketing*, 36, 46-59.
- Winter, D. G.［1973］*The power motive*, New York: Free Press.

第3章 買い物行動

Learning Points

- ▶買い物行動における意思決定にはどのようなものがあるでしょうか。
- ▶買い物行動はどのようなステップからできているでしょうか。
- ▶買い物行動にみられる購買パターンにはどのような種類があるでしょうか。
- ▶消費者の買い物の計画性にはどのような種類があるでしょうか。

Key Words

ブランド・ロイヤルティ　反復購買　バラエティ・シーキング　全面計画購買　部分計画購買　非計画購買　衝動買い

1　買い物行動のプロセス

1.1　買い物の意思決定

買い物をするとき、私たち消費者はさまざまな情報を活用して何をどのように買うか、「意思決定」を行います。私たちは主に以下の5つの意思決定をしなくてはなりません。

(1) 買うかどうか

購買を実際にするべきか。延期するべきか。中止するべきか。主婦／主夫の最寄品の買い物の場合は、比較的定期的に買い物行動が実行されることが多いものです。**最寄品**とは、日常に頻度高く買われる比較的低価格の食品や日用品などを指します。一方、**買い回り品**と呼ばれる車・家電品・家屋などの耐久消費財・趣味品の場合は、買い物行動を起こすタイミングをあらかじめ慎重に計画する場合が多いのです。

(2)いつ買うか

買い物行動をどのように実行すべきか，日付・時間・時期・季節・タイミングを消費者はさまざまに計画・実行します。買い物をするとポイントが多くもらえる日や曜日を選んで買い物をする場合もあれば，急に梅雨になったので雨具を買いに走る場合があります。また，孫が小学校に進学したので，入学する前にお祝いのランドセルを買うということもあります。

(3)何を（どのくらい）買うか

商品カテゴリー・ブランド・アイテム・量を消費者は決めなくてはなりません。朝食を買うために，パンを買うか，お米にするか，シリアルにするか，また，買うとしてどのサイズのパッケージを買うか，などの選択があります。

(4)どこで買うか

流通の種類・小売ブランド・小売店の場所など。ネットで買うか，リアル店舗で買うか。また専門店で買うか，ディスカウント・ストアで買うか。ハンドバッグを近くのお店で買うか，あるいは，海外旅行に行ったときに買うか。

(5)どのように支払うか

現金・カード・振り込み・ローンなどの支払い方法などの意思決定。マンションの購入に際して，お金を金融機関から借りて買う場合，いくらを現金で支払い，いくらを借りるか。何年の住宅ローンにするか。

2　買い物行動のステップ

消費者は，1つの買い物行動について，常にこのような複雑な意思決定を実行しかつ変更しています。こうした決定に影響する要因はさまざま存在しています。ここでは，小売店店頭での購買行動を想定して，その過程を以下の7つのステップに分けて，より詳細に見ていきましょう（図表3-1）。

ステップ1　情報接触

まず，最初のステップとして，消費者は商品・ブランド・店舗についての

情報を手に入れます。あらかじめ消費者が知っていた情報もあれば，たまたま入手した情報，意図的に集めた情報もあります。ウェブを検索するような外部の情報探索が行われることもしばしばです。

　この段階で，マーケターはできるだけ自社に有利な方向で消費者の情報収集を助ける必要があります。まだブランド名が知られていない場合，あるいは，そのブランドのベネフィットや特徴が理解されていない場合はそれらを知らせる必要があります。

　しかし，すでに高いシェア（市場占有率）をもったブランドの場合は，むしろ消費者の情報の外部探索を行わせないことが重要になります。なぜなら消費者が他のブランドに注意を向けてしまう可能性があるからです。どうしたら消費者に情報探索を行わせない，というようなことができるのでしょうか。ひとつのやり方は，消費者に，その商品カテゴリーで第1位のブランド想起を獲得することです。

　たとえば，「ハンバーガーといえば，Xブランド」，「軽自動車といえば，Yブランド」というように，それぞれの商品カテゴリーですぐに消費者の頭に思い浮かべられるブランド名になることが重要です。なぜならば，消費者はふつうそれほど多くのブランド名を想起することはせず，想起される第1位のブランドを購入することが多いからです。

　またこの段階で，消費者の情報探索に影響する要因は次の3つがあります。
①知覚リスクです。知覚リスクとは，消費者が知覚している危険性のことです。価格が高い商品になるほど，失敗するのでは，という恐れから，消費者はより高い知覚リスクを感じ，一生懸命情報を集めようとします。
②知覚ベネフィットとは，消費者が，その商品を買うことが自分の利益（ベネフィット）になると感じていることを意味します。このスマートテレビを買ったら，自由にテレビ番組が検索できるようになる，という知覚ベネフィットを見出した消費者は，スマートテレビについて一生懸命情報を集めようとするでしょう。
③市場要因と**状況要因**もまた情報探索に影響します。競争が激しい市場の商品について，あるいは，スーパーの店頭で，「大量陳列」を見て気にな

図表3-1 ▶▶▶小売店での買い物行動ステップと影響要因

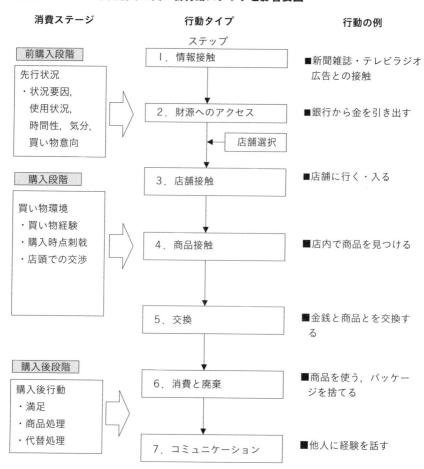

出所:Peter & Olson [2002] p.201 と Solomon [2001] p.288, Blackwell, Miniard & Engel [2001] p.131 をもとに作成。

った消費者は，その商品について情報を集めようと考えるでしょう。

ステップ2　財源へのアクセス

　消費者は商品購入に必要な金銭を何らかの手段で調達します。このとき，消費者はどのようなお金の種類を用いるか，がまず問題になります。消費者の支払う手段は多岐にわたります。現金，電子マネー，クレジットカード（1回払い，リボルビング払いなど），デビットカード，小切手，銀行振り

込みなどです。さらに，その金銭をどのように調達するかも問題です。手持ちの金銭で支払う場合もあれば，マンションを買うのでローンを借り入れして支払う場合もあります。

　さらにどのように消費者がそのお金を得たかも購入行動に影響を及ぼします。給与のように消費者が働いて得たお金は，消費者は比較的大事に使います。しかし株式相場やギャンブル・宝くじの賞金などで，偶然得たお金を，消費者は奢侈品（宝飾品や高価なブランド品）や海外旅行に費やすことが多いのです。たとえば，2013年の「アベノミクス」効果で株価が上がったとき，高級時計やレジャーなどの売り上げが急増しました[1]。

店舗選択

　ステップ2とステップ3との間に店舗選択のサブステップがあります。消費者はまず小売店業態（例：スーパー，コンビニエンスストア，専門店，デパート，モール，ウェブサイトなど）を選択します。そしてその業態の中で小売ブランドを評価して訪問する小売店舗を決定します。このときに選択に用いられるのは，次のような基準です。

①**小売イメージ**：小売店を選択するとき，その店についての「全体的知覚」つまり，そのお店全体の印象が影響を及ぼします。

②**立地**：小売業にとって店舗立地は重要です。小売業にとって優れた立地とは，実際の立地よりも，消費者が知覚する立地のほうが重要です。

③**品揃え**：小売店の品揃えとは，商品カテゴリー，商品アイテム，価格帯，メーカー別などの商品分類をどの程度そろえているかを意味します。近年では"深い"品揃えを得意とする専門店業態が伝統的に広い品揃えを得意とするGMS（全国スーパーチェーン）よりも売上げを伸ばす傾向があります。

④**価格**：低価格を得意とする小売り業態か，高価格商品を売る業態か，そのお店の価格帯によって消費者は行く店を決定します。この場合，実際の価格付けよりも消費者の知覚価格が重要です。小売店はよく「目玉価格」

を特定の商品に設定して，知覚価格を低くしようとします。

⑤**販売員**：販売員の接客や対応も小売店の魅力を決定するために重要です。販売員の専門知識，信頼性，顧客知識，対応力などが重要です。

⑥**消費者ロジスティクス**：これは，消費者が小売店を買い物して動くスピードと動きやすさのことです。つまり消費者が買い物を開始し，自宅に帰り着くまでの全体プロセスについて消費者がいかに素早くまた快適に買い物を行うことができるかが小売業を選択するとき重要です。

⑦**距離抵抗**：ハフモデルという理論によると，消費者がある特定の店舗を選択する確率は，その売り場面積に比例します。またそこまで到達する時間に反比例します。つまり消費者はお店が広いと感じたほうを選択し，また，近いと感じるほど選択することを意味します。

⑧**買いやすさ**：ある店舗は消費者にとって買いにくいと感じられるのですが，別の店舗は買いやすいと感じられます。こうした感じ方は，(i)商品の位置，(ii)商品配列の方法，(iii)消費者のその店舗の知識と経験，(iv)店舗内の案内掲示，(v)商品カテゴリー・アイテム・ブランド数，(vi)店舗内の雰囲気，(vii)販売員の対応，(viii)店舗全体のデザイン，などです。

2010年代になって，「ショールーミング」という現象が話題になっています。ショールーミングとは，消費者が，リアルな店舗で下見をして，実際に購入するのはウェブのバーチャルな店舗であることを指します。ショールーミングが進行すると，リアルの小売業者はより困難に直面する可能性があります。

ステップ3　店舗接触

　店舗接触には，(1)小売店の場所を発見する，(2)店舗まで行く，(3)店舗に入店する，といったサブステップがあります。

　どのようにしたら，消費者の店舗接触機会を増やすことができるでしょうか。良い立地を得ることが第1に重要です。しかし，店舗の存在を消費者に認知させることも，同時に重要です。広告・屋外広告・デジタル・サイネージなどを通じて，店舗の存在を訴求します。また，店舗デザイン・店頭の

広告・音楽・匂いなどを活用して店舗に消費者を呼び込む努力も必要になります。

近年の郊外型の大規模なショッピングセンター（SC）では，あまりにも多くの店舗がSCの中にあるために，どの店を選んで入店してもらうかが大事な課題となります。このためには，店頭で，常に新しい商品が入荷しているとわかること，買いやすい価格の商品あるいは魅力的な商品が店内にあること，店員が買い物客にみだりに声をかけてショッピングを邪魔しないこと，などの配慮が必要です。

ステップ4　商品接触

ここでは，その商品を買うという行動が実際に起こります。

このためには，(1)商品の場所を見つけること，(2)商品を実際に手にとること，(3)商品を支払い場所（レジなど）に持参すること，の3つのサブステップが必要となります。

商品が買われるために，消費者にできるだけ見つけやすい場所に商品を陳列することが求められます。日本のスーパーマーケットであればそれはたとえば棚の端にある「ゴンドラエンド」と呼ばれる場所です。ゴンドラエンドでは大量陳列が行われ，普段よりも値引きされた価格で商品が展示してあることが多いのです。

消費者の胸の高さにある商品は目につきやすく，手に取りやすいと考えられています。消費者が手に取りやすくするために，**POP**（購入時点広告）を置く，パッケージが目立ちやすく，魅力的で手に取りやすくなるようなものであること，店内の環境を工夫する（温度，音楽，明るさなど）などの方法が挙げられます。

また，店内レイアウトは消費者購買に大きな影響を与えます。消費者はスーパーマーケットでは，生鮮食料品や冷蔵品・総菜が置いてある壁際に沿って「回遊」するのが普通です。そしてたまに，シェルフのアイル（島）の中に必要な商品を買いに入ります。

ステップ5　交換

　ここでは，消費者の財布やカードから金銭が支出され，レジで商品と交換されます。

　小売業にとっての課題とは，こうした貨幣と商品の交換をいかにして障害がなく進むようにすることです。スーパーマーケットやコンビニエンスストアではこの交換の流れをスムーズにするために電子的な処理のシステム開発が進んでいます。**POS**（point-of-sales）システム，電子マネー，クレジットカード，デビットカードなどはこのための工夫です。

　店頭で店員が親切な対応をすることは，この段階での良好な顧客経験を形成して，次の購買を促すために有効です。店員が購入を終えた客に，「またのご来店をお待ちしております」というような声をかけることは再来店に重要と考えられています。

ステップ6と7　消費と廃棄／コミュニケーション

　消費者は購買活動の後，その購買活動を評価します。この購買後評価のひとつに**顧客満足**（CS）があります。消費者が強く満足すれば，次にも同じブランドを購入するリピート購買が起こり，ブランド・ロイヤルティが形成される確率が高まります。自動車のような買い回り品や旅行などのサービス業では，こうしたCSがより重要になります。

　消費者がその商品使用後に不満のある場合，次のような行動に出る場合があります。そのブランドを決して買わないと決定する，あるいは，小売店に直接不満を述べ，払い戻しなどを請求する場合，友人などにその小売店の不満を述べる，または，ボイコットを呼びかける。否定的な口コミを流す，公的な消費者保護機関に苦情を申し立てるというような反応です。

　消費者は購入した商品を保有した後，その商品をどう処分するかというステージがあります。消費者が商品を**処分**しようとする動機はいくつかあります。1つは，その商品が故障したり使用期限が来て使えなくなった場合，2番目に，まだ使用できるが，単に飽きたり新商品に魅力を感じて買い換えた

くなったために処分する場合，3番目に，使用前にサイズ違いで使用に耐えないとわかって処分する場合，4番目に，使うことを忘れるなどして使う機会がなく保存していたので処分することにする場合，などです。

商品の**廃棄行動**は図表3-2のように分類されます。

この図表に従えば，廃棄されると決まった商品でも保存される場合，また一時的に処分する場合と永久に処分する場合とがあります。場合によっては，購入された商品が「死蔵」されて，使われることもなく，処分されることもなく，自宅に眠り続けることもあります。

近年では消費者の環境意識の高まりによって，商品を分別して再資源化するリサイクル行動，ウェブサイトで競売する，パッケージを再利用する，災害や貧困に悩む人たちに寄付する，あるいは環境に負荷を与えないような廃棄活動を選ぶ，というような行動が目立つようになりました。

図表3-2 ▶▶▶消費者の廃棄活動

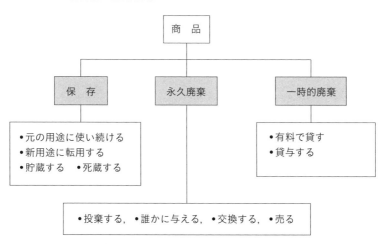

出所：Jacoby Berning & Dietvorst [1977] をもとに一部改変。

3 購買パターン

　消費者がある商品について，どのような買い方をするでしょうか。そこには一定のパターンがあります。ここでは，図表3-3のように，消費者の関与度と，購買する商品（ブランド）の数によって，4つに分けてみましょう。

⑴ブランド・ロイヤルティ

　ブランド・ロイヤルティ（brand loyalty）とは，消費者のその商品への関与度が高く，ある特定のブランドを反復して購入する行動を指します。関与度が高いとは，その商品ブランドへの関心や興味が高いことを意味します。注意すべきは，これは単なる反復購入行動とは異なっていることです。反復購入行動は単に繰り返し惰性で買うという行動面だけを指しています。しかし，ブランド・ロイヤルティとは繰り返し購入する理由が存在するのです。

　たとえば，自分が好きな雑誌や，クルマのブランドを繰り返し購入するのはこうしたブランド・ロイヤルティの例です。

図表3-3 ▶▶▶購買行動の種類

〈一定期間内に買われるブランド数〉

		1つ	複数
〈消費者関与〉	高	⑴ブランド・ロイヤルティ	⑵バラエティ・シーキング
	低	⑶反復購買	⑷ブランドスイッチ

出所：Trip, Hoyer & Inman［1996］を一部改変。

(2)バラエティ・シーキング

バラエティ・シーキング(variety seeking)とは現在の自分のブランド選択に飽きた結果,好奇心から購入ブランドを切り替えて別のブランドを購入する,ブランドスイッチ行動の一種です。

この場合消費者はその商品カテゴリーに興味や関心があり,関与度は高いのです。しかし,消費者はブランドの選択を変化させてそこに楽しみを見出そうとします。

バラエティ・シーキングが起こりやすいカテゴリーがあります。それは,多くの類似した代替ブランドがあり,購入頻度が高く,ブランドスイッチが多い商品に起こりやすいとされています。缶コーヒーのような嗜好性の飲料を自動販売機で選ぶ場合,バラエティ・シーキングが起こることが多いのです。

(3)反復(リピート)購買

消費者はあまり関心のない商品カテゴリーの商品購買において,一度買ったブランドを続けて買うことがあります。これは反復購買と呼ばれます。たとえば,しょうゆや味噌のような調味料カテゴリーでは,前に買ったブランドをまた買おう,という行動が起こりやすいのです。しかし,同じ調味料でも,ドレッシングのような分野では,むしろバラエティ・シーキングがみられる場合もあります。これはそのカテゴリーへの関与度の違いと考えられます。

(4)ブランドスイッチ

ブランドスイッチとは,ふだん購入しているブランドではなく,同じカテゴリーで異なったブランドを購入することを指します。たとえば,普段使っているシャンプーブランドが店頭で品切れを起こしていて,そのときである別のシャンプーブランドが特売に出ていた(「外部手がかり」)のを見て,そちらを買ったというような場合。また,とあるウェブの口コミを頭の中で想起して(「内部手がかり」),ふだんとは違った合わせ調味料を店頭で購入する行動がその例です。消費者はそのカテゴリーに高い関与をもっていないのがふつうです。

4 購入の計画性

購入活動は事前の計画性によって，次のように分けられます。(1)**全面計画購買**，(2)**部分計画購買**，(3)**非計画購買**の3つです。

(1)全面計画購買とは購入商品ブランドが，実際の購買に先立ってあらかじめ決定されている場合です。全面計画購買は商品関与が高いとき起こりやすいと考えられます。しかし低関与商品である日用品や食品の場合も同様に起こり得ます。ある消費者は，ショッピングに先立って綿密に買い物計画を立てて，ブランドレベルまできっちりと決めてショッピングを行うことがあります。

(2)部分計画購買とは，消費者が商品カテゴリーレベルで計画していた買い物の，ブランドやアイテムを店内で変更する場合です。たとえば，キャンデーを買おうとしていて，Aブランドのつもりが，Bブランドを買ってしまった，という場合です。店頭価格や店頭陳列がこうした変更を引き起こすことがあります。

(3)非計画購買または**衝動買い**とは，事前の計画なしに店頭で起こる購買行動のことです。これは店頭の品や店内販売促進活動などによって引き起こされることが多いものです。

米国での報告によれば主要なショッピングで購入されたアイテムのうち68％が，また小規模な買い物で買われたアイテムのうち54％がこうした非計画購買によるものです。「衝動買い」というのは，無駄遣いとして，ネガティブに受け止められがちですが，非計画購買とは，必ずしもそうではありません。

店頭でトイレットペーパーや調味料などが特売されているのを見て，「あ，買っておこう」と思い，家に買いだめ（家庭内在庫）しようとして買う例があります。あるいは，もう1台家庭用の無線ルーターを買う，というように，すでに所有している商品に付け加えて購入する場合もあります。

もちろん,心理的不均衡が生じ一時的に自分をコントロールできなくなり,無理に買ってしまった,というような衝動買いも存在することは確かです。

Column　**ビジネスへの応用**

　消費者の買い物行動にいかにして影響を与えることができるかは,マーケター(マーケティング担当者)の重要な任務です。そのためには本論に出てきたいくつかのポイントがあります。

　マーケティング活動が影響を与え,その効果を最大化するためには,あらかじめ消費者のブランド・ロイヤルティを高め,買い物行動のときにそのブランドを買ってもらえる道筋をつけることです。そのためにはどうすればいいのでしょうか。

　ひとつのポイントは,消費者が買い物行動に入る前に,マス広告や記事などのメディア,ネットの口コミなどによって,そのブランドに対する情報環境を整えておくことです。近年のヒット商品パターンを見ると,すでに発売前の段階から,マスコミなどの媒体によって話題が形成されており,そこから触発されて商品情報が口コミの形で流れ,さらに,ネットやマス媒体の広告がフォローしてヒットを形成するパターンが多いように思われます。たとえば,フィリップス社の「ノンフライヤー」の場合がそれです。

　よくマス広告が効かなくなったとか,マスメディアは意味がないという声も耳にします。しかしこうした媒体の発信する情報を二次的に拡散しているのが,ほかのマス媒体であったり,ネット系のメディアなのです。マス媒体のみに依存することは問題がありますが,ネットとマス媒体とをバランスよく用いて,消費者に段階的にリーチし,買い物行動を誘発するような情報環境を形成することがマーケターに求められています。

Working

調べてみよう

関与度の高い買い物行動（スマートフォン，洋服，スポーツ用具など）と，関与度の低い買い物行動（食品，缶ドリンク，文房具など）の両方について，そのプロセスをステップに分けて，詳細に実際の行動を記録してみよう。そのうえで，関与度の高い低いによってどのようにそのプロセスが異なるかを考察してみよう。

Discussion

議論しよう

継続的に購買しているブランドについて，なぜそのようなブランド・ロイヤルティが生じているかを考察し，その後で，どのようなマーケティング戦略を取ったらそのようなロイヤルティが生じるかを考えてみよう。

【注】

1 「アベノミクス富裕層消費動かす，高級時計，レジャー活況」（2013年2月27日アクセス）
http://www.sankeibiz.jp/macro/news/130227/mca1302272003031-n1.htm

参考文献

- Blackwell, R. D., Miniard, P. W. & Engel, J. F. [2001] *Consumer behavior (9th ed.)*, Mason, OH: South-Western.
- Jacoby, J., Berning, C. K. & Dietvorst, T. F. [1977] What about disposition?, *Journal of Marketing*, 41, 22-28.
- Peter, J. P. & Olson, J. C. [2002] *Consumer Behavior and marketing strategy (6th ed.)*, New York: McGraw-Hill/Irwin.
- Solomon M. R. [2001] *Consumer behavior: Buying, having, and being (7th ed.)*, Upper Saddle River, NJ: Prentice-Hall.
- Hans C. M. van Trip, Wayne D. Hoyer & J. Jeffrey Inman [1996] Why Switch?: Product Category-Level Explanations for True Variety Seeking Behavior, *Journal of Marketing Research*, 33 (August), 281-292.

第4章 購買意思決定

Learning Points

▶購入の意思決定はどのようなプロセスからできているでしょうか。
▶購入意思決定にはどのような要因が影響するでしょうか。
▶購入意思決定にはどのようなタイプがあるでしょうか。
▶消費者がブランドの代替案を決定するとき,どのような規則に従っているでしょうか。
▶ブランドの集合にはどのような種類があるでしょうか。

Key Words

個人的意思決定　ブランドの集合　代替案決定規則
消費者選択のための手がかり　行動経済学　ニューロマーケティング
進化心理学　集団的意思決定

1 個人の購買意思決定

　購買意思決定プロセスは「問題解決」とみなすことができます。つまり消費者意思決定では,「問題」があり,さらに解決に向けた「目標」があり,目標に従って,問題を「解決」していく過程とみなされています。

　たとえば,お昼の時間になってお腹が空いてきたというのはひとつの解決すべき問題です。この場合,空いた腹を満たすというのが目標であり,どの店でランチを食べるか,あるいは,コンビニでお弁当を買って食べるべきか,というのは解決のための選択に当たります。問題によっては,私たちは異なった目標を立てます。ですから,仲間と楽しくお昼を食べるという目標を立てた場合は,解決のための選択が異なってきます。

　この章では第3章の「買い物行動」を意思決定の側面からより深く考察することにします。

1.1　意思決定のプロセス

　それでは，個人の消費者意思決定プロセスを以下のように6つにステップに分類してみましょう。これは多くの消費者の意思決定行動に共通した要素をモデル化して考えたものです。

ステージ1．問題・ニーズ認知

　自分の現在の状態と望んだ状態との間に「違い」あるいはギャップを感じます。そして，自分の理想的状態を思い描きます。そうすると，そこに何かの問題がありそれを解決したいと考えるようになります。たとえば，メモをしようとして，手元にペンがないことに気づき，ペンをすぐ買いに行くような場合です。

ステージ2．情報探索

　消費者が問題を解決し，意思決定するための情報を収集するステージです。ペンを買おうと思って，店頭に行くと，さまざまな種類のペンがあることに気づきます。それで1つ1つをよく手に取ってみて，また店員に聞いたり，その場でスマートフォンで検索したりして，情報を集め分析します。

ステージ3．購入代替案評価

　情報探索ステージで得られた情報を基に，購買の代替案を形成します。また，ある基準を用いてそれらを評価します。さらに，購買行動を起こす前に購入商品（カテゴリー）やブランドを選択します。

ステージ4．購買行動

　購買をするため実際に店頭などに行き，さらに購買活動を実行します。店頭での選択行動も含みます。ボールペンの中から，自分に合った機能や好みのペンを選び，店頭でお金を支払って購入することがこれに当たります。

ステージ5．購買後評価

消費者は購買後に実際に商品を使用して，満足・不満足の評価をくだします。または選択代替案について再評価を行うこともあります。買ったペンについて使い心地を友だちと話したり，ソーシャルメディアでそのペンの評価を書いたりすることがこれに当たります。

ステージ6．廃棄行動

商品を使用したあと，その商品を費消し廃棄する行動です。ペンをしばらく使った後で，書けなくなったので，燃えないゴミとして処理することがこれに当たります。

1.2 購入意思決定への影響要因

このように購入意思決定には，一定のパターンがあるのですが，消費者は皆が同じものを選択するとは限りません。そこにはさまざまな要因が影響します。

影響要因として，企業側が仕掛けるマーケティング的影響が考えられます。当然ですが，どのような商品やサービスを企業側が提供するかによって，意思決定は大きく変化します。

では，消費者側の要因はどうでしょうか。大きく分けて以下の3種類があります。

(1)個人的影響

①デモグラフィック（人間の基本的属性）要因，②サイコグラフィック（心理的）要因，③価値観などがその主なものです。個人の性・年齢・職業・階層などのデモグラフィックス，あるいはライフスタイルなどの生活様式に関係する変数，さらにその消費者の価値観や人格・性格にも影響され，消費意思決定は変化します。

また，消費者は時間・金銭・情報処理の能力などの個人的資源，動機，知識，態度などからも影響を受けます。

(2)環境的影響

①文化（特に，個人が使用するコミュニケーションのスタイルやシンボル），②社会階層（所属する階層・階級など），③家族や親族，④他人からの個人的影響（仲間うちやコミュニティからの圧力など），⑤状況（雇用などの個人的状況）などがあります。

(3)心理的影響

①情報処理：どのように情報が心理内で処理されるかによって意思決定が異なってきます。

②学習：消費経験により行動が変化します。

③態度と行動変容：態度が変化することにより行動が影響を受けます。

さらに，心理的影響のうちで，消費者意思決定の過程のなかの要素そのものが意思決定に影響を与えます。それは最終目標の種類，目標階層（最終目標と下位目標の集合），関与度と知識，などです。

最終目標がどのようなものであるかによってどのような問題解決行動を行うかが異なってきます。たとえば空腹を満たすための満足を最大化する目標をもった消費者は，おいしいレストランを探すためにできるだけの努力を払ってレストランの情報を得ようとするでしょう。また目標階層がはっきり明確に規定している消費者は，その目標が記憶として活性化され目標を実現する計画はスムーズに実行されることになります。逆に目標階層がはっきりしていない消費者の場合（例：おいしいレストラン，あるいは，雰囲気の良いレストラン），試行錯誤を繰り返して問題解決に至る傾向があるのです。

1.3 購買意思決定のタイプ

私たち消費者は，購買意思決定の場面にぶつかるとき，いつも同じやり方で対処するわけではありません。それぞれの問題の大きさや自分の能力や投

入可能なエネルギーの量によって，処理の仕方をさまざまに使い分けています。ここでは，購買意思決定のプロセスを，消費者が投入する心理的なエネルギーや努力の大きさによって，次の3つのタイプに分けて考えることができます。それは(1)広域的問題解決（EPS：Extended Problem Solving），(2)限定的問題解決（LPS：Limited Problem Solving），(3)習慣的問題解決（HPS：Habitual Problem Solving），の3つです。

この3種類の問題解決の違いはどこにあるでしょうか。それは，意思決定過程の複雑さにおいて異なっています。(1) EPS は問題解決がもっとも複雑であり，(2) LPS はより簡単になり，(3) HPS は繰り返しの購入行動で，もっとも簡単な意思決定のスタイルです。さらに詳しくそれぞれの意思決定プロセスを見てみましょう。

1.3.1 広域的問題解決

広域的問題解決はもっとも複雑性が高い意思決定のスタイルです。

この意思決定が採用されるのは次のような商品購買のときです。まず，商品が高価格である場合。また，購買に際して失敗できないとか，自分の支払える額を超えて借金して買うなどの，リスクが伴う場合です。また購買頻度が低い商品を買うときにも当てはまる場合があります。たとえば，エアコンのようなたまにしか買わない商品カテゴリーでは，ふつう私たちの商品知識は豊富ではありません。

こうした広域的な問題解決行動において，消費者にとって直面している問題は，自分自身にとって比較的重要な問題が多いのです。高価格のドレスを購入するというような場合がそれです。また自己概念（self concept）もこの意思決定に関わります。自己概念とは，自分がどのような人間であると自分自身で認識しているイメージのことです。高価なハンドバッグを買うとき，自分にふさわしいバッグはどれだろうか，と選ぶことがこの例にあたります。

広範囲の問題解決による購買意思決定では，消費者は次のように振る舞います。

まず，できるだけたくさんの情報が探索され，集められます。自分の記憶を探る「内的探索」と自分以外からの情報探索「外的探索」の2つがこうした場合に用いられます。また，購買関与度が高いのがふつうです。つまり，購買に際して多くの心理的物理的エネルギーが費やされます。このため意思決定までには時間も多くかかることになります。

　そして，意思決定に際しては，候補に挙げられたブランド同士が入念に比較されます。この比較のプロセスでは，各ブランドの属性ごとに比較がなされます。たとえば，クルマを買うとき，燃費という属性，インテリアという属性，スタイルという属性……などがクルマブランド同士1つ1つ比較検討されます。意思決定に際しては，後で述べる補償的方略が用いられる傾向にあります。

　さらに実際の購買に際しては多くの店舗やウェブサイトを訪問することが行われます。最終の購買決定に至るまでには，店員との相談やクチコミ情報を利用して決定されることも珍しくありません。

　マーケター（マーケティング担当者）はこうした広域的問題解決を行う消費者にどうすべきでしょうか。

　有力なアプローチは「啓発」です。消費者は情報や知識・経験が不足しているため，これらを与える必要があります。近年「コンテンツマーケティング」と言われている手法は，ウェブサイトにさまざまな商品に関する情報を提供して，自社のファンになってもらうことを狙った手法です。こうした広域的問題解決に適したコミュニケーションだと言えます。

　また，このタイプの意思決定では，消費者は情報への特別なニーズをもっている場合があります。たとえば，購買の目標として何が重要なことか，どのようにして目標を定めればよいのか，どの選択肢がふさわしいか，あるいはどのような選択方法が望ましいか，などです。

　こうした情報を消費者に提供してあげることは有効です。たとえば，はじめてタブレット型コンピューターを買うとき，どういう使用場面にタブレットPCがふさわしいか，どのタブレットをどういう目的で選べばよいかを教えることが有利になります。そしてPOPやパンフレットといった店頭コミ

ュニケーションはこうした情報提供のために有効な手段です。

1.3.2 限定的問題解決

　この限定的問題解決モードでは，広範囲問題解決と比較して，商品はそれほど高価ではなく，消費者は何回かの購買をすでに経験しています。たとえば，何代目かのパソコンを買うような場面がそうです。すでにパソコンを使い慣れているので，商品知識があり，ブランドの違いについても基本的な知識はもっています。とはいえ，さっとパソコンブランドを選べるということではありません。こうした状態が限定的な問題解決の意思決定なのです。

　購買意思決定の過程も広範囲ほど複雑ではありません。よりシンプルな意思決定で，候補となったブランド同士をさほど念入りには比較しません。またより簡単な決定ルールを用いることが多いものです。

　結果，一番重要だと思われる購買基準だけを用いて代替案が評価されることもあります。パソコンならば，「かっこよさ」「デザイン性」という基準だけを用いて選ぶことがこの例に当たります。

　また，実際の購買に際しては，店員と相談するようなことはせず，自分で決めて買うことが多いものです。また選択は，店頭の陳列やプレゼンテーションという要素に左右されることもあります。

　こうした場合，マーケターは追加的な情報を提供し，消費者がどのような場合にその商品を必要とするかを教えるだけで十分なことがあります。また，ブランド名想起を促進するような広告活動は有効です。

1.3.3 習慣的意思決定

　この習慣的意思決定においては，上記の2つの意思決定と比較して，実際には意思決定らしい意思決定は行われません。価格が安く，高い頻度で購買され，消費者になじみがある商品カテゴリーのブランドでこうした意思決定が行われます。消費者は，ほとんど考えることなく，できるだけ短時間で意思決定が行われるのです。消費者はすでにその商品について，自分の経験から多くの知識を持っています。たとえば，調味料やふだんよく使う消耗品で

ある文房具，ティッシュペーパーなどの日用品がそれです。

実際に私たちが日常的に行う多くの購買活動はこのように習慣化されていることが多いのです。こうした購買活動の場合，選択はほぼ自動的になされます。

この場合のマーケターはどう対応すべきでしょうか。ここでは市場シェアによって対応が異なります。

市場で高いシェアをもつブランドの場合，消費者が最初に想起するブランドに含まれるようにすることが重要です。ですので，消費者にとって問題が起こる最初から選択肢に含まれるよう働きかけることが必要となります。たとえば，子どもの衣服が汚れるという問題について，それをきれいに洗濯するために有効な洗剤というポジショニングを広告によって確保する例が挙げられます。

一方，シェアの低い新ブランドの場合，店頭で消費者の意思決定に影響するような活動が勝負になります。たとえば，店頭の商品配置を変えたり，目立ったパッケージにする，無料サンプルを配布するなど，習慣化された消費者行動を変えるマーケティング活動が重要となります。

1.4　考慮集合の形成

消費者は購買の意思決定をするとき，複数のブランドの間でどれを選択するかを決めることになります。こうした候補になる複数のブランドのことを，選択代替案と呼びましょう。いくつかの選択代替案の中から消費者は選ばなくてはなりません。しかし，消費者は限られた認知資源（能力や意欲）と時間・資力しか持ち合わせていないので，すべての可能性をくまなく検討するということはほとんど不可能です。そこで消費者が形成するのが「**考慮集合**」です。

考慮集合にはすべての選択代替案のうちから限られた数のブランドだけが含まれています。消費者はこの中から購買しようとするブランドを選択することになります。考慮集合に含まれるのは消費者が知っているブランド（認

図表4-1 ▶▶▶ ブランド集合

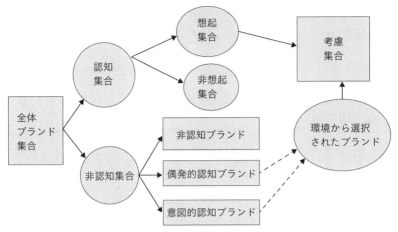

出所：筆者作成。

知集合）の中から検索してきたブランド群（想起集合）の中から選ばれます。

それ以外に，自分が知らないブランドの中からたまたま見つけたブランド（偶発的認知ブランド），あるいは意図的に探したブランドから見出されたブランド群（意図的認知ブランド），つまり想起されるのではなく環境の中から選ばれてきたこれらのブランドが含まれます。

ちなみに，すべてのブランドは，そのブランドを知っているか（認知しているか）どうかにより，認知集合と非認知集合の2つに大きく分類できます。さらに，前者は消費者によって思い出された想起集合ブランド群と非想起集合ブランド群に分けられます（図表4-1）。

あるブランドが購入されるためにはこの考慮集合に含まれることが必要となります。想起集合に入るためには「第一想起」に含まれることが，より有利に働きます。第一想起ブランドとは，その商品カテゴリーを言われたとき，最初に思い出すブランドのことです。つまり単に思い出されるだけでは不足で，早い順番で想起されることが必要になるのです。

この意味で購入頻度が高く価格が安い消費財の場合，広告活動はきわめて重要となります。なぜならば広告によってブランドの露出を高めることで第

一想起に入る可能性が高まるからです。先の**図表4-1**で、また想起集合に対して、不活性集合、不能集合という分類もあります。不活性集合とは知っているが買おうとは思わないブランドのことで、不能集合とはまったく想起もされないために選択肢に入ってこないブランドのことです。

1.5 代替案決定規則

消費者はあらかじめ決めたブランド代替案から、さまざまある「規則」から1つを用いて、購買ブランドを決定します。このとき、どの規則を用いるかは、消費者がもつ、時間・心理的エネルギー・能力・金銭などの「資源」をどのように配分するかによって異なってきます。

代替案決定規則には大きく分けて、**補償規則**と**非補償規則**の2つがあります。補償規則でいう「補償」とは、あるブランドを評価する場合、特定の属性（評価する切り口）に欠点があったとしてもほかの属性によって総合的な評価が補われることを意味します。

たとえば、1,000円の高価格のハンバーガーであっても、肉が厚くておいしいハンバーガーである、とか、期間限定なのでこの時期しか食べられない、という属性が提示されたならば、価格の高さを補って（「補償」して）購入されるかもしれません。

1.5.1 補償規則

では、消費者はどのような場合に、補償規則を用いるでしょうか。それは、その商品について興味や関心など関与度が高く自己のもつエネルギーなどの資源を投入しよう、と思っている場合です。消費者はこうした場合、より正確で間違いない選択をしたいという希望をもっています。住宅を選ぶとき、あるいはゴルフ用具など自分の趣味関連の商品などを買う場合、旅行先を選定する場合などがこれに当たります。

補償規則には、(1)単純加算規則と(2)重み付け加算規則の2つがあります。**図表4-2**に、マンションを選択するときの仮想例がありますので、これを

参照しながら以下を見てください。

(1)単純加算規則

消費者はすべての正の評価をもった属性数を足し上げ、もっとも多くの正の属性数をもっている代替ブランドを選択します。つまり、ポジティブな評価の属性の点数を足し上げて、この規則を用いるのは自分の能力や動機付けではすべての情報を処理するには不足していると消費者が感じている場合です。

仮想例では、図表の中で（+）と書いてある、属性の数を足します。この例では、どのマンションも+が4つずつあるので、この限りでは、どのマンションも同じ評価ということになります。

(2)重み付け加算規則

プラスの評価をもった属性を相対的な重要性で重み付けした後、その重み付けと属性の評価の積を求め、それらを足し挙げてブランドの評価とします。そしてもっとも高い評価点をとったブランドを購買対象として決定するのです。

図表4-2 ▶▶▶ 3つのマンションの評価（仮想例）

〈候補のマンション〉

属性	属性の重要度	うさぎガーデン	ひつじテラス	ぱんだハウス
1. 価格	1位（×5）	4,500万④（+）[20]	4,000万⑤（+）[25]	4,800万③（+）[15]
2. 広さ	2位（×4）	4LDK⑤（+）[20]	3LDK④（+）[16]	2DK③（-）[0]
3. 立地	3位（×3）	郊外③（-）[0]	都市部④（+）[12]	都心⑤（+）[15]
4. 駅からの距離	4位（×2）	5分⑤（+）[10]	10分④（+）[8]	15分③（+）[6]
5. 方角	5位（×1）	東④（+）[4]	西③（-）[0]	南⑤（+）[5]
合計点		54	61	41
補償規則による総合評価		2位	1位	3位

注：丸数字は各属性の5段階評価点。

マンションの例では，属性に重要度として，1位から5位までの順番が付けられ，重要性がそれぞれ5点から1点までの重みが与えられています。そして，（＋）の評価の属性だけを用いて，それぞれの評価点（丸数字）に重要性をかけます。その点数が［　］に記されています。この場合，マイナス（－）の評価を受けた属性は計算から除外されるので，属性項目ではゼロ点となります。ここでは合計点を算出すると，ひつじテラスがもっとも高い合計点を獲得したので，ひつじテラスが選ばれます。

こうした重み付け加算規則は，面倒な計算を必要とするので，時間や労力などの消費者資源を投入しやすい高関与商品カテゴリーについて適用されることが多いのです。

1.5.2 非補償規則

非補償規則でいう「非補償」とは，あるブランドが1つの属性評価が劣っている場合でも他の属性評価によっては補われないことを意味しています。この規則によればそのブランドの属性があらかじめ定めた基準に達していない場合は代替案から削除することになります。非補償規則は補償規則に比較すれば，さほどの手間や時間を要しません。より簡素かつ利便性のある規則だと言えます。

非補償規則には，4つのサブ規則があります。

(1)辞書編纂型規則

消費者はまず属性を重要性の順番に並べます。それらの属性のなかでもっとも重要な属性のうち，もっとも高い評価を得たブランドを選択することになります。

もし2つ以上のブランドが同じように優れた程度の属性をもっていた場合，二番目に重要な属性の評価によって決定されます。

マンションの例では，もっとも重要な属性が価格ですので，価格で最高の評価を得た，ひつじテラスが選ばれることになります。

(2)逐次消去型規則

(1)と同じく、もっとも重要な属性から始めて順番に、ブランドの評価を行っていきます。この規則では、特定の「カットオフ基準」が設定され適用されるのが特徴です。カットオフとは、価格の上限や最低水準の商品性能などのように、基準点以下の低い評価を得た場合にはそのブランドは自動的に候補から除外されていきます。

例では、最も重要な属性である、価格にカットオフ基準として、4,500万円を超えるものは不可とした段階で、ぱんだハウスが除外されます。次に、広さで3LDKを超える広さは不要、とした場合、うさぎハウスが除外され、残ったひつじテラスが選択されます。

(3)連結型規則

この規則では、それぞれの重要属性に最低限の要求水準であるカットオフ基準が設定され、それぞれの選択代替案の属性がこうしたカットオフ基準に満たない場合、代替案から排除されることになります。

マンションの例で言えば、上位の重要属性3つについて、カットオフ基準を以下のように設けたとします。価格：4,500万を超える価格、広さ：3LDKを下回る広さ、立地：郊外を除く。こうすると、3つのマンションはすべて選択から排除されることになります。こうした場合、適当な物件がなかったとして、再び代替案を探すか、あるいは、カットオフ基準を見直すことが行われます。

(4)分離型規則

これは、代替案同士を比較して特定の属性の評価が低いとしても、他の属性でトレードオフ（交換）を行う方法です。代替案はすべて良い属性ばかり持っているとは限りません。何か問題点があったとしても、他の属性で補えればよい、とするのがこの規則です。

マンションの例で見てみましょう。ぱんだハウスは価格という属性では、4,800万円で高額なため、劣っているのですが、立地という属性では、都心

にあるということでこの価格という属性は使わずに評価しようということになります。また，うさぎハウスも，4,500万円と高いのですが，4LDKという広さがあるから良い，と考え，価格属性では同等と判断して，次の重要属性である広さで判断します。

これは一見すると補償型規則に似ています。しかし異なるのは，属性の程度（マンションの例では，5点法での評価）を判断しないということです。良い点がありさえすれば良いのです。良い属性があれば，マイナスの属性を見ずに評価しましょう，ということになります。

以上のような補償型あるいは非補償型の規則は1回の意思決定で1つだけのルールが用いられるというわけではありません。消費者は実際には，いくつかの規則を使い分けながらブランド選択を行っていることも多いのです。たとえば，数多くのマンションを選択しなければならないとき，最初に非補償型規則の，逐次消去型ルールを用いて，価格で5,000万以上の物件は除外する，としてふるい分け，次により絞り込んだ選択肢を補償型規則を用いて，それぞれの選択肢について，属性ごとに評価をして，より詳細な評価を行っていくようなやり方があります。こういう規則の2段階の使い方を，段階型決定方略と呼びます。消費者はできるだけ自らの効用を最大化しながらも，負荷のかかる選択の仕方を避けるように選択行動を行うのがふつうなのです。

1.6 選択のための手がかり

ここまでで，消費者がブランドの代替案から1つを選択してくる規則を見てきました。しかし消費者が用いる規則はこれだけではありません。以下では，ヒューリスティックス・市場の信念・シグナルという3つの簡単な規則について学びます。

1.6.1 ヒューリスティックス

ヒューリスティックスとは購入意思決定における簡易型規則のことです。

消費者は商品選択に際して，できるだけエネルギーや時間・コストを減らし，購入決定のプロセスを簡素にしようとする傾向があります。

ヒューリスティックスは，消費者のそれまでの自分の経験や，家族や友人から教えられて身につけた規則が多いのです。XXであればYYをする，というような形でこのヒューリスティックスはつくられています。

ヒューリスティックスには，(1)探索ヒューリスティックス，(2)評価ヒューリスティックス，(3)選択ヒューリスティックス，の3種類があります。

まず(1)探索ヒューリスティックスとは，購入の目標を達成するため，関連情報を探すために用いられます。たとえば，タブレット型PCを購入するとき，家電量販店で探せば安心だ，というのはこの例にあたります。

(2)評価ヒューリスティックスとは，評価基準をどのように設定したらよいか，についての簡易規則です。たとえば，ラーメン屋を評価するためには，麺の固さが重要だ，というようなルールを指します。

(3)選択ヒューリスティックスとは，選択代替案について評価するための規則です。温泉旅行の行き先を決めるとき，「温泉ソムリエ」が言うことを基準にすれば間違いない，とする判断はこれに当たります。

1.6.2 市場の信念とシグナル

もう1つ，ヒューリスティックスに似た概念として，「市場の信念」というものがあります。これは消費者が，企業・商品・店について形成する「仮説」のことです。たとえば，よく用いられる市場の信念の代表的なものは「価格が高い商品は品質が良い」というものです。しかしこうした信念が正しいかどうか，必ずしも保証はありません。

私たちは消費者として，次のような「信念」をもっていることが多いものです。

「洗剤はどのブランドを使っても同じだ」
「家電量販店で商品を調べて，ネット通販で買うのが賢い買い方だ」
「バーゲンセールでは，初日に行くと一番商品が豊富だ」

もう1つ，消費者が購入意思決定の手がかりに用いる情報があります。それは，「シグナル」です。消費者は，商品に隠された属性を判断する場合，難しさに直面します。こうした困難を克服するために用いられる手がかりがこのシグナルなのです。有名ブランドや老舗ブランドはこのシグナルの代表的なものです。消費者はブランドを品質のシグナルとして受け止め，安心してその商品を購入するのです。また価格もシグナルとして用いられることがあります。高価格品はそれだけの手間や材料を費やしているので，品質も高いだろう，とする考え方です。

産地国効果もこのシグナルの一種です。産地国とは，メイド・イン・ジャパンのように，どこの地域や国で作られたかの表示のことです。フランス製やイタリア製のファッション，ドイツ製の車は，良質なものとして受け止められる傾向にあります。

2 行動経済学的アプローチ

近年，消費者行動論と隣接する学問領域として，行動経済学あるいは経済心理学などの分野が発達してきました。ここでは消費者行動に関連する理論や考え方を見てみましょう。

2.1 プロスペクト理論

消費者はすべてを理性的に計算したうえで，そこから得られる効用を最大化しようとしている存在なのでしょうか。経済学では，伝統的には，消費者はすべての可能性のある結果の効用に重み付けをして，予想される効用値を計算するような意思決定をすると仮定してきました。これを期待効用理論と呼びます。

このような合理的・理性的な消費者像に代わって唱えられたのが，プロスペクト理論です。プロスペクト理論によれば，人間は，問題に何らかの「決

定フレーム」を当てはめて意思決定する存在として考えられています。「決定フレーム」とは意思決定する人が，その問題に何かの概念付けを行って，選択をする，という考え方です。

プロスペクト理論は，心理学者である故エイモス・トベルスキーとダニエル・カーネマンによって最初に70年代に提唱され，経済学・心理学・認知科学の分野に大きな影響を与えました。カーネマンはこの功績によって2002年にノーベル経済学賞を受賞しています。

プロスペクト理論の例として，次のような問題を考えてみましょう。

質問：次のペアになった選択肢にあなたは直面していると想像してください。両方の決定を検討して，あなただったらどちらの選択肢を選びますか？（パーセンテージはn=150で選択させた結果）

① 次のどちらかを選びなさい：
A. 確実に240ドルもらえる。…84%
B. 25%の確率で1,000ドルもらえるが，75%の確率で何ももらえない。…16%

② 次のどちらかを選びなさい：
A. 確実に750ドルを失う。…13%
B. 75%の確率で1,000ドルを失う。25%の確率で何も失わない。…87%

決定①では大多数がAを選択しました。これはリスク回避行動です。つまり，大多数の人が，何ももらえない確率があるほうを避けて，確実に240ドルもらえるほうを選択したのです。

しかし，決定②ではどうでしょうか。Bを大多数が選択しました。これはリスク・テイキング行動です。つまり人々は確実に失うほうを選んだのではなく，何も失わない確率がある＝リスクがあるほうを選んだのです。

この例にも見られるように，利得を含む選択の場合はリスク回避が働きま

す。しかし，損失を含む選択の場合はリスク・テイキングが働くのです。この2つの問題は基本的に同じ構造をしているのですが，一方が利得であり他方が損失を扱っている点だけが違うのです。

　注意すべきは，プロスペクト理論によれば，消費者の損失についての反応は利得よりもより激しいということです。**図表4-3**の価値関数の図を参照してください。消費者は，失う金銭に伴う不快のほうが，同額の金銭を得る快よりも強いのです。つまり1万円の得と，1万円の損は，消費者にとって同じ強さではなく，1万円の損のほうが，1万円得することよりも，ずっとその痛みが大きいのです。このために，消費者は，得をすることよりも，まず損を避けることを優先する傾向があります。

　このことは，マーケティング上大きなインプリケーションがあります。マーケティング担当者は「この商品を買うとこんなトクがあります」ということを訴求しがちです。しかし消費者は，この商品を買うと損をしないかな？

図表4-3 ▶▶▶プロスペクト理論による仮説的価値関数

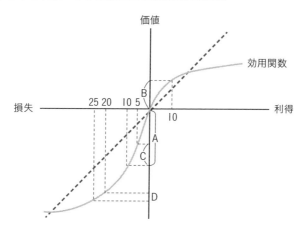

A＞B	同じ利得と損失を比較すると，得をした喜びよりも，損をした悔しさのほうが大きい。
C＞D	損失が5→10になったときの悔しさと，20→25になったときの悔しさを比較すると，損失水準が低いときのほうが悔しさは大きい。

出所：Tversky & Kahneman [2000].

ということのほうに，得をすることよりも敏感なのです。

2.2　お金のバイアス

　お金の価値とはどのようなものでしょうか。1万円はどこでも1万円の価値があるのでしょうか。そうではない，お金の価値はその人間が置かれた状況や金額が提示された状態によって変わってくる，というのが行動経済学や経済心理学の立場です。一見すると，1万円はどこでも1万円でその価値は変わらない，という主張のほうが正しいようにもみえます。

　しかし，実際私たちはお金についてさまざまなバイアス（偏り）をもっており，実際に何か商品を購入するとき，こうしたバイアスに支配されて支出の意思決定することが珍しくありません。お金の価値というものは，絶対的なものではなく，相対的であることが行動経済学などでこれまでに明らかにされてきました。そのひとつが「極端の回避」と呼ばれる現象です。

　レストランや商店で，さまざまな種類のチョイスを見せられたとき，私たちはどのようにして選択肢の中から1つを選ぶでしょうか。たとえば，ランチのときある和食レストランで，おかずの種類はほぼ同じである，スペシャルランチ700円とスタンダードランチ600円の2種類を見せられたときどちらを選ぶでしょうか。あるいは，松800円・竹700円・梅600円という3種類の定食メニューを見せられたときはどうでしょうか。

　米国での実験では，第1のグループは次の2つのカメラの選択を提示されました。

①　ミノルタ X-370，170ドル，②ミノルタ 3000i，240ドル。

第2のグループは次のような3つのチョイスを提示されました。

①ミノルタ X-370，170ドル，②ミノルタ 3000i，240ドル，
③ミノルタ 7000i，470ドル。

結果は，第1のグループにおいては，選択は半々でした。つまり①と②の選択がほぼ同じ率だったのです。しかし，第2のグループでは，57％が②を選び，残りが①と③を選びました。つまり多くの人々は，上中下の3つの選択を提示されたとき，真ん中を選びやすい傾向がある，ということなのです。もしもお金の価値がどこでも同じならば，私たちはこのような選択の提示の仕方に左右されず，「客観的に」より正しいと思われる選択をしているはずです。しかし実際はそうではありませんでした。

　こうした選択は「**極端の回避**」，あるいは，「妥協」と呼ばれています。消費者は極端な選択を避けて，より安全な中間を選択しようとする傾向があります。1つの理由は，安すぎるものや高すぎるものよりは，中間の選択が品質と価格のバランスにおいてより間違いない，という判断が働いていることにあります。

　この現象はどのようなことを意味しているでしょうか。私たちの選択は，コンテキスト，つまり選択が提示された状況に依存しており，価格への判断は相対的なものであるということになります。

　この知見を実務に応用するとどうなるでしょうか。3つのオプションを提示したうえで，真ん中のオプションをもっとも利益率が高いものに設定したならば，売り手はよりリターン（収益）を多くできるはずです。たとえば，ランチを出すお店では，松・竹・梅の3種類の定食を提供するとき，竹を選ぶ人が多くなると予想されますので，竹がもっとも利益率が高くなるよう準備すればよい，ということになります。

2.3　アンカリング効果

　アンカリングとはもとは船の係留，つまり船が「いかり」（アンカー）をある場所に下ろす様からつけられた名称です。アンカリングとは，人はあらかじめ与えられる数値によって，その後に続く意思決定が影響を受ける，という現象です。このあらかじめ与えられる数字というものは，まったくその後の意思決定と関係ない内容のものであっても影響を与えるというところが

ポイントなのです。アンカリングは，認知的バイアスの中でももっとも「頑健な」現象のひとつです。つまり意思決定にかなり強い影響を与える現象としてこれまでにもさまざまな研究報告がなされてきました。

これも米国で行われた実験ですが，ある研究者は次のような実験を行いました。

まず被験者に「自分の社会保障番号（多くの米国人が持つ自分のID番号）の末尾4ケタを書いてください。次に，あなたの住む町の職業別電話番号帳に掲載されている医者の数はその数字より多いでしょうか，少ないでしょうか」と聞きます。さらに続けて被験者は，地域の医者の数を推測して書くように求められます。

結果，被験者が書いた医者の数の数値は，最初に被験者が記した社会保障番号の末尾4ケタの数値と強く相関していたのです。これがアンカリング効果で，まったく関係ない数字であっても意思決定に先行して与えられることで，影響を及ぼすということになります。

こうしたアンカリング効果が生じるためにはいくつかの条件があります。1つは，被験者が反応するとき，その解答について被験者がよくわかっていない状態であること。もう1つは，あらかじめ与えられる数値が，被験者にとって答えの候補になりうるような状態であることです。

このアンカリングを，実務に応用して考えるとどうなるでしょうか。たとえば，テレビ通販広告で，最初に高価格の宝飾品をデモンストレーションしておいて，次に別のテレビの価格をオーディエンスに推定させます。それからより安い本当の販売価格を提示することで，オーディエンスの驚きを獲得できるかもしれません。

2.4 フレーミング効果

私たちの選択は常に何らかのリスクを伴っています。買い物も選択であるため，消費者はよりリスクを避けようとします。そのとき，選択をどのような枠組み＝フレームにおいて見るかが問題になります。同じような問題であ

っても、フレームの違いによって、よりリスクがあるようにも見え、またリスクが少ないように見えるからです。

フレーミング効果の典型的なものは、選択の結果のフレーミングです。先に書いたプロスペクト理論もやはりこのフレーミング効果によるものでした。次の例ではどうでしょうか。

問題：米国はあらたな感染症の危機に直面していると仮定してください。この病気では600人が死ぬことが予測されています。これに対して次の2つの解決プログラムが提案されています。

1. もしプログラムAが採用されたら、200人の人々が助かる。
2. もしプログラムBが採用されたら、3分の1の確率で600人が救われるが、3分の2の確率でだれも助からない。

さて、あなたはプログラムAとBとでどちらを選ぶでしょうか？

実験によればプログラムAを選ぶ人が72%で、Bは28%でした。これは何を意味するのでしょうか。人々の選択は、確実に200人が助かるよう、「リスク回避」的に働く傾向があるということです。これは問題の結果がフレーミングされて捉えられている現象です。つまり人々は、結果の数値を見て、リスクがより少ない確実に助かるチョイスを選択したことになります。

もうひとつのより簡単な問題の例があります。

① この牛肉は75%赤味です。
② この牛肉は25%あぶら肉です。

実験の結果、①のほうが②よりも、より好意的な評価を得たということです。注意すべきは、①と②とでは、まったく同じことを言っているにすぎません。これも、こちらの商品を選べば、どのような結果になるか、その利得

を計算し，そのうえで選んだチョイスということになります。このように私たちは選択の結果に何らかのフレームを当てて，それによって意思決定されていることが示されています。

ここから実務への応用を考えてみましょう。そのブランドの特質をアピールするとき，いくつかのブランドから選択をする場合，このブランドを選べば，よりリスクが少なく思えるチョイスをあらかじめ選んでおくことがあります。たとえば，より壊れにくい特徴であるとか，アフターサービスが要らない，などの特徴を訴求することが挙げられます。

このように見てきたように，まったく同じようなオプションであっても，消費者はそこに何らかの経験則を用いて，選択をしてしまう存在です。お金の価値というものは，絶対的なものではなく，相対的である，というのがこれまで行動経済学などで明らかにされてきた主張なのです。実際の財布と，「心理的財布」（小島外弘）とは異なるのです。このため，消費者はどのような選択のバイアスを持っているかを見極めたうえで，マーケティング戦略を練る必要がありそうです。

3 集団の購買意思決定

購買意思決定は個人の買い物だけで生じるわけではありません。企業がサーバーを購入するためにどのメーカーのどの機種を選定するか，といった企業単位での購買意思決定，あるいは，家庭用の家具を購入するなどの世帯単位での購入意思決定のスタイルもあります。ここでは集団，つまりグループによる意思決定を見ていきます。

集団的意思決定は，さらに世帯購買行動・ビジネス購買行動・政府購買行動の3つに分類できます。ビジネス購買行動や政府購買行動は，組織的購買であり，調達（procurement）とも呼ばれます。本節では，まず集団的購買意思決定の特徴について考察し，次に世帯購買意思決定と組織的購買＝調達活動の意思決定プロセスを明らかにしていきます。

3.1　集団的意思決定の特徴

個人と集団的意思決定との違いはどこにあるでしょうか。

1つの大きな違いは集団的意思決定のほうがより複雑である点です。個人の意思決定に比べれば，企業などの大きな組織における決定プロセスはより複雑です。これは，集団的意思決定では，個人同士の交渉やインターアクションが必要とされること，意思決定の結果がリスクやベネフィットとして組織全体に及ぶ結果，個人よりも多くの時間やコスト，手間が必要となるためです。

集団的意思決定に関わるメンバーは多様であり，**図表４−４**のように分類されます。

個人的購買意思決定は多くの場合，購買を重ねるに連れて習慣的かつより簡素になる傾向があります。また理性的な意思決定を伴わない情緒的動機に基づく衝動的な購買が発生することもあるのです。しかし集団意思決定ではこのような事態はさほど起こりません。

以下では，個人的購買意思決定と集団的意思決定のプロセスの違いを表にすると**図表４−５**のようになります。

図表４−４　▶▶▶集団購買意思決定にかかわるメンバーの分類

1．イニシエーター（initiator）	購入の必要性について提案を行う
2．ゲートキーパー（gatekeeper）	購買について情報収集と情報統制を行い，可能なベンダー（販売者）と商品の候補案を組織メンバーに提示する
3．インフルエンサー（influencer）	意思決定の結果に影響を与える人。組織内においてより大きな権力や権限を持つ。情報や経験において他のメンバーよりも優れ，決定に関与する動機づけも強い
4．バイヤー（buyer）	実際に購買活動を行う人。支払いや購入の手続きを行う
5．ユーザー（user）	商品やサービスを組織内で実際に使用する人

出所：Solomon [2009] p. 472.

図表4-5 ▶▶▶個人意思決定と集団的意思決定の違い

	個人的意思決定	集団的意思決定
意思決定に関わる人数	単数～少数	複数～多数
意思決定に必要な知識の量と質	少ない・浅い	多い・深い
意思決定のスタイルの傾向	感情的	理性的
意思決定の結果のリスク度合い	低い	高い
購買金額の相対的大きさ	小額	多額
購買の交渉スタイル	対面式は少ない	対面式が多い

出所：Sheth & Mittal [2004] pp. 332-333, Solomon [2009] p. 473 の記述をもとに作成。

3.2 家族購買意思決定

　家族での購買意思決定のパターンは、一見すると個人のそれに似ています。つまり、家族の意思決定も個人と同じように以下のステップを踏んで行われます。

　ステージ1．問題・ニーズ認知
　ステージ2．情報探索
　ステージ3．購入代替案評価
　ステージ4．購買行動
　ステージ5．購買後評価
　ステージ6．廃棄行動

　異なるのは、それぞれのステップで、さまざまな意思決定者や要因がここに関わってくることです。
　家族の意思決定で重要なポイントは、夫と妻との意思決定における役割です。夫と妻による意思決定は次の5つのパターンが考えられます。
　(1)夫が単独で行う意思決定
　(2)夫が支配的な意思決定
　(3)夫と妻が対等な役割を果たす意思決定

(4) 妻が支配的な意思決定
(5) 妻が単独で行う意思決定

　このような5つのパターンは商品カテゴリーや家族の状況によって異なってきますが，一般的に言えば，最初，夫か妻かのどちらかが，商品購入を言い出し，次第に夫と妻とともに意思決定に関わっていくプロセスが観察されます。たとえば，店頭にいっしょに行き，商品に関する情報をともに行います。
　パク（Park）[1982]が家を買う45組の夫婦に対して行った古典的研究によれば，次のような結果が得られています。

①夫妻の商品購入意思決定の計画は，異なっていることが多い。
②どのような特徴の商品を買うかについて，商品の基本的な特徴について夫妻が一致した場合は，購入意思決定は次第に同質のものになるが，一致しない場合は夫妻の間で衝突が起こる。たとえば，薄型テレビを買うとき，テレビの画面サイズについて夫婦の意見が一致した場合はその後の意思決定はスムーズになるが，一致しない場合は，けんかになる。
③夫か妻のどちらかが，自分が商品のある特徴について選択に関わった場合，片方が関わった場合よりも，その人の満足度はより高い。たとえば，ソファを選ぶとき，ソファの色を妻が主張して決めたとき，妻の満足度が高まる。
④夫婦は商品選択について，主観的次元よりも主要な客観的次元で一致することが多い。たとえば，家を買うとき，部屋の数では一致しやすいが，インテリアデザインでは一致しない。
⑤夫妻は，それぞれを商品の特徴について，相手を「専門家」とみなして尊重する場合がある。たとえば，夫は家屋の材質について専門家であり，妻はインテリアデザインについての専門家であると相手からみなされ，それぞれはその点について意思決定のときの相手の影響を受け入れる。

　このように，夫婦はそれぞれが購入意思決定について役割をもち，お互い

がその役割のもとで，意思決定過程にかかわっていることがわかります。

3.3 組織購買意思決定

それでは，企業や組織で行われる組織的な購買意思決定はどのように行われるでしょうか。ロビンソンたち（Robinson, Faris & Wind [1967]）は**組織購買階層理論**（buyclass theory of purchasing）を提案しています。組織購買階層理論とは，意思決定の性質によって，簡素なものから複雑なものに3つに分類する考え方です。それは次のようなものです。

⑴ 単純再購買：ふだん必要とされる商品であり，従来から十分な満足が達成されている場合。習慣的問題解決　リスクレベル低　自動的再発注　例：オフィスで使用するコピー用紙の発注。
⑵ 変換再購買：ニーズは以前と同様であるが，何か装備上の変更を必要とする場合。限定的問題解決　リスクレベル中　1人または少数が関与　例：オフィスで用いるPCソフトウェアのバージョンをアップグレードする。
⑶ 新規課題購買：組織にとってまったく新しいニーズである場合。包括的問題解決　リスクレベル高　多数が関与　例：企業全体の情報システムの更新。

このような購買階層別の意思決定スタイルに対応したBtoBのマーケティング戦略立案は重要です。自社の扱う商品の性質によってもこうした購買プロセスは決まってくるのですが，上記の購買タイプをベンダー（BtoBの売り手）自ら変更することによって，新しい需要を獲得することが可能となる場合があるのです。

たとえば，コピー用紙の発注は多くの企業の場合，単純再購買という形を取っているが，カラーコピーや写真画像コピーに対応した新しいコピー用紙の存在を知らせることによって，こうした商品を変換再購買というプロセス

に変更することで新たな需要喚起が期待できるのです。

　IT関連の組織購買において，要求工学（requirements engineering）という考え方が近年注目されています。**要求工学**とは，大規模な企業用のソフトウェアの開発において，発注されたソフトウェアを開発し，納入したものの，実際に使用されなかったり，変更を加えて用いられるなど，発注側と開発側の食い違いが目立つようになったところから考えられた概念です。こうした考え方は70年代からすでに存在したのですが，近年ソフトウェア開発の大規模化に伴い，より真剣な課題として捉えられるようになりました。

　要求工学とは，コンピュータシステムに関する要求の集合を，発見，文書化，保守することです。つまり発注者側の要求を設計者側が発見しながら，それを文書化して，合意に至るプロセスです。

　要求工学は次のようなステップからできています（Business Communication）。

(1) 要求の抽出：ステークホルダー（発注者，経営者）や文書，市場調査などから，どのような仕様が要求されているかを発見する。
(2) 要求分析と折衝：異なる要求の利害関係・競合関係を調整して，トレードオフを考慮しながら，システム化の範囲を決定する。
(3) 要求の仕様化：合意された要求について文書化を行い，要求を確定する。
(4) 要求の妥当性確認：要求の一貫性と完全性をシステムの設計の前に確認する。
(5) 要求管理：ソフトウェア開発の過程において，要求の内容や改訂を管理する。

　要求工学は複雑化・高度化した組織購買の意思決定において重要な考え方です。単にモノを買うということでなく，高度なサービス財を購入するとき，組織的な購買意思決定は次第に発注者側とベンダー側との協同作業になりつつあることを，この考え方は示しています。

Working　　　　　　　　　　　　　　　　　　　　調べてみよう

ある商品を購買するプロセスを，消費者インタビューを通して，図式化してみよう。高関与商品と低関与商品とに分けて，そのプロセスの違いを明らかにしてみよう。

Discussion　　　　　　　　　　　　　　　　　　　議論しよう

商品カテゴリーを決めて，そのカテゴリーで現在販売されているブランドを数種類選び，そこから1つだけブランドを選択するとすれば，どのような選択の方法がベストな選択につながるかを検討してみよう。

参考文献

- ダン・アリエリー著　熊谷淳子訳［2010］『予想どおりに不合理』早川書房。
- 豊田裕貴・坂本和子［2011］『売れる消費者心理学』幻冬舎。
- 山岡道男・浅野忠克［2011］『行動経済学の教室』アスペクト。
- Bettman, J., Luce, M. F. & Payne, J. W. [2006] "Constructive consumer choice processes," In S. Lichtenstein & P. Slovic (eds.), *The construction of preferences*, New York: Cambridge University Press, pp. 323-341.
- Business Communication「要求工学」名古屋大学　山本修一郎研究室
　http://www.bcm.co.jp/site/youkyu/
- Kahneman, D., Ritov, I. & Schkade D. [2000] "Economic preferences or attitude expressions?: An analysis of dollar responses to public issues," In D. Kahneman & A. Tversky (eds.), *Choices, values, and frames*, Cambridge, UK: Cambridge University Press, pp. 642-671.
- Kahneman, D. & Tversky A. [2000] "Choices, values, and frames," In D. Kahneman & A. Tversky (eds.), *Choices, values, and frames*, Cambridge, UK: Cambridge University Press, pp. 1-16.
- Park, C.W. [1982] "Joint decisions in home purchasing: A muddling-through process," *Journal of Consumer Research*, 9, pp. 151-61.
- Robinson, P. J., Faris C. W. & Wind, Y. [1967] *Industrial Buying and Creative Marketing*, Allyn and Bacon.
- Sheth, J. N. & Mittal, B. [2004] *Customer behavior: A managerial perspective*, Mason, Thomson South-West.
- Solomon M. R. [2009] *Consumer behavior: Buying, having, and being* (8th ed.), Upper Saddle River, NJ: Prentice-Hall.
- Tversky, A. & Simonson, I. [2000] "Context-dependent preferences," In D. Kahneman & A. Tversky (eds.), *Choices, values, and frames*, Cambridge, UK: Cambridge University Press, pp. 518-527.

第 5 章 態 度

Learning Points
▶態度とはどのように定義されるでしょうか。
▶態度はどのような要素からできているでしょうか。
▶態度はなぜ消費者行動を考えるうえで重要なのでしょうか。

Key Words

態度　態度の三要素　リッカート法　サーストン法　SD法
多属性態度理論　精緻化見込みモデル　消費者活動モデル　階層モデル
態度変容

1 態度とは

1.1　態度の定義

態度（attitude）は，社会心理学でもともと唱えられた概念で，消費者行動論においても，もっとも基本的な概念の1つです。

消費者は，さまざまな商品（カテゴリー）・ブランド・企業活動について「態度」をもちます。たとえば，iPhone が好きだ，メルセデスベンツを買いたい，ラーメンは太るからイヤだ，○×という会社は不正を働いたから嫌いだ，このダイエット食品に興味があるからもっと情報を調べてみたい，今度のあの風邪薬のテレビ広告は面白くて好きだ，というように消費者が考えることがあります。これらは，すべて何らかの態度の表明にほかなりません。

態度とはどのようなものでしょうか。これまで社会心理学では長い間，そして現在も態度についてさまざまな研究が積み重ねられてきました。これらの研究を参考にして，以下のような態度の定義を提示してみます。

> 消費者がマーケティングの対象（商品・ブランド・企業活動）に対してもつ，一貫した好意的あるいは非好意的な，判断的評価。

　この定義はどのようなことを意味しているでしょうか。

　まず態度とは，マーケティングが行われる活動について，消費者がもつ心のありようのことです。企業が行うマーケティング活動は多岐にわたります。商品やブランドのように，消費者が直接購入する対象もありますし，企業イメージのように，抽象的な対象もあります。また広告やプロモーション（販売促進）のように，コミュニケーションやメッセージもマーケティング活動の対象に含まれます。消費者はこうした活動について，さまざまに心理的な反応を示します。態度はこうした反応の結果，形成された心のあり方のことです。

　次に「一貫した」とはどういうことでしょうか。態度は，ある程度の期間持続する心のありようを指します。つまり，ある期間持続するような心のありようが態度なのです。私たち消費者は，あるブランドが好きになると，それをくつがえすような出来事が起こらなければ，好きという気持ちはある程度長期間（少なくとも数カ月か数年）持続します。そしてその気持ちがある期間は，その商品に対して，ほぼいつも好きだとか嫌いだ，と同じように反応します。これが態度が一貫しているという意味です。

　「好意的なあるいは非好意的な」とは，態度概念において，消費者は，ある対象を「好き」または「好きでも嫌いでもない」「嫌い」というように反応します。つまり，態度とは，ポジティブか，中間的か，あるいは，ネガティブな「価」を示します。これも態度という概念を理解するうえで重要な側面です。

　「判断的評価」とは，マーケティング活動の対象に対して，私たち消費者が何らかの判断をし，さらに評価することを意味しています。判断したり評価するということは，自分の心を働かせて，その対象について，良いとか悪いとか，好き・嫌い，買いたい・買いたくない，などの反応をすることを意味します。もしも，まったく何も判断しないとき，態度は形成されません。

ただし,私たちは自分が意識していないときにも,そうした判断をしている場合があります。つまり意識しているか,していないかは別として,何らかの判断や評価をくだすとき,態度が形成されていることになります。

このように消費者行動論における態度とは,マーケティング活動の対象について消費者が形成する判断的評価を意味しています。

1.2 態度の3要素

もう1つ態度について理解しておきたいことがあります。それは態度が次の3つの要素からできていることです。(1)認知的要素,(2)感情的要素,(3)行動的要素,です(図表5−1)。これは,**態度の3要素モデル**と呼ばれています。これは次のようなことを意味しています。

まず,(1)認知的要素とは,態度には消費者の理性的・論理的判断があることを意味しています。たとえば,ある消費者は,パソコンを買う時,そのパソコンがもつ性能を理性的に評価して,買うべきかどうかを決めます。パソコンの性能は,処理速度や記憶の容量など,数値で評価できることが多いものです。こうした性能の数値をもとにして,このパソコンは性能が優れているから好きだとか,買いたい,と思う時,そのパソコンに対する態度が形成されているのです。

次に態度の(2)感情的要素について考えてみます。私たちは,あるブランドについて,カワイイから好きだ,とか,なんか暗い感じがするな〜と思い,そのブランドを判定することがあります。これは感情に基づく判断というこ

図表5−1 ▶▶▶態度の3要素モデル

とができます。たとえば、ファッションを買うとき、あるブランドは色がキレイだから好きだ、とか、LINEのスタンプはカワイイから使いたい、と思う時は感情的な次元において態度が形成されていることになります。

3つ目は(3)行動的要素です。消費者はある商品について、買う、使う、または、チェックする、情報を調べる、などの行動を起こすことがあります。特に認知的にあるいは感情的に好きとか嫌いでなくても、その商品を買うという行動に出た時は、行動的次元において態度が形成されていることになります。文房具屋で、普通のノートブックを買う時がこの例に当たります。

研究者によっては、態度に行動的要素を入れることに反対する人もいます。なぜなら、態度と行動とは別個の概念であることに意味がある場合があるからです。態度を厳密に心のありようとだけ考えれば、行動的側面は除いて考えても良いのですが、行動的要素を入れて考えることで態度がより理解できることもあります。

態度という心のありようには、上記の3つの要素が常に同時にあることを意味しています。問題は、この3つの要素は、いつも同じように働くわけではなく、ときには、お互いに矛盾した動きをすることがあるということです。

たとえば、ある時計の機能と性能については高く評価している（認知的要素）けれども、どうしてもそのブランドが好きになれない（感情的要素）、このためその腕時計は買わない（行動的要素）、ということがあり得ます。これは認知的要素はポジティブな値をとったが、感情的要素と行動的要素はネガティブな値だった、というケースに当たります。また、お化け屋敷は怖いからどうしても好きになれない（感情的要素）し、お化け屋敷は人間が演出しているので見る必要はない（認知的要素）けれども、一度その話題のお化け屋敷に行ってみたい（行動的要素）、というように、認知的・感情的要素はネガティブだが、行動的要素はポジティブな場合に当たります。

このような理由で、態度を理解しようとすれば、この3つの要素がそれぞれどうなっているかを分けて検証する必要があるのです。

1.3 なぜ態度は重要なのか

なぜ態度はそれほどにも重要な概念として消費者行動論やマーケティングにおいて取り扱われてきたのでしょうか。いちばん大きな理由は，態度がわかれば，その人の購買行動が予測できると考えられたことです。事前のデータに基づいて将来の予測や制御が可能になるということは，科学が科学であるためにおけるもっとも重要な要件です。

態度を正確に測定できさえすれば，その人の行動が予測できる……もしそれが可能ならば，企業のマーケティング活動にとって朗報です。商品が売れるためにはまず態度を測定し，態度を変化させるためにはどうしたらいいかを考えればよいからです。

こうした考え方の背景として，1つには，人間の行動はその個人の意図に基づいたものであるとする考え方がありました。態度は，個人個人の自由な好みを反映していると考えられたのです。したがって，消費者の行動を予測するためには，まず彼らの商品への態度を分析すればよい，と考えられたのです。また，人々の消費行動を変えたいと思うならば，彼らの態度を変えればよいと初期の態度研究者たちは考えました。

しかも，態度は消費者において比較的「頑健」な現象です。つまりいったん態度が形成されるとそれは長期的に持続することが多いのです。こうした点も，態度を測定することが有用と考えられた原因の1つです。

一方で，その後の態度研究の進展によって，単に消費者が口頭で述べる態度だけが態度ではないということもはっきりしてきました。反応時間などの測定方法も進化し，ニューロなどの脳科学の寄与もあり，態度概念は現在の研究の進展によってさらに重要性を増しています。

1.4 態度をどう測定するか

では実際に消費者の態度を測定するにはどうしたらいいのでしょうか。従来から行われてきたのは，消費者に対して直接質問する方法です。これまで

にいくつかの方法が提案されています。ここでは代表的な3つの方法について述べます。

多く用いられているのは「リッカート法」と呼ばれる測定方法です。測定する態度の対象について，複数の短文の形式で消費者に示し，それぞれについて5段階などの評定尺度によって「強くそう思う」から「まったくそう思わない」などを選択させます。そして，各選択肢に数値を与え総和値あるいは平均値を算出します。

リッカート法の例：

Q：次の質問について，あなたはどう思われますか。1から5の数字で
　　お答えください。

5＝強くそう思う，4＝ややそう思う，3＝どちらとも言えない，
2＝あまりそう思わない，1＝まったくそう思わない

1：　私はスターバックスが好きだ　__
2：　いつもスターバックスに行きたいと思う　__
3：　私は親しい友人にスターバックスに行くことを勧めたい　__

結果は，これら3つの文章の回答の平均値を取って，そのブランドへの態度とします。これらの3つの文章を作成するためには，あらかじめ，定性的なインタビューなどで，そのブランドへの態度を表明する文章をピックアップし，事前のテストで，安定的な答えが得られるかをチェックしておきます。

同じことを繰り返し聞いているように見えますが，ある対象について態度を測定するためには，このように複数の角度から質問をし，それらの回答が一貫しているかを見る必要があります。ひとつだけの質問では，正確さを欠く場合があります。これらの回答に，信頼性があるかどうか，つまりこれらの質問への回答に一貫性があり，的を射た回答かどうかは，クロンバックのα係数などの手法で確認することができます（クロンバックのα理論につい

ては，統計の本を参照してください）。

2番目の方法は「サーストン法」です。これは複数の文章を示して，自分（調査の対象者）にあてはまる文章に，自分の考えに合う程度を評定してもらいます。たとえば，100人程度の調査対象者に評定してもらったうえで，結果を次のように分析します。

分散が大きい，つまり人によって差が大きい文章は除外して，結果の数値が比較的一致するものを選び，その中央値（メディアン）を，その文章の尺度値とします。以下の例は，マクドナルドのサービスを評価する目的で筆者が仮に作成したものです。こうした文章を作成するには，あらかじめ消費者やユーザーの声をインターネットやマスメディアから集めて，できるだけ文意が明快な文章を選びます。

サーストン法の例：

Q：次の文章について，「まったくそのとおり」＝5点，「どちらとも言えない」＝3点，「まったくそうではない」＝1点と，それぞれの文章の前に記入してください。

___ 1. マクドナルドに行くのは楽しい。
___ 2. マクドナルドではすぐに注文した品が出てくる。
___ 3. マクドナルドの商品はすべておいしい。
___ 4. マクドナルドのスタッフは親切だ。
___ 5. マクドナルドの価格は買いやすい。
___ 6. マクドナルドの商品は健康的だ。
___ 7. マクドナルドの店内はいつも込み合っているのでいやだ。
___ 8. マクドナルドのおまけがとても楽しみだ。

3番目に「SD法」（セマンティック・ディフェレンシャル法）があります。これは対になった形容詞を用いて，対象となったブランドについての考えを評定してもらうものです。

> SD法の例:
>
> Q:あなたは,iPhoneについてどう思いますか。あてはまる個所にチェックを入れてください。
>
> | 良い | ___ | ___ | ___ | ___ | ___ | 悪い |
> |---|---|---|---|---|---|---|
> | | (+2) | (+1) | 0 | (-1) | (-2) | |
>
> | 優秀 | ___ | ___ | ___ | ___ | ___ | 劣る |
> |---|---|---|---|---|---|---|
> | | (+2) | (+1) | 0 | (-1) | (-2) | |
>
> | 楽しい | ___ | ___ | ___ | ___ | ___ | いやな |
> |---|---|---|---|---|---|---|
> | | (+2) | (+1) | 0 | (-1) | (-2) | |

分析にあたっては,被験者の平均値を取り,さらにグループ全体の平均値を求めて,そのグループのブランドに対する態度の評定値とします。

2 態度の理論

態度にはさまざまな「理論」が存在しています。態度についての理論とは,態度という概念がどのような要素からできているのか,また,どのように態度が形成されるか,あるいは,態度はどのように変化するのかなどを説明することを意味しています。ここでは態度に関する代表的な3つの理論を紹介します。

2.1 多属性態度理論

態度はどのような要素からできているのでしょうか。たとえば,ある飲料ブランドが好きという場合,味が好き,パッケージが良い,飲んだ後の後味がすっきりしている,など複数の好きな理由からできている場合があります。

このように態度を複数のエレメントに分けて考察したのがこの多属性態度という理論（あるいはモデルとも言います）なのです。

多属性態度理論はフィッシュバインという心理学者によって唱えられました。態度研究史の中でもっとも大きな影響力のある理論であったと同時に，実務への応用性があったため，形を変えながらさまざまに現在でも使われています。フィッシュバインが唱えたこの理論の特徴は，「信念」「評価」という2つの要素が組み込まれていることです。信念とは，その属性を，そのブランドがもっていることをどの程度信じているか，を意味します。たとえば，「マクドナルドのポテトフライの味はおいしい」とどの程度信じているかです。また「おいしい」と評価しているだけでは不十分で，それが自分にとってどの程度良いことかを示すのが「評価」という意味です。

つまり，多属性態度理論とは，そのブランドのもつさまざまな「属性」に対する信念と評価を分けて分析し，それを総合化したものが態度だと考えていることになります。

フィッシュバインの理論は次の数式で表現されます。

$$Attitude = f\left(\sum_{n=1} b_i e_1\right)$$

b_i は信念の強さ。つまり態度の対象ブランドが i 番目の属性についてもっている信念。たとえば，コカ・コーラの味が甘いと思っている程度。
e_1 はその i 番目の属性についてもっている評価的側面。たとえば，コカ・コーラの味が甘いことが，その消費者にとって，どの程度良いことか。

なお，Σ（シグマ）は，上記の b_i と e_1 を掛け合わせた積をすべて足し上げることを意味しています。

n は態度対象の**顕出属性**（salient attribute）の数。顕出属性とは，対象ブランドを評価するために用いられる属性を指します。

この数式は何を意味しているでしょうか。**図表5-2**で、具体的にみていきましょう。

　まず「属性」という概念についてです。属性とは、評価するための「切り口」のことです。たとえば、自分が買うクルマを評価しようとすれば、外見のデザイン、価格、ブランド、インテリア、運転しやすさ、乗車できる人数、荷物の積載能力、などの観点から消費者はそのクルマを評価します。これらの観点が属性と呼ばれるものです。上記にある顕出属性とは、考えられる属性の中でも、購買意思決定に必要な属性の限られた数の属性を指します。消費者は、商品属性を広告・ショールーム・実際の使用体験・試し使い・口コミなどを通じて学習します。

　「信念」とは、その属性を、そのブランドがもっていると消費者が信じている程度を意味しています。たとえば、クルマのAブランドは、運転しやすさという属性をもっていると、ある消費者が思っているとしたら、運転しやすさという属性についての信念があることになります。

　さらに、その属性が自分にとってどの程度良いことか、という「評価」がそこに加わります。たとえば、運転しやすさは自分にとってとても重要だと思えば、その消費者はその属性について高い評価をもっていることになります。

　消費者はそれぞれの属性についての「ミニ態度」をもちます。ミニ態度ということは、そのブランド全体に対する態度とは別であることを意味しています。

　この属性についてのミニ態度は、「信念の強さ（b）」×「属性の評価（e）」の積によって計算されます。つまり、信念が強いほど、属性の評価は大きくなり、ミニ態度も強くなることになります。

　仮に5点法で、クルマのAブランドの属性へのミニ態度を測定したとします。ある消費者は、Aブランドの運転しやすさは、3点程度だと判定し、自分にとって運転しやすさ属性の評価は5点（＝とても良いこと）だと判定したとします。そうすると、運転しやすさ属性へのミニ態度は、3×5＝15点となります。

図表5-2 ▶▶▶ クルマブランド（仮称）についての仮想データ（3点法）

（属性）	e_i	アマンダ	ベッシー	シンディ	デビー
乗り心地	+3	+2	+1	+3	+1
運転しやすさ	+1	+1	+3	+1	+2
インテリア	+1	+2	+1	+1	+1
価格	+2	+1	+2	+1	+3
（燃費）*	(+2)	(+3)	(+1)	(+0)	(+1)
全体態度スコア（前）**		+11	+9	+13	+9
全体態度スコア（後1）***		+15	+12	+15	+11
全体態度スコア（後2）****		+17	+11	+13	+14

注：＊…当初顕出属性ではなかったが，アマンダの態度変容戦略3によって顕出性が変化した（例）。
　　＊＊…態度変容戦略前の態度スコア（「属性評価×各ブランドの属性スコア」の総和）
　　＊＊＊…態度変容戦略2採用後の態度スコア（インテリアの属性評価を+1から+3に変化させた）
　　＊＊＊＊…態度変容戦略3採用後の態度スコア（カッコ内の属性評価点を加えた）

　そして，そのブランドへの態度は，属性ごとのこうしたミニ態度得点を全部足し上げたものとなります。

　それでは，ブランドへの態度を変更させるには，どのようにしたらいいのでしょうか。この多属性モデルを使うと，以下の3つの戦略が浮かび上がってきます。

態度変容戦略1：属性についての信念の強さを変化させる
　　…そのブランドがその属性をもっていることを強く消費者に知覚してもらう。
態度変容戦略2：属性の評価を変化させる
　　…属性への評価を高めることによって，自社ブランドへの態度を改善する。
態度変容戦略3：以前は重要でなかった顕出属性を認知構造に導入する
　　…重要と思われていなかった属性を新たに加えることで，態度を変化させる。

図表5-2を例にして説明しましょう。もしあなたが「アマンダ」というクルマのブランドマネージャーだったとします。現在のところ，4つのブランドの中で，アマンダは態度スコアで+11となり，全体の2位に甘んじています。このランクを上げるためにはどうしたらいいでしょうか。

　態度変容戦略1を用いてみましょう。もし，属性「乗り心地」への信念を変化させてはどうでしょうか。つまり現在の乗り心地属性は，アマンダは信念スコア+2です。これを+3に高めれば良いのです。アマンダはより良い乗り心地をもっているクルマと消費者に信じてもらえば，全体の態度スコアは+12になり，現在の+11から1ポイント上昇します。

　態度変容戦略2を取るとどうなるでしょうか。もしインテリアが消費者にとってより大事な属性だと評価してもらえば，現在の+1の属性の重みスコアを+3に変化させればよいのです。結果として，アマンダの態度スコアは+15となり，シンディと並んで第1位となります。

　さらに，態度変容戦略3を取ってみましょう。ここでは，アマンダが得意とする「燃費」を新しい顕出属性として視聴者に説得することを試みます。もし成功したとして，アマンダの総合態度スコアは+17になり，断然1位を取ることができます。

　このようにフィッシュバインの多属性態度理論は，実務の態度変容に役立つ有用な考え方をもっていると考えられます。

2.2 精緻化見込みモデル

　同じ態度が形成されるときでも，「強い態度」と「弱い態度」が形成されることがあります。強い態度とは，たとえば，アップルのスティーブ・ジョブズの話を知ったのがきっかけで，アップルブランドがとても好きになり，他のブランドには目もくれない，というような場合です。こうした強い態度がいったん形成されると，この態度は変化しにくいものになります。

　「強い態度」ができると，友人から，アップルのMacintoshよりも，マイクロソフトのWindowsのほうが便利だよ，と説得されても，変化しにく

いのです。さらに，自分でアップルの情報に進んで接したり，情報を探すことも積極的に行うことがあります。また，パソコンショップに行くという行動に出たとき，その人の行動がより予測しやすいものとなります。すなわちアップルのパソコンを買う可能性が高いということです。

一方,「弱い態度」とは，自分があまり興味や関心のない商品について起こることが多いのです。たとえば，チューインガムのブランドについてどう思うか，と聞かれても，まあ好きだけど，それ以上のことは言えない，という場合があります。こうした弱い態度しか形成されていない場合，説得によって態度が変わる可能性が大きいのです。またその商品について深く考えることをしません。デザインや色・形，という表層的な部分に注意が行ってしまいます。

このように，強い態度や弱い態度が形成されるプロセスはどのようなものでしょうか。また態度を形成しようとして，説得に成功するのはどのようなメカニズムがあるのでしょうか。

精緻化見込みモデル（elaboration likelihood model）とは，このような態度変容の基本的な問題に答えようとした包括的理論モデルです（**図表5-3**）。

「精緻化見込み」という言葉は翻訳した言葉なので理解しにくいのですが，これは，消費者が提示された情報についてどの程度よく考える（＝精緻化）可能性があるか，という意味です。

このモデルによれば，消費者はまず情報刺戟に接します。そのとき，まずそれを処理しようという動機があるかどうかによってその後の「情報処理ルート」が決まるのです。

たとえば「海外旅行に行きたい」という動機づけをもっていたとします。そのときたまたま見ていたウェブサイトに海外旅行関係のバナー広告に掲載されていたとします。もしかするとあなたは，そのバナー広告をクリックするかもしれません。これが第1の関門です。

情報処理ルートの第2の関門は，その情報を処理できるだけの能力があるかどうか，です。バナー広告をクリックしたとしても，もしそのバナーが英語でしか書いてなくて，英語のできない消費者だったとしたらどうでしょう

図表5-3 ▶▶▶ 精密化見込みモデル

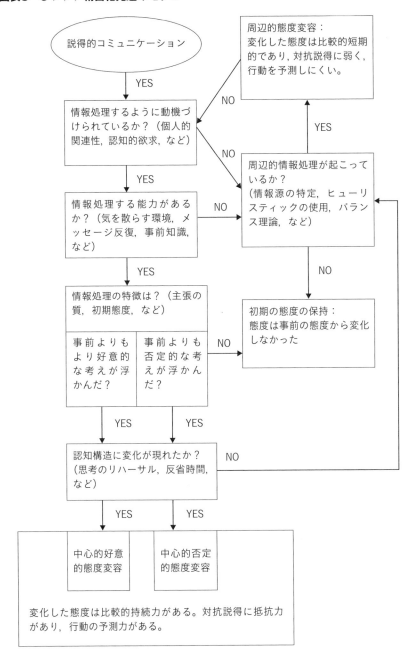

か。おそらくその人はそれ以上，その広告情報を見ようとは思わないかもしれません。つまり情報処理はそこでストップしてしまいます。

しかし，もし，情報処理能力がある場合，そこで接した情報について**認知反応**が生じます。認知反応とは，人が提示された情報について，言葉で心の中で反応を起こし，かつ，その発した自分の考えに依存してしまう，というものです。

先ほどの海外旅行情報の例で言えば，もし，英語で書かれていたとしてもがんばってそこの情報を読み取ったとします。そうすると，「なるほど，このリゾートのサービスと旅行内容は素晴らしいナ」と心の中でつぶやきます。こうしたポジティブな認知反応が起これば，まさにポジティブに説得が起こったということなのです。つまりいくつもの関門を通り過ぎて，最後に消費者が納得してくれ，説得は成功した，ということになります。これを「**中心ルート**」を経た情報処理と呼びます。

一方で，「**周辺ルート**」の情報処理があります。周辺ルートでの情報処理は，中心ルートほど深くは情報処理されません。つまり「精緻化」されないのです。このとき，消費者は情報処理しようという動機もありませんし，またその能力もありません。

先ほどの海外旅行の例で言えば，海外旅行にさほど興味もないけれど，たまたまバナー広告をクリックして，海外旅行について書いてあるページに行き着いたとします。情報がいろいろ書いてあるけれども，見る気もしないし，海外の経験もあまりないので，よくわからないな，と思っている状態です。

しかしながら，そこに掲出されていたリゾートとモデルの写真に目を奪われました。「わー，素敵な写真だ」と思ったそのとき，海外の観光リゾートに対して，弱い態度が形成されています。弱い態度だからといって，マーケターにとって役に立たないわけではありません。もし手軽に行ける海外旅行であれば，弱い態度でも消費者は旅行することを決めるかもしれないのです。

この精緻化見込みモデルは，**図表5-4**のように，動機が高い場合で，処理能力が高い場合に，強い態度が形成される可能性があることを示しています。それ以外の場合は，弱い態度しか形成されないのです。

図表5-4 ▶▶▶情報処理の中心ルートと周辺ルート

〈動機〉

	高	低
〈能力〉高	中心ルート（強い態度）	周辺ルート（弱い態度）
〈能力〉低	周辺ルート（弱い態度）	周辺ルート（弱い態度）

2.3 消費者活動理論

ここまで紹介した2つの態度理論では，消費者がどのような態度を形成するか，についての理論でした。ここでは態度から少し離れて，消費者の実際の「活動」についての理論を紹介しましょう。広い意味では，活動は態度を構成する3要素の1つである行動の1つですので，態度に関する理論と考えられます。

消費者活動（consumer action）（図表5-5）とは消費者行動と区別される概念です（活動を行為と言う場合もあります）。消費者行動が，意識下における情報処理などの心理的行動も含めた概念であるのに対して，一方，消費者活動とは，目標に基づいた理性的・意図的な購買行動のことです。別の言葉でいえば，消費者活動とは，「今日は家電量販店で冷蔵庫を買おう」というような，消費者の，目的に基づいた具体的行動のことを指します。

合理的活動モデル（TRA: theory of reasoned action）は人間行為一般を簡易なモデルによって説明しようとした理論モデルです（Ajzen & Fishbein [1975]）。TRAによれば，人間の行為は人間の完全な意志のコントロール下にあり，人は自分が行おうとしていることができるし，また行うであろう

図表5-5 ▶▶▶消費者活動モデル（合理的行為モデルと計画行動モデルの統合）

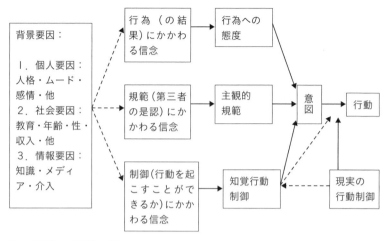

出所：Ajzen & Fishbein［2005］p.194.

と信じているという前提が設けられています。

　活動（A; action）は意図（I; intention）の結果です。つまり，意図とは何かの行動を起こそうとする意思のことです。また意図は「活動への態度」（Aact; attitude toward act）（活動に対する態度）と「主観的規範」（SN; subjective norm）（その活動を起こすべきか起こさざるべきかについての社会的圧力の知覚）との2つの変数によって説明されます。つまり，私たちが何か事を起こそうとするときは，その活動が好ましいことであるという考え方と，その活動を起こすことは，社会的にも望ましいことだ，とする考え方が，そこにあることになります。

　たとえば，ある消費者がミネラルウォーターを買いに行くことについて，「ミネラルウォーターを買うことは自分にとって望ましいことだ」（Aact）と思い，かつ「ミネラルウォーターを買うことは，熱中症にならないために必要なことだ」という気持ち（SN），この2つが合成されて，「ミネラルウォーターを買いに行こう」（I）という意図が形成されます。そして，最終的にミネラルウォーターを買うという活動（A）が生じることになります。

　合理的活動モデルがさらに発展して，**計画行動理論**（TPB：theory of

planned behavior）が提案されています（Ajzen［1991］）。この計画行動理論では，意図へ影響する2つの態度・規範変数に加えて「知覚行動制御」が意図に影響する変数として加わっています。

　知覚行動制御とは，その行動を起こすことがどの程度難しいだろうか，あるいはたやすいことだろうか，その程度にかかわる意思を指します。たとえば，「ミネラルウォーターを買いに行くのはちょっと面倒だな」と考えれば，購買を抑制するかもしれません。しかし「ミネラルウォーターを買いに行くのは簡単だ」と考えれば購買が促進されるでしょう。

　合理的活動モデルと計画行動理論とを統合した，**図表5-5**のような統合モデルによれば，実際の購買行動が起こるかどうかについては，意図が直接影響します。そして，この意図を形成するのは，(1)行為にかかわる信念＝行為の結果が役に立つものであるかどうか，(2)規範にかかわる信念＝友人・家族・同僚などがその行動を承認してくれるかどうか，(3)制御にかかわる信念＝自分がその行動を起こすことができるかどうか，という3つの変数になります。そしてこうした変数には，さまざまな個人・社会・情報要因が影響を与えています。

2.4　階層モデル

　態度はどのように形成されるのでしょうか。自分が何かのブランドを好きになる過程を思い出してみましょう。たまたま最初にSNS（ソーシャルメディア）の投稿で，ある袋めんブランドの新製品のことを知り，買ってみて，食べてみて好きになった，というように，態度はいくつかの段階を経て形成される場合が多いものです。

　こうしたいくつかの段階を経て形成される態度をモデル化したのが，以下の3つの階層モデルです（**図表5-6**）。

①**標準的学習階層モデル**

　このモデルでは，最初に問題解決としての消費意思決定が行われます。たとえば，部屋のニオイが気になるので，消臭剤を購入して部屋のニオイを消したい，という場合です。ここで商品属性についてある考え方（信念）が形成されます。この消臭剤は部屋のニオイを消す効果は確かそうだ，というような具合です。その次に消費者はこれらの属性を評価してその商品についての感情を形成します。「この消臭剤を使うと部屋のニオイが消えて気持ちが良くなるに違いない」と。そしてここで形成された評価をもとにして，「よし，ではその消臭剤を買おう」と，購買行動が実行されることになります。その結果として態度が形成されるのです。「この消臭剤を実際に買ってみたら，部屋のニオイが消えたので，この消臭剤を引き続き買いたい」というように。

②**低関与階層モデル**

　このモデルでは，消費者はブランドについて口コミなどから得られたごく限定された知識（信念）しか持っていません。たとえば，「このリンスは髪をサラサラにするために良いと聞いたけど」。この知識によって次に実際の購買行動が実行されます。その結果，実際に商品が購入され使用されてからはじめて商品についての感情が生じます。「このリンス，使ってみたら本当に髪がサラサラになるわ！」。最終的に態度が決定されることになります。「このリンスブランドは本当に良い…」。

③**経験階層モデル**

　このモデルでは，当初テレビ広告などによって商品に対する感情が形成されます。たとえば，「あのオードトワレの広告のモデルはとってもカワイイ」。そのうえで購買・使用行動が生じます。さらにそこで信念が形成されます。「買ってみて，このオードトワレの香りがとっても良いことに気づいたわ」。そして，ブランドに対する態度が決定されます。「このオードトワレ，本当に好き！」ここでは最初のステージで消費者の快楽的な動

図表5-6 ▶▶▶階層効果モデルにおける3つの階層モデル

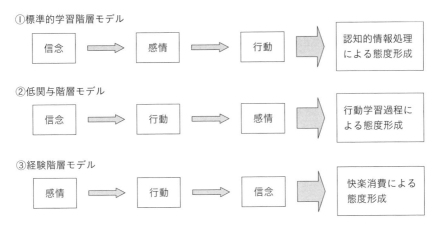

機づけによって態度が形成される点がほかのモデルと異なっていることに注意してください。

こうして3つのモデルを比較してみると、次のようなことがわかります。1つは、購買行動がまだ行われていない段階でも、最初に理性的な信念が形成される、あるいは、感情的な反応が形成されることがきっかけになって、購買行動が起こり、最終的に態度が形成される場合があるということです。つまり、理性や感情と行動が、態度形成に行きつくまでに、さまざまなかかわり合いを起こすということがここでのポイントです。

こうした態度形成に関する階層モデルは、実際の広告やマーケティング活動において、形をさまざまに変えて用いられています。

3 説 得

説得とは、消費者の態度変容、つまり消費者のブランドへの態度を変える

ことを意味しています。マーケティングはある意味で，消費者の態度をいかにしてわが社のブランドに対してポジティブに変容させるかの勝負であると言うことができます。平たく言えば，いかにして買いたい気持ちにさせるか，ということを意味しています。

では，説得に関してこれまでの研究はどのような原則を示してきたでしょうか。以下では4つの原則を示してみましょう（Maio & Haddock [2010]）。

説得の原則その1：商品・ブランドについて直接関連のない情報，たとえば，ムードなどに消費者は影響される。

ふつう私たちは，その商品についての差別化ポイントを強力に訴求する広告ならば説得的だ，と考えてしまいます。それは間違いではないのですが，実際に私たち消費者が影響を受けるのは，商品やブランドに直接関連性が薄い情報であったりします。代表的なものは，説得する人の魅力です。魅力的あるいは好ましい印象をもった人のメッセージはより説得的なのです。

あるいは，説得されているときの，良いムードも説得に影響します。ムードとは，消費者が意識的・無意識的に感知する環境の状態です。たとえば，当日の天候，音楽，雰囲気などさまざまな要因が影響します。その日の天気が青空であるとき，私たちのムードは良好になることが多く，その結果，説得的情報をより受け入れやすくなります。

無料のプレゼントはこうしたムードづくりに影響します。これに関して，よく知られた実験は次のようなものです（Isen, et al. [1978]）。ショッピングモールを歩いていた消費者が，突然ポケットサイズのノートか爪切りを無料でプレゼントされます。そのすぐ後，その消費者は，別の人からアプローチされ，市場調査に協力してください，と依頼を受けます。その調査では車とテレビについての評価をその消費者は行います。結果，無料プレゼントを受け取った消費者のほうが，受け取っていない消費者よりも，調査での評価がより高かったということです。つまり無料プレゼントを受け取って良いムードになった消費者は，よりポジティブな態度をまったく関係ない対象に

もつことになります。

　この直接関連しない情報に影響される点で興味深いことは，消費者が必ずしもその点に気づいていないことです。消費者は往々にして，自分ではそのような本質的ではないことに自分は影響されていない，と思いがちなのです。

説得の原則その２：消費者が強い動機づけと態度形成の能力をもっているときは，より強い説得情報が有効に働く。

　原則その１では，説得と直接関係ないように見える情報が有効な場合があると述べました。しかし私たちは常にそうであるわけではありません。もし私たちが，その商品を買うために，強い動機をもっていたり，正しい選択をしたい，という気持ちを強くもっている場合は，より説得的な情報が有効に働きます。

　こうした強い動機づけをもった消費者は，入手できる情報をできるだけ利用しようとしますし，直接関係ない手がかり情報に影響されないようになります。このことは，私たちが先に態度の理論２の，精緻化見込みモデルでみてきたとおりです。たとえば，海外旅行に出かける前，あらかじめ現地の情報を集めるとき，私たちは強い動機づけをもっているので，観光地の情報をネットでできるだけ収集して，そこに行くべきかどうするかを決めます。こうした場合，観光地ウェブサイトに掲載された魅力的な人物の写真は，態度形成にあまり影響しないのです。

　しかし常に私たちの周りには，いつも説得的な情報ばかりがあるわけではありません。情報が錯綜して，得られた情報がお互いに矛盾しているときもあります。たとえば，ホテルを予約しようとして，口コミサイトをみたところ，ポジティブなコメントと，ネガティブなコメントの両方が同じくらいそこに掲載されていたらどうするでしょうか。

　そうしたとき私たちは，直接説得的ではない情報に頼ることがあります。たとえば，口コミをしている人の素性を「ヤラセではないか？」と推測してみるようなことです。これは情報源に関する情報ですが，活用しにくい情報

しか入手できないときは，こうしたあやふやな情報でも自分の態度形成に利用することになります。

説得の原則その3：消費者の自分の態度形成のベースになっている内容，構造，機能を用いた説得情報は有効である。

　消費者はときに，理性的な説得情報よりも，自分の体験した情報を態度変容に利用することがあります。たとえば，ノンアルコールビールはマズイ，と思っている人に対して，「いやいや，今のノンアルコールビールの味は，ふつうのビールと変わらないよ」と言葉で説得しても，その態度はなかなか変わりません。しかしその人に実際においしいノンアルコールビールを飲ませたとき，態度が変わったとします。これは，その消費者が自分の態度形成に利用していた味覚という機能が活用されたためです。

　このように，消費者自身の態度がどのように形成されているかによって，説得が成功するかどうかが決まってくるのです。たとえば，消費者の態度の内容が感情的なものか，理性的なものかによっても，説得情報の有効性が決まってきます。もし消費者があるエナジードリンクAについて，「この飲料Aは私のパワーをこの成分によって強化してくれる」と理性的に考えているときは，「こちらの飲料Bのほうがよりこの成分が多く含まれています」という訴求によって説得されやすいことになります。

　また消費者がそれぞれもつ態度の機能によっても，説得の効果が異なります。たとえば，消費者によって，コーヒーに「自分がくつろぐときの飲み物だ」，というように道具的な機能しか認めていない人もいれば，コーヒーは「友達と会話するときに適した飲み物だ」，というような社会的アイデンティティ機能を認めている人もいます。こうした異なった態度機能をもった人にはそれぞれ，その機能に適したメッセージを送ることで説得効果が増すことになるのです。

説得の原則その４：説得は意識的な知覚がないときにも起こる。

　消費者は，自分が自覚していない要因によって態度を形成するときがあります。たとえば，多くの商品を並べて，どれが好きかを問われたとき，消費者は自分の右側に並べられた商品を好きと言う傾向があります。しかしそのことは消費者には意識されないのです。

　たとえば，自分の目の前に数多くの情報を並べられたとき，消費者はその情報をフルに活用して自分の態度を形成するでしょうか。実験の結果では，消費者は意思決定に際して，「近道」（ショートカット）を利用することが多いのです。近道とは，たとえば，専門家の意見などです。

　あるいは，消費者とその対象の接触回数の多さによって，態度が決まってしまうことがあります。たとえば，ザイアンス（Zajonc）が行った古典的な実験によれば，その対象に単純に接触した回数が多ければ，その対象についてより好意的な態度が形成されるのです。私たちはより多く自分が読んだことのある，国や都市や野菜などについて，より好意的な態度を形成するという結果も示されています。

　なぜこのような無意識的な説得が起こるのでしょうか。それは，態度形成が意識的なプロセスと無意識的なプロセスの２つの異なったプロセスからできているからです。無意識的な情報処理は，「足しあげる」プロセスで，単純な露出効果のように，自分の記憶に情報が足されていきます。しかし，意識的な情報処理は，新しく得られた情報と前にもっていた情報とを「平均化」する効果をもっています。このために，前にネガティブな態度をもっていた消費者は，より説得的な情報に接したときでも，その効果は「平均化」されて，すぐにポジティブな態度には変容しません。しかし，何度も知らないうちにその対象と向き合う機会があれば，その結果，効果が「足しあげられ」態度が変容に結びつくことがあるのです。

　このように，態度の変容をもたらす説得のスタイルはさまざまです。自社が消費者の説得に成功あるいは失敗したとき，何が有効で，何が有効でなかったかを振り返るためにも，こうした原則を考えることが重要なのです。

Column　ビジネスへの応用

態度概念のビジネスへの応用としてまず考えられるのが広告などのマーケティング・コミュニケーションの場面です。どのようなメッセージならば，消費者をより説得することができるのでしょうか。3. 態度変容と説得の節を参照するならば，次のような応用例が考えられます。

1) 消費者が説得の場面で良いムードになるよう環境を設定する：より魅力的な推薦者（エンドーサー）を採用して，説得する。テレビならば，より消費者がリラックスする時間に CM を流す。消費者が好むウェブサイトで広告を露出する。
2) 強い動機づけをもった消費者に集中してコミュニケーションする：その商品カテゴリーやテーマに関心をもった消費者のリストを作成して，彼らに集中してコンタクトを取る。実際，通信販売業者は何らかの手立てを用いて，こうした消費者リストを入手あるいは作成していることが多い。
3) 消費者に商品の実体験をしてもらう：サンプリングやテイスティングを通じて，実際にその商品の良さを実感してもらう。また実体験した消費者の証言を聞かせる。
4) できるだけ消費者と数多くメッセージでのコンタクトの機会をつくる：ターゲット消費者とのコンタクトの機会を増やして，消費者に親しみをもってもらう。

Working　　調べてみよう

精緻化見込みモデルを応用して，テレビやウェブの広告で，より関与の高い状態（その商品に関心が深い状態）で商品メッセージに触れたときと，関与が低い状態のときにメッセージに触れたとき，どのように広告情報を処理する違いがあるかをインタビューや観察を通して，探求してみよう。

Discussion　　議論しよう

マーケティング情報によって，商品を購入した経験をできるだけたくさん集め，どのような状況のとき，どのようなメッセージならば購入される可能性が高いかを検討してみよう。

参考文献

- Ajzen, I. [1991] The theory of planned behavior, *Organizational Behavior and Human Decision Processes*, 50.
- Ajzen, I. & Fishbein, M. [2005] The influence of attitudes on behavior. In D. Albarracin, B.T. Johnson, & M.P. Zanna (eds.) *The handbook of attitudes*, Mahwah, NJ: Lawrence Erlbaum Associates.
- Isen, A. M., Shalker, T. E., Clark, M. & Karp, L. [1978] "Affect, accessibility of material in memory, and behavior: A cognitive loop?" *Journal of Personality and Social Psychology*, 36, 1-12.
- Kardes, Frank R. [2002] *Consumer behavior and managerial decision making*. (2nd ed.), Upper Saddle River, NJ: Prentice-Hall.
- Maio, G. R. & Haddock, G. [2010] *The psychology of attitudes and attitude change*, London: Sage.
- Zajonc, R. B. [1968] "Attitudinal effects of mere exposure," *Journal of Personality and Social Psychology, Monograph Supplement*, 9, 1-27.

第6章 知　覚

Learning Points

▶知覚とはどのようなものでしょうか。消費者にとってマーケティング情報を知覚するプロセスでは何が起こっているでしょうか。
▶消費者は商品や広告にどのように注意を向けているでしょうか。
▶商品の価格について私たちはどのように知覚しているでしょうか。
▶消費者はどのように消費の学習を行っているのでしょうか。

Key Words

知覚　注意　学習　サブリミナル　価格

1　知　覚

1.1　知覚過程

　私たち消費者は毎日，自分の内外の環境から消費に関連した「刺戟」を受け取っています。「刺戟」とは，ここでは単に消費者にインプットされる情報のことを指しています。

　こうした刺戟には，さまざまな種類があります。1つは，スーパーマーケットの店頭で見かける，あるいは自宅で買った商品を使ってみるというリアルで直接的な商品情報や商品経験があります。一方で，テレビ広告を見たり，あるいは，インターネットで自分が探したい情報をウェブサイトで検索して見つけるといった，メディアに媒介された情報というものもあります。さらに，あるいは自分の記憶をたどって製品の経験はどのようなものだったか想起するというような，すでに自分の頭の中にある刺戟もあります。

　こうした種々の刺戟は，**感覚刺戟**と呼ばれます。感覚刺戟は，人間の目・

鼻・耳・肌などの感覚器官を通して知覚され，ある場合には注意を向けられ，何らかの解釈を施され，最終的にその情報の一部が記憶されることになるのです。

こうして知覚過程を通して入ってきた情報の一部を，消費者はそれらを一貫し整合的な構造につくりかえます。自分が欲しかったスマートフォンがいつ，いくらくらいで入手できるか，という情報を自分で咀嚼して，では，いつごろそれを申し込んで買いに行くか，という計画を立てるのです。

知覚（perception）とは，消費者が外部からの情報を受け取り，それをカテゴリーに分類し，その意味を解釈するという，いくつかのステップからできています。このステップは**図表6-1**のように図式化できます。

この3つのステップにおいて，どのようなことが起こっているのでしょうか。

まず，Step1では，外部あるいは消費者の内部から，知覚過程に入ってきた刺戟＝情報はなんらかの「感覚」として受容されます。感覚は，いわゆる五感（視覚・聴覚・嗅覚・味覚・皮膚感覚）のほかに，運動感覚，平衡感覚，内臓感覚の8種類があります。マーケティングで用いられる感覚としては，視覚や聴覚が代表的なものです。スクリーン画面を通して伝わってくる画像情報・文字情報や，音楽や音声を用いて，広告やパブリシティを伝達することはふつうよく行われています。化粧品のマーケティングにおいては，肌がつるつるになったとか，髪がサラサラになった，というような皮膚感覚が重要です。

図表6-1 ▶▶▶知覚の過程

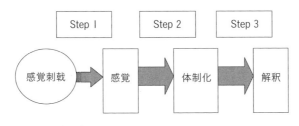

出所：Sheth, Mittal & Newman [1999] p.299 を改変。

それ以外に，嗅覚を用いて，雑誌広告で香水の香を染み込ませたシートを用いることがあります。また，「Wiiフィット」や「アーケードゲーム」（ゲームセンターの業務用ゲーム機械）では，消費者の運動感覚や平衡感覚がゲームの中に取り入れられています。

Step2は「体制化」です。体制化とは刺戟をカテゴリーに分類することを意味しています。私たちは，感覚を通して入ってきた情報を分類して，この情報はグルメ関係，ファッション関係，健康関係，というように頭の中で整理を行います。

Step3は解釈です。ここで刺戟の意味が分析されます。つまり，自分にとってどのような価値があるかが判断されることになります。自分にとって価値があると判断されれば，その情報をさらに精査することになるでしょう。

1.2 注　意

知覚過程では短時間にさまざまな仕事が行われています。知覚過程が果たす役割の1つは，**注意**で，これは，自分の感覚を環境のどこに向け，感覚資源を配分するかを決める機能のことです。たとえばスーパーの店内を歩いている消費者がどこに注意を向けるかが知覚過程で決められます。また，知覚過程は，**定位**という仕事も果たします。自分に関心がある対象がどこにあるかを決めるのです。スーパーで私が探している商品は棚のどのあたりにあるのか，を見出すのはこの例にあたります。

買い物空間の中にはさまざまな刺戟が存在しています。しかし消費者が注意が向けられる対象はそのうちごく一部に過ぎません。消費者は自分のもっている問題に関係した対象物にしか注意を向けないのです。こうした活動は**選択的注意**と呼ばれています。スーパーマーケットには数多くの商品があるにもかかわらず，行き慣れたお店であれば迷わず買い物ができるのは，私たちが自分の感覚資源を選択して配分しているからなのです。

心理学で「**カクテルパーティ現象**」と呼ばれる現象があります。これはパーティのような騒がしい場所においても，人間は自分が1つの会話に集中す

ることができることを意味しています。これも選択的注意の一例です。

　私たちがウェブページをパソコンの画面を読むとき，どのように注意を向けているでしょうか。アイトラッキングという，視線がどこに向けられているかを測定する装置を用いて次のことがわかりました。

　ウェブページは基本的には，"F"の字のパターンで読まれているのです（Nielsen[2006]）。つまり，消費者はまずコンテンツ・エリアの最初の部分を横方向に読みます（Fの字の上のヨコ棒部分）。次にその下の部分（Fの字の上から二番目のヨコ棒）を横に読むのですが最初の部分ほど長くは読みません。次に消費者は左側の情報（Fの字のタテの棒）を縦方向にスキャンします。つまり消費者はウェブページの情報すべてにまんべんなく注意を向けるわけではありません。ここから，ウェブページを作成するとき，最初の2つのパラグラフがより重要であることがわかります。

1.3　注意の情報処理

　注意には2つの処理モードが存在します。1つは，**前注意処理**と呼ばれるものです。前注意処理とは，周辺視野による無意識の情報処理のことです。消費者は自分が意識しないまでも，周辺視野にある対象に注意を向けることができます。もう1つの処理モードが，意識的に注意を向ける**焦点的注意**です。つまり私たちは周りの環境に意識的に注意を向ける場合もあれば，無意識的に注意を向けているときがあることになります。こうした注意のプロセスはどのような消費者行動をもたらしているでしょうか。

　マッチング活性化仮説に基づいたジャニゼゥスキー（Janizewski[1988]）の実験では，写真入りの広告を提示したとき，写真を左側に置いたときのほうが，右に写真を置くよりも，より好まれるという結果が得られたのです。

　これは，左側に写真を置いたため，その情報が右脳（感性的・情緒的情報を処理）に伝わり，消費者の右脳の認知資源を刺激して情報処理を促進したためと考えられます。

　同じ原理によって，左脳の認知資源使用を促進するために，言語的刺激を

右に置いたほうが左よりもその刺戟を好むという結果も得られています。

この結果からは，広告デザインを企画する場合，左側に写真を置き，右側に文章を置くデザインがより望ましいという教訓が得られるでしょう。

さらにジャニゼゥスキー［1990］は，提示した広告の写真の右側に置かれた知らないブランド名のほうが，左側に置かれたブランド名よりも好まれるという結果を報告しています。これは右脳が写真情報を処理するときに，左脳を活性化されるとその認知資源が活用されるためです。同じ原理によって，今度は言語情報の刺戟の左側に知らないブランド名が置かれるほうが，よりそのブランド名が好まれると報告されています。

また消費者は前注意処理の結果，たとえそのブランドの記憶がない場合であっても，そのブランドを購入の対象に含める傾向があります（Shapiro, et al.［1997］）。たまたま広告に触れたため，そのブランドを考慮集合に含める，つまり購入するブランドの候補に加えるという現象は，知覚的・概念的流暢性効果という理論によって説明されています。**知覚的流暢性**とは，刺戟への露出がその刺戟の知覚的特徴の記憶痕跡を形成し，その結果，刺戟の特徴が次の機会からより処理されやすくなることを意味しています。さらに，こうした情報処理のしやすさを，消費者はその刺戟への好意や親しみとして捉え，間違って帰属してしまうのです（Bagozzi, et al.［2002］）。

1.4　サブリミナル

消費者は知覚の「閾値(いきち)」をもっています。閾値とは，刺戟（とその変化）を感知できる最低限のレベルのことです。つまり私たちがいつも見慣れている対象の変化に気づくということは，閾値を超えているからです。もしも変化に気づかない場合は，閾値を超えていないことになります。

サブリミナル知覚という現象があります。**サブリミナル**とは，マスメディアなどのコミュニケーション過程に，意図的に消費者の知覚閾値以下の刺戟を挿入した結果，消費者がその刺戟の存在に気づかず購買などの何らかの行動反応を起こすことです。

こうしたサブリミナル入りの広告が社会的問題となったのは，1956年のことでした。マーケットリサーチャーのジェームズ・ビカリーがニュージャージー州の劇場主とともに，映画「ピクニック」の中に「ポップコーンを食べろ」，「コカ・コーラを飲め」という2種類のメッセージを，5秒ごとに3,000分の1秒の長さで観客に知られることなく投影したのです。この長さは明らかに人間の知覚の閾値を下回っていました。

　ビカリーの報告によれば，6週間にわたって実験が続けられた結果，45,699人の観客がこのサブリミナル刺戟に露出しました。この結果，劇場のコカ・コーラの売上は18.1％上昇し，ポップコーンの売上は57.5％上昇したというのです。しかしビカリーたちは詳細なデータの公表を拒みました。このため，この「実験」の信頼性や妥当性を検証することはできませんでした。

　本当にこのようなサブリミナル広告が消費者に購買を引き起こすことがあったのでしょうか？

　この現象が仮に本当のことだとしても，本当にそれがサブリミナル刺戟によって引き起こされたのかどうか，いくつかの疑問があります。

　上映された映画「ピクニック」では，登場人物たちが飲み食いするシーンが多く出てきます。こうしたシーンに観客が刺戟されたのでしょうか。あるいは，観客がより多く飲み食いするような大人の観客が多かったためだけではないでしょうか。あるいは，ポップコーンやコカ・コーラ売り場に何か売上を促進するような仕掛けがあったのではないか……さまざまな疑問が出されました。

　このサブリミナル実験は当時社会的に大きな反響を呼びました。しかし後年の心理学者たちの実験結果からは，こうしたサブリミナル知覚の効果には否定的です。マス消費の場面における購買行動のような複雑な行動に影響を及ぼすという証拠は発見されていないのです。

　しかし，消費者が意識しない記憶の存在は**潜在記憶**として実証されています。また前述のように前注意処理の場合は消費者に意識されないで意識に刺戟の痕跡を残すことがあります。消費者が意識的に想起できない刺戟の働きそのものが否定されているわけではありません。また日常生活の多くで私た

ちはそうと意識せずに選択や使用を行っていることが多いのです。サブリミナルの存在には否定的ですが，私たちの身の周りにある無意識的な消費者行動は実は広範囲にわたっているのです。

1.5　刺戟の解釈

　知覚の最後のステップとなる解釈過程では，入力された刺戟がどのようなものであるかを吟味し，カテゴリー化が行われます。認知心理学者のナイサー（U. Neisser）は，情報が一方向に処理されるとする情報処理アプローチに代わって，**知覚循環モデル**を提唱しました（Neisser [1976]）。

　この理論では人間はより能動的であり，知覚過程は一連の知覚循環をなしていると考えられています。すなわち，外部から入ってきた情報は「図式→探索→対象→図式……」のように，まず知覚過程に入ってきた情報を，自分のもつ予期図式に当てはめ，仮説的に自分が期待しているものを知覚します。

　予期図式に当てはまらない見慣れない対象についても探索によって新しい情報を得ることが行われます。消費者はあらかじめ予期したものしか知覚しないと同時に，予期した以外の対象も見ることができるのですが，これはこうした循環構造をした知覚があるためです。

　たとえば，スーパーマーケットの店頭で，トマトケチャップを探すとき，トマトケチャップの容器の形や色を思い浮かべ，それを店頭の商品に当てはめます。ケチャップのふたの部分は通常上側についているのですが，ハインツのトマトケチャップは下にふたがあるものがあります。このような見慣れないケチャップを見たときでも，消費者は自分の図式を変更して，それもトマトケチャップだと知覚するのです。

2　価格の知覚

　価格知覚とは価格情報が消費者に理解され，その価格の意味を解釈するこ

とです。価格という情報から私たちは，さまざまな意味を受け取ります。同じ100円でも高いと受け止めることもあれば安いと感じるときもあるのです。

ジャコビとオルソンは**図表6-2**のような価格情報処理モデルを提案しています（Peter & Olson［2002］p. 467）。価格情報が視覚や聴覚で受容されると，その価格の意味が解釈され，何らかの意味として了解されます。

消費者は，さらにそこに表示された価格情報を，自分の知っている価格や価格帯と比較します。このときに消費者が妥当と考える価格を**内的参照価格**と呼びます。自分の今までの経験から形成された価格が内的参照価格なのです。この価格に照らして，この商品の価格は妥当だとか，高すぎる，あるいは低すぎると判断するのです。

一方，**外的参照価格**とは，広告やカタログ，プライスタグ，店内表示など明示的に示された価格のことです。「メーカー参考価格」はこの外的参照価格の1つです。メーカーが妥当と考える価格が示されている場合，この価格を目安にして，店頭の価格は安いとか高いとか判断することになります。

こうした2種類の価格を参照しながら，消費者は，情報と店頭の表示価

図表6-2 ▶▶▶ジャコビーとオルソンによる価格情報処理モデル

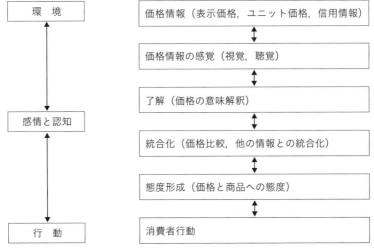

出所：Peter & Olson［2002］p. 467.

とを比較・統合化して購買を決定するのです。

　価格知覚は，商品の**知覚品質**に影響を及ぼします。知覚品質とは「ある商品が他の代替商品と比較して，満足を提供するかどうかの知覚された商品の能力」のことです（Monroe & Krishman [1985] p.212）。知覚品質を知ることによって，消費者はその商品がどのような「能力」をもっているのか判定することになります。

　たとえば，あるコートを買うとき，そのコートが寒さをどのくらい防いでくれるか，その能力をコートのもつ手触りや原料やブランドによって判定します。もし寒さを防ぐ能力が高そうだ，と判定したならば，そのコートは知覚品質が高いことを意味します。知覚品質が購入意図に直接影響を及ぼすというより，知覚品質は**好意形成**のための外部手がかりであると考えられています。つまり知覚品質が高ければ，その商品への好意が高まる可能性があるわけです。

　品質を消費者はすぐに知覚できるわけではありません。消費者は，品質を以下のさまざまな**代理指標**を通じて感知します。価格，産地国，ブランド名，生産者の評判，ブランド親近性，ブランドの人気，パッケージデザイン，サイズ，保証期間，使用素材，スタイル，香り，デザイン，店イメージなどです。消費者は通常，こうした指標から複数を組み合わせて知覚品質の判断に用いています。たとえば，価格とブランド名，価格とストアイメージと外見的差異，などです。消費者はさまざまな商品に平均して4から7の手がかりを用いて知覚品質を判定すると考えられています（Steenkamp [1989]）。

　スティーンキャンプが種々の研究をメタ分析した結果によると，知覚品質に影響を与える要因として，価格・ブランド名・ストア名・産地国・外見の5つの手がかりがもっとも強力に働くことが示されています。

　なぜ価格は知覚品質の推定によく用いられるのでしょうか。4つの説明が可能です（Mullen & Johnson [1990]）。

　1つには価格が具体的情報であり消費者になじみのある測度であるからです。

　2番目に，価格は努力の蓄積された結果を表していると考えられるからで

す。つまりその商品をつくるために，メーカーは多くの努力を払っており，その結果商品が高価なのだ，と消費者は推定します。

3番目は顕示的消費のスノッブ効果を用いた説明で，「あの人は高い商品を買えるだけの財力がある人だ」という社会的認知を得るためにもっとも高い価格の商品を消費者はときに選ぼうとします。

4番目の説明は，リスク回避のためです。消費者は安い価格の商品を買って失敗するよりも，リスクを減じるため，より高い価格の商品を買うことがあるからです。

3 学 習

私たちは生涯をかけてさまざまな経験を積み，それらの経験からある習性を身につけています。知覚によって外界あるいは内部からのマーケティング刺戟を受け取った結果，消費者は何らかの反応や適応を示すようになります。たとえば，マクドナルドの黄金色の看板を目にするとついハンバーガーが食べたくなる，というような反応です。このように経験によって比較的永続的な行動変容が導かれることが**学習**なのです。

学習には4つの種類があります。(1)認知的学習，(2)古典的条件づけ，(3)オペラント条件づけ，(4)モデリング，です。

(1)**認知的学習**とは，私たちが意識的に情報に接することによって生じる行動変容のことです。消費者は日常，新商品や新しいサービスについて「学習」しており，新しい商品の使い方に次第に習熟していきます。

認知的学習は2つの異なった水準があります。1つは**機械的記憶化**で，もう1つは**問題解決**です。機械的記憶化とは能動的なリハーサル，つまり，同じ情報に何度も接する受動的な学習プロセスのことです。テレビのスポット広告は複数回にわたって視聴者が接触することが前提となっています。これは，こうした機械的記憶化を促進している例です。

一方，問題解決とは消費者が能動的に情報処理しているときに生じる学習のことです。さまざまな情報を頭の中で統合し，重みづけしながら学習していく過程で私たちの行動が変化していくことがあります。たとえば，マンションを買うというように複雑で慎重な購買行動の場合，さまざまな情報を得て考えていくなかで消費者はマンション購買に習熟していきます。

　(2)**古典的条件づけ**という概念は，帝政ロシア・ソビエト連邦時代の生理学者イワン・パヴロフ（Ivan P. Pavlov）の1902年の条件反射の実験を通じて見出された概念です。パヴロフは当初肉粉を与えられると唾液を分泌するイヌに対して，肉粉を与える前にベルを繰り返し鳴らしました。この結果，イヌはベルの音を聞いただけで唾液を分泌するようになったのです。

　このイヌは，鳴るベルに対して条件づけを施されたことになります。つまり，2つの刺戟（この場合肉粉とベルの音）の間にもともと関連がなかったにもかかわらず，繰り返し2つの刺戟が提示されることによる学習の結果，新しい関連づけができるようになったのです。これが古典的条件づけの意味です。

　上記の実験において肉粉は**無条件刺戟**と呼ばれます。つまり，消費者は無条件刺戟に対して，条件づけなしに，生得的に反応する傾向があります。これに対して，ベルの音は**条件刺戟**と呼ばれるものです。消費者はもともと条件刺戟に反応する傾向をもっていません。しかし，学習による条件づけによって反応を示すようになるのです。

　ゴーン（Gorn）[1982]の実験では，映画音楽（被験者が好きな音楽）とインド音楽（被験者が嫌いな音楽）を，同じペンの広告をその音楽とともに流して被験者に提示しました。その結果，被験者は好きな音楽とともに提示されたペンをより好きとする傾向があったと報告されています。このように広告活動においては，商品とともに，提示するタレントや音楽，シーンなどによって条件づけを利用して広告効果を高めることが実践されているのです。

　(3)**オペラント条件づけ**とは，消費者が「報酬」を求めて学習することによ

って特定の刺戟に反応するよう条件付けられることです。オペラント条件づけの理論の創始者であるスキナー（B. F. Skinner）は鳩を箱に入れ，鳩がスイッチを押すたびに餌が出る仕掛け（スキナーボックス）を作りました。すると，鳩は餌を与えられないときに自分でスイッチを押して餌を得る行動を獲得するようになったのです。つまり鳩は外部からの強化刺戟によって行動変容を起こしたことになります。このように強化あるいは報酬によっても人間は行動を学習します。

子どもがハンバーガーショップに行くと，「おまけ」という報酬がもらえると学習することで，ハンバーガーショップに行くことをせがむようになる，というのはこうしたオペラント条件づけの一例と考えられます。

(4) **モデリング**とは，他者の行動を観察することによってそれを同一視あるいは模倣し，自分の行動に変化が生じることです。消費者は映画・テレビ・インターネットなどの情報を通じて，あるいは実際に他人の行動を直接観察して，他者の消費行動を観察し，そうした消費行動を模倣することがあります。

どのような人がモデリングの対象となりやすいでしょうか。それは，年齢的に上位の人，社会的階層の高い人，知性的に高い位置にある人，特定の領域において特別の技能をもった人，などです（Miller & Dollard［1941］）。広告に「セレブ」の人たちがモデルとして起用されることがあるのは，こうしたモデリングによる学習効果を活用した例といえます。

近年 B to B 広告（産業財広告）において，導入事例広告技法が用いられることがありますが，こうした導入事例となる企業は世間的によく知られた企業であったり，尊敬される企業が多いのです。これは，こうしたモデリング効果を利用した例でしょう。

CRM（カスタマーリレーションシップマネジメント）では，学習理論を応用して成功したマーケティング手法が目につきます。たとえば，飛行機会社のマイレージのシステムです。現在ではこのようなポイントやマイレージなど，学習という考えに基づいて，何らかの報酬を与えることで，顧客としての関係を維持するマーケティング手法が広く用いられています。

Working　　　　　　　　　　　　　　　　　　　　　　　　　　調べてみよう

私たちは1日当たり，どのくらいの量の広告に触れるでしょうか。またそのうち，どのくらいの広告に注意を向けるでしょうか。グループで手分けしてカウントしてみましょう。

Discussion　　　　　　　　　　　　　　　　　　　　　　　　　　議論しよう

小学生時代から現在までを振り返って，消費行動について生活の中でどのようなことを「学習」してきたかを振り返ってみよう。その学習のうちで，企業のマーケティング活動によって学習してきたことはどの程度含まれているかを考えて，どのようなマーケティング活動なら消費者が学習しやすいかを議論してみよう。

参考文献

- Janiszewski, C. [1990] The influence of print advertisement organization on affect toward a brand name. *Journal of Consumer Research*, 17, 53-65.
- Neisser, U. [1976] *Cognition and reality : Principles and Implications of Cognitive Psychology*. W. H. Freeman & Co.（古崎敬・村瀬旻訳［1978］『認知の構図』サイエンス社）
- Nielsen, J. [2006] F-shaped pattern for reading web content. Jakob Nielsen's Alertbox, April 17.
- Peter, J. P. & Olson, J. C. [2002] *Consumer Behavior and marketing strategy (6th ed.)*, New York: McGraw-Hill/Irwin.
- Sheth, J. N., Mittal, B. & Newman, B. I. [1999] *Customer Behavior: Consumer Behavior & Beyond*, Dryden Press.

第7章 記憶

Learning Points
- ▶消費者行動の中で、記憶とはどのようなものでしょうか。
- ▶記憶は消費者行動において、どのような役割を果たしているでしょうか。
- ▶消費者に記憶されやすく、また再生されやすくするためには、どのような技法が有効でしょうか。
- ▶ブランド知名度とはどのようなものでしょうか。

Key Words
記憶　記銘　貯蔵　想起　貯蔵庫モデル　処理水準モデル　潜在記憶　宣言的記憶　ブランド知名度

1 記憶とは

1.1 記憶とは

　消費者は一般的に、ブランド名、ブランド属性情報、価格、広告などについて、必ずしも正確な記憶をもっているとは言えません。たとえば、消費者は広告について、どんなタレントが出ていたとか、どんな雰囲気やストーリーであったか、など広告表現をよく覚えているものです。しかしその広告がどの企業やブランドの広告であったかを覚えていないことがしばしばあります。あるいは、逆に、テレビで広告をしていないにもかかわらず、そのブランドのテレビ広告を見たと、消費者が証言することもよくみられます。

　さらに消費者の価格の記憶も必ずしも正確ではありません。ふだん、何をいくらくらいで買ったか、はっきりとは記憶されていないために、バーゲンセールの価格が安いと勘違いすることもあります。消費者はこうした思い違

いを防ぐために，メモやスマホで，買い物メモや記録をつけて，外部記憶装置として役立てることがあります。

こうした曖昧な消費者の記憶に対して，マーケターの課題とは何でしょうか。それは，いかにして消費者に自社のブランドとその属性を正確に記憶してもらい，さらにそれを想起してもらい，購買につなげていくことです。

記憶という概念は単に覚えるということだけではありません。記憶は複数の行動からできています。過去に起きた出来事を「記銘」，つまり記憶に覚え込み，その情報を「貯蔵」し，また「想起」するプロセスのことです。消費者行動で言えば，ブランド名を記憶し，そのブランド名を記憶にとどめ，さらに，ブランド名を記憶から呼び起こす過程が記憶なのです。このことを心理学用語を使ってよりフォーマルに言えば，1)**符号化**（encoding），2)**貯蔵**（storage），3)**検索**（retrieval），という3つの段階が記憶に含まれています（図表7-1）。

1.2 記憶の符号化

まず，(1)符号化です。符号化とは外部からの情報を自身にとって意味のある符号に翻訳する段階のことです。

たとえば広告で新しい商品の名前をテレビで見聞きしたとき，消費者は必要を感じてその名前を覚えようとします。これは音波や光の形でやってきた情報を記憶が受容できるよう，符号や表象に転換し記憶できる形にして，記

図表7-1 ▶▶▶記憶の3段階

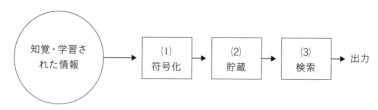

出所：Smith, *et al.* [2003] 邦訳 347 頁を一部改変。

憶の中にとどめることを意味しています。

　符号化には，**音韻的符号化**，**視覚的符号化**，**意味符号化**の3種類があります。音韻的符号化とは，音で情報を記憶することを指しています。たとえば，ブランドは，ふつう私たちは音でブランド名を記憶しています。また，音でなくても，ブランドのマークやキャラクターなどの情報は視覚的符号化，つまりビジュアルの形で私たちは記憶していることがあります。ブランドについての情報は意味符号として記憶されている場合があります。たとえば，「コンパクトな液体洗剤」というようにです。

　この3つの符号化を比較すると，音韻的符号は比較的記憶に残りやすいのです。これは私たちの記憶が言語化されることが多いためです。一方，視覚的符号はすぐに忘れてしまう傾向があります。広告でも，サウンドロゴや音楽は繰り返されることによって消費者の記憶で維持されやすいのですが，視覚でしか記憶されない情報は維持しにくいのです。

1.3　記憶の貯蔵と検索

　記憶のステップの第2段階である(2)貯蔵とは，情報が記憶の「倉庫」に蓄積され，維持されることを意味しています。**アトキンソンとシフリンの二重貯蔵モデル**（Atkinson & Shiffrin［1968］）によれば，記憶には3つの「貯蔵庫」があるとされています（図表7-2）。1つの倉庫は感覚登録器です。これは私たちが外部情報を知覚する感覚器官そのものに，情報が記憶されるというものです。たとえば，視覚を受容する眼においては，数百ミリ秒という短期間，視覚情報が一時的に貯蔵され，その多くが減衰していきます。耳に貯蔵される聴覚情報は数秒の時間に限り貯蔵されます。私たちが花火を見て，ぱっと散るその様子を鑑賞できるのはこうした短時間の貯蔵が視覚に残像として残っているためですし，音楽を一連のメロディとして楽しめる1つの理由は聴覚情報の記憶貯蔵する機能があるためです。

　感覚登録器に保存された情報の多くはすぐに減衰してしまいますが，そのうちの少数は**短期記憶**（short-term memory: STM）として**短期貯蔵庫**

(short-term store）に収納されます。短期記憶とは，数秒以内のみ保存される記憶です。短期記憶は課題を遂行するために用いられる情報で，作業記憶（working memory）と現在では呼ばれることが多いのです。

　私たちは短期記憶の情報に注意を向けています。注意を向けていないと減衰してなくなってしまうからです。短期記憶はリハーサル，つまり繰り返して意識的に反復することをしない限り，20秒を超えると消失し，忘却されてしまいます。ウェブサイトを見ていて気になる買い物情報があっても，注意を向けて，記録するかしないと私たちはすぐに忘れてしまうのです。

　短期記憶は次の長期記憶に移管されるとき精緻化（elaboration）処理を受けます。精緻化とは，刺戟と消費者がすでに持っている知識とが，統合される度合いを意味します。つまり自分が知っている情報にできるだけ近づけて理解することなのです。精緻化された情報は，視覚的表象に転換され，長期貯蔵庫に保存されます。

　問題は，どのように情報が長期的に記憶にとどめられるかです。記憶の課題として言えば，どうしたら短期貯蔵庫から長期貯蔵庫に情報が移管するか，という課題として理解することができます。このために行われるリハーサルには2種類あります。

　1つは，**維持リハーサル**，もう1つは**精緻化リハーサル**です。維持リハーサルとは，作業記憶に情報をとどめるために何度も繰り返す活動のことです。テレビ広告は繰り返し私たちが接触するように設計されているのが普通ですが，複数回繰り返されることによって短期記憶から長期記憶に移される可能性が高まります。

　しかし広告がより良く記憶されるためには，精緻化リハーサルが必要です。精緻化リハーサルとは情報を長期記憶内に符号化する作業のことです。つまり，テレビ広告に含まれる情報のうち，印象深いタレントであるとか，キャッチコピーであるとかのメッセージに注意が向けられ，長期記憶に取り込まれることが必要なのです。

　短期記憶の容量は限られており，その限界は7±2チャンク（項目）とされています。この7という数字は，もともと19世紀の記憶研究の先駆者エ

ビングハウス (Hermann Ebbinghaus) によって見出された概念で,「**マジックナンバー7**」(George Miller) と呼ばれています。つまり人間が短期に記憶できるのは,通常,5項目から9項目なのです。

ここで言うチャンクとは「項目」です。ヒラメ,桜,ライオン,鯛,椿,虎,という情報を記憶しようとすれば,6項目となりますが,海の魚＝ヒラメと鯛,植物＝桜と椿,動物＝ライオンと虎,というように縮小すれば,3項目になります。チャンクは限られた情報量ですが,工夫することで記憶する量を増やすことができるのです。このように情報を有意味な単位に再符号化することを**チャンキング**(chunking) と呼んでいます。マーケティング・コミュニケーション活動では伝達したい情報をいかにしてチャンキングして,消費者の記憶再生を補助できるかが1つのカギとなるのです。

長期記憶(long-term memory) は長期貯蔵庫に収納されている情報であり,人間の記憶を長期にわたって保存する巨大な貯蔵庫です。長期貯蔵庫に収納される情報量は無限大であるとされています。長期貯蔵庫は,保存するだけではありません。

図表7−2 ▶▶▶二重貯蔵庫モデル

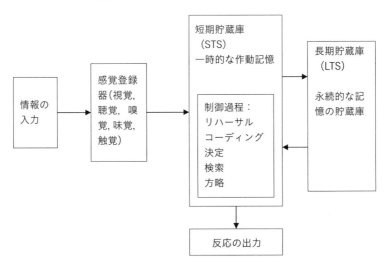

出所：Atkinson & Shiffrin [1968], 高野 [1995] 15頁により作成。

記憶の3番目のステップは，(3)**検索**（retrieval）です。ちょうど，インターネットの検索エンジンを用いるように，私たちもまた，符号化され貯蔵された情報を何らかのキーワードを用いて，呼び出し，意識にのぼらせることをします（Smith, et al.［2003］）。貯蔵庫モデルで言えば，長期貯蔵庫の情報は，検索という手続きによって短期貯蔵庫に呼び出されます。これが記憶の想起です。そして消費者が何らかの課題を遂行するために用いられるのです。

2　処理水準モデル

　記憶については，貯蔵庫モデルのほかに，**処理水準**（levels of processing）モデルがあります。このモデルによれば，記憶痕跡の深さ，つまり記憶されやすさは，入力された情報の処理がより深くなされるほど強くなり，忘却されにくくなる，とされています（Craik & Lockhart［1972］）。

　処理水準モデルによれば，リハーサルには，1次リハーサル（より浅い水準の処理）と2次リハーサル（より深い水準の処理）とがあります。強い記憶痕跡を残すには2次リハーサルが必要です。1次リハーサルとは，時間を長くリハーサルに費やすような処理の仕方です。

　2次リハーサルの例として，対象になる情報のカタチだけに着目させる形態的処理ではなく，その対象の音に注目させる音韻的処理あるいは対象のカテゴリーや文章適合性を問うなどの意味的処理などをあげることができます。

　広告でいえば，単に何度も必要なメッセージを繰り返すだけでは十分ではありません。伝えたいメッセージがターゲット消費者にもっている意味や音韻的特徴を伝達することがより深い処理につながるのです。一般的に精緻化，つまり刺激と消費者がすでにもっている知識との統合の度合いがなされる（＝より深く処理される）ほど，より強い記憶につながることになります。新しい知識と既存の知識との間により多くのリンクが形成されるからです。

3　記憶の技法

　では，どのような方法であったら，情報が記憶により強く保持されるでしょうか。以下の技法が考えられます（Lindquist & Sirgy [2003]）。

　(1) **繰り返し**……メッセージは繰り返されるほど記憶に残る率が高まる。しかし，広告の場合過度な繰り返しは逆効果になる場合がある。よりクリエーティブな広告表現ほど，少ない繰り返しでもメッセージを到達できる可能性が高い。同じ繰り返しレベルではより複雑なメッセージほど繰り返しが必要となる。

　(2) **関連性**……消費者が自分にとって意味がある情報ほど，よく記憶される。また参照フレーム，つまり消費者自身がもっている理解の図式に適合する情報ほど，よく記憶される。消費者が興味を深くもたないような商品カテゴリーであっても，消費者にとってこのような意味があることを訴求することで記憶が促進される可能性がある。たとえば，洗濯の柔軟剤はあまり強く関心をもたれない商品だが，魅力的な香りがつくことで，他者から好意をもたれるという CM で訴求する場合がこれに当たる。

　(3) **情報の競合性**……同じような情報が競合するほど記憶に残りにくい。同じタレントが出演する CM が同時に多数流されている場合や，同じような CM の表現が流されている場合，記憶に残りにくい可能性がある。

　(4) **情報の完全性**……**ツァイガルニク効果**（Zeigarnik effect）とは，目標が達成されない未完了課題の再生率（思い出される割合）の成績のほうが，完了課題の再生成績よりもよいことを意味する。その理由は，目標が達成されない場合のほうが，緊張が持続するために，未完了課題の再生率がより優れるという結果になると説明されている。たとえば，わざと不完全につくられたテレビコマーシャルのほうが，完全な CM よりもより強く記憶される可能性がある。

　(5) **時間**……より時間が経つほど忘却はより大きくなる。できるだけ購買時

点に近い時間に広告を流すのはこうした考えに基づく。

(6) **ムード**……ポジティブなムードは記憶を促進する。より楽しい雰囲気やうれしい気分であるほど，記憶は促進される。また，3.11（東日本大震災）や9.11（ニューヨーク同時テロ）などの歴史に残る事件が起こった時の状況を誰しも記憶しているように，興奮や悲しみのような情動に彩られた記憶ほど明確に記憶される傾向がある。

(7) **消費者の新近性**……よく知っている商品カテゴリーに加えられた新しい知識は記憶されやすい。また消費者の頭の中で体制化された知識に沿って記憶されると情報処理されやすい。

(8) **消費者の動機**……動機づけられた消費者のほうがより記憶を促進しやすい。

4 そのほかの記憶理論

4.1 潜在記憶

記憶を別の分類から見てみましょう。私たちの記憶はすべて意識にのぼせられているとは限りません。むしろ自分が何を記憶しているか，自分が意識している記憶は記憶の一部に過ぎないのです。

記憶は**顕在記憶**（implicit memory）と**潜在記憶**（explicit memory）に分類することができます（図表7-3）。顕在記憶は過去を想起するという意識を伴う記憶のことです。つまり，自分が思い出すということを意識しながら，思い出される記憶なのです。

一方，潜在記憶とは，こうした想起意識を伴わずに想起される記憶のことです。潜在記憶は健忘症患者に対する実験で発見されています。健忘症患者とは，新しい情報を学習することに障害をもっている人のことです。こうした人たちは，新しく覚えた単語を再認する，つまり新しく記憶した単語を提示して記憶しているかどうかというテストにおいては，健常者よりも劣る結

図表7-3 ▶▶▶記憶の体系

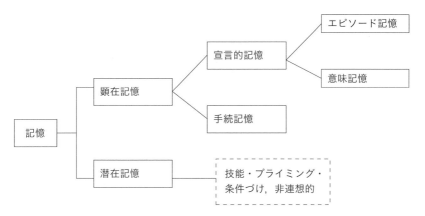

出所：Tulving［1983］；Smith, et al.［2003］，高野［1995］などを参照して作成。

果でした。しかし，語幹完成テストと呼ばれる，学習単語の最初の3文字を手がかりとして与えて語幹の後に文字を付け加えて単語を完成させるテストにおいては，健常者たちと同じ程度の成績を収めることができたのでした。

これは健忘症患者において，健常者と同様に想起記憶を伴わない種類の記憶が存在することを意味する，衝撃的発見でした。これが潜在記憶なのです。

このように先行刺戟の受容によって，無意識的に記憶が促進される効果のことを**プライミング**（priming）と呼びます。つまり，プライミングとは，何かを記憶する前に，何らかの関係ある情報手がかりを与えられることで，記憶が意識せずに促進されることを意味しています。

プライミングは商品とは直接関係ない日常の中にある**環境手がかり**であっても，商品購買に影響を及ぼすことが示されています（Berger & Fitzsimons［2008］）。たとえば1997年にNASAのパスファインダー（宇宙船）が火星（マース）に到達したとき，キャンデーメーカーの「マース」の売上が急増したといわれています。

マーケティングにおいて，知覚的もしくは概念的に関連した手がかりをあらかじめ与えることで，ブランド記憶にアクセスすることが容易になり，ブランド情報をより処理しやすくなるのです。

4.2 宣言的記憶

宣言的記憶とは言語によって記述できる事実についての知識のことです。一方，**手続記憶**とはものごとの手続きについていわば「カラダ」で覚えている記憶です。たとえば，パソコンとはさまざまな情報を処理してくれる機械である，という理解は，宣言的記憶です。パソコンのキーボードをブラインドタッチするような操作は手続知識なのです。私たちは，自転車に乗るとか，編み物を編む，バットを振る，など多くの手続記憶をもって生活しています。

宣言的記憶はさらに**エピソード記憶**（episodic memory）と**意味記憶**（semantic memory）の2つに分けられます。エピソード記憶とは，人間の「過去における日付のある，ユニークで，具体的な，そして個人的な経験についての記憶」（Tulving [1983] 邦訳 iii 頁）のことです。

意味記憶とは「だれもが共通にもっている抽象的な，超時間的な知識についての記憶」（同）です。たとえば，この iPad は私の誕生日に買ってもらった，というのはエピソード記憶であり，iPad は便利でデザインが美しいタブレット型コンピューターだ，というのは意味記憶にあたります。

さらに，心理学者タルヴィング [1983] によれば，エピソード記憶はさらに2つの主要なカテゴリーに分けることができます。1つは符号化要素で，もう1つは検索要素です。

タルヴィングが唱えた**符号化特定性原理**とは次のようなものです。外部環境から入ってきた情報が符号化された結果，脳の中に記憶痕跡が残りますが，この符号化される過程で入ってきた情報と，検索手がかりとの間の整合性が高いほどよく想起されるというのです。

たとえば，ペパーミントの香りのする実験室で学習された項目は，同じペパーミントの香りのする環境で再生率が対照群よりも統計的に有意に，つまり偶然以上の確率で高くなります（太田・多鹿 [2000]）。つまり，外からの情報が頭の中で記憶として符号化される過程の文脈と，記憶を検索する文脈とが一致するほど，より記憶の再生を効率的にするということになります。

広告ということを考えてみると，テレビで，あるブランドの名前を覚えて

もらうとき，どのような文脈でそのブランド名を記憶してもらうかが重要なのです。たとえば，ある合わせ調味料（クックドゥなど）の広告で，親子が一生懸命食べるシーンを用いて，その広告が流されたら，夕食という情報とともに，調味料名を思い出されやすくなることが考えられます。

4.3 ブランド知名度

最後に，ブランド知名度の問題について触れておきます。マーケティング活動において**ブランド知名（認知）率**として，**再生**と**再認**の2つの区別を知ることは重要です。

再生は，**純粋再生**（あるいは**自由想起**）と呼ばれ，商品カテゴリーを与えられて想起されるブランド名のことです。たとえば，インスタントラーメンでどのようなブランドをご存じですか？　と聞かれて「日清チキンラーメン」を想起するのはこの例です。

また，再認あるいは**補助再生**とはブランド名（とパッケージ画像情報）のリストを与えられ，そのブランド名を知っている（「知っている」の中に，「知っているような気がする」を含めることが多い）認知を指しています。

通常，再生スコアは再認スコアよりも低く，成熟ブランドの場合は再認スコアはほぼ100％に達することも多いのです。ブランド名を再認できるが再生できないブランドのことを「ブランドの墓場」と呼ぶこともあります。名前は知っているのですが，記憶の奥底に沈んでいるため，すぐに想起されないのです。

商品選択の場面では，ブランド名が再生できるだけでなく，できるだけ早い順番に再生されることがマーケティング上好ましいのです。たとえば，消費者が何かを買いたいと思ったとき，真っ先に思い出されるのが自社のブランド名であることが望ましいのです。

Column　ビジネスへの応用

　それではマーケターにとって，消費者にブランド情報を記憶してもらうために，どのような点に留意すべきでしょうか。ここでは，記憶されやすさというよりも，「再生されやすさ」，つまりどうやったらブランドが思い出されやすくなるか，という観点のヒントを書いてみます。

　1つは，ブランド情報を言語メッセージだけでなく，画像メッセージとしても記憶してもらうことです。よくマーケティング担当者は，うちの製品のこの優位点を消費者に伝えればよい，と考えて，たとえば，「○×コーヒーはうまい！」と言葉だけで訴求しがちなのです。しかし，記憶にとっては，言語情報だけよりも，画像情報としても処理したほうがより再生しやすいのです。このため，うまさを画像でも表現するというような工夫が求められます。スターバックスは自社のロゴを特徴のあるデザインで表現していますが，ブランド名をロゴでデザインしたりキャラクターを開発する背景にはこうした狙いがあるのです。

　また同じカテゴリーで市場に参入する場合，最初に参入したブランドがより最初の段階で注意を向けられやすく，ブランド名の再生率が高くなることが報告（Kardes & Kalyanaram [1992]）されています。このため，その商品カテゴリーにいち早く参入してメッセージを発信することが必要になります。たとえば，自動掃除機で「ルンバ」というブランド名が最初に浸透すると，二番手や三番手のブランド名は想起しにくくなるのです。

　また記憶されている事柄は，最近起こったことであるほど，思い出されやすいのです。これは第3節の「新近性効果」にあたります。この効果を利用するためには，商品が買われるのにできるだけ近いタイミングで広告メッセージを発信することが有利になります。もしある商品が土曜日に買われることが多いとわかっていたならば，金曜の晩あるいは土曜日の朝のタイミングを狙って発信すると効果的です。

Working

> 調べてみよう

ある商品カテゴリー（たとえば，ハンバーガーショップや銀行）を選択して，1人1人がどのような順番でブランド名を純粋想起（何も手がかりを与えられず思い出す）するか試してみましょう。時間をあらかじめ決めて，その時間内でできるだけたくさんのブランド名を思い出します。その次に，思い出されたブランドがなぜ早い順番で思い出されたのかを検討してみよう。

Discussion

> 議論しよう

前述の Working で，あとのほうになってから想起されたブランド名，あるいは，正しく想起されず間違った想起をされたブランド名，思い出せそうで思い出せなかったブランド名，などについて，これらのブランド名をどのようにしたら，早く正確に思い出されるようにできるか，コミュニケーションの方法をグループで検討してみよう。

参考文献

- 高野陽太郎編［1995］『認知心理学2　記憶』東京大学出版会。
- Atkinson, R. C. & Shiffrin, R. M. [1968] Human memory: A proposed system and its control processes. In K.W. Spence & J. T. Spence (Eds.), *The psychology of learning and motivation: Advances in research and theory*, Vol. 2. New York: Academic Press, pp. 89-195.
- Berger, J. & Fitzsimons, G. [2008] Dogs on the street, pumas on your feet: How cues in the environment influence product evaluation and choice, *Journal of Marketing Research*, 45(1), 1-14.
- Smith, E. E., Nolen-Hoeksema, S., Fredrickson, B. L. & Loftus, G. R. [2003] *Atkinson & Hilgard's introduction to psychology (14th ed.)*, Wadsworth.（内田一成監訳［2005］『ヒルガードの心理学』ブレーン出版）
- Tulving, E. [1983] *Elements of episodic memory*, Oxford University Press.（太田信夫訳［1985］『タルヴィングの記憶理論―エピソード記憶の要素』教育出版）

第8章 知 識

Learning Points

▶知識とはどのようなもので，どのような役割を消費者行動において果たしているでしょうか。
▶私たちが商品についてもっている知識は，どのような構造になっているでしょうか。
▶商品カテゴリーは，消費者に対してどのように機能しているでしょうか。
▶典型性という概念を用いると，商品カテゴリーに含まれる種々のブランドをどのように理解することができるでしょうか。

Key Words

知識　階層構造　フレーム構造　スキーマ　スクリプト　商品カテゴリー　典型性

1 知識のタイプ

1.1 知識の種類

　私たちは，経験を積むことによって，次第に難しい課題を解くことができるようになります。たとえば，子どものころプールで泳げないときから，練習してある日突然泳げるようになった，というような経験は誰しもあるでしょう。またお風呂に入ったときシャンプーを使って頭を洗うというような日常の所作を私たちは普段問題なく行っています。こういうことができるようになったのは，私たちが人生のある時期に何らかの経験を積んだからです。同じことは買い物行動についても言えます。私たちは日々，消費者として経験を積んでいる存在なのです。
　こうした経験を通じて消費者に蓄えられることがらを**知識**（knowledge）

と呼びます。知識とは，情報が一貫した「まとまり」をもち，問題を解釈し，解決するための思考パターンをすぐに呼び出すことができるようになった状態を指します。

　知識には2種類あります。1つは，**一般知識**（general knowledge）で，もう1つは，**手続的知識**（procedure knowledge）です。この2つはどのように異なるのでしょうか。

　まず**一般知識**とは，私たちが自分のまわりの環境の解釈を行うために用いられる知識のことです。例えば，「あのサイトで買い物をすると，良い品が安く手に入る」，「私はついつい買い物しすぎてしまうので要注意だ」，などというのはその例です。消費者は商品カテゴリー，流通，友人，自分自身などについてさまざまな一般知識をもっています。

　一般知識は「コカ・コーラという商品は，さわやかだ」というように，2つ以上の概念を結びつける形で表現されます。また多くの知識は「このお店のファッションは私の趣味にぴったりだ」，というように，自分に関心があり，また消費者自身に関連する知識になっています。

　記憶と同様，一般知識はさらに**エピソード知識**と**意味知識**に分けられます。エピソード的知識は，「私は昨日，ジムで軽い運動をした」というように個人の特有の経験に基づいた知識です。意味知識は「この化粧品ブランドはセレブが愛好しているブランドだ」というように，環境の中にある事物や出来事についての知識なのです。

　もう1つの知識は**手続的知識**です。これは，日常の物事を行うやり方に関する知識です。この知識は「もし……ならば，……である」（If…, then….）という形で述べられています。「もしもそのスマートフォンの価格がいまより50％下がったら私はそれを購入する」というような具合です。家電製品を操作する知識も手続き知識に含まれます。しかしこうした知識は，少し状況が変わると容易に変化します。たとえば，魔法瓶からお湯を出すとき，どのボタンを押せばお湯が出てくるのか迷う場合があります。これは手続的知識が消費者に欠けている例です。

　知識は，また別の分類があります。**客観的知識**と**主観的知識**です。客観的

知識とは商品についての正確な情報であり，長期記憶に貯蔵されています。主観的知識はその商品類について自分がどのようにまたどのくらい知っているか，に関する知識のことです。この2つの知識は関連しているのですが，実際には異なっていることが多いものです。

たとえば，ふだんある商品がいくらで売られているかは，おぼろげにしか覚えていないことが多いのです。しかし，消費者はそれを自分でははっきり知っていると知覚している場合があるのです。つまり，消費者はその商品について自分が知っていると思っていることと，実際に知っていることの間には開きがあるということになります。

1.2 知識の構造

知識はある「構造」，つまり一定の情報を受け止め，分類するための仕組みを持っています。消費者はこうした構造化された知識を，種々のマーケティング活動から受ける情報の情報処理活動に用います。

知識の構造には大きく分けて，(1)階層構造（**図表8-1**）あるいはネットワーク構造（**図表8-2**）として理解する立場と，(2)フレーム構造として理解する立場との2つがあります。前者のネットワークモデルにおいて，知識

図表8-1 ▶▶▶商品の階層構造

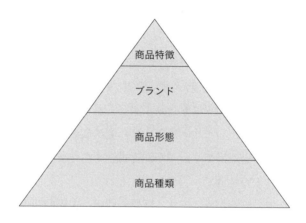

はノード（意味的にまとまりのある情報単位）とノード同士が自在にリンクされた構造をしています。

　後者のフレーム構造理論では，知識構造は抽象化された属性のスロット（属性の入る変項）として存在していると想定されています。それぞれのスロットは特定の値によって満たされるものと考えるのです。それでは詳しくみてみましょう。

　消費者は，具体的な意味情報を商品から獲得し，それを結合し，構成して，より抽象度の高い知識レベルに高めていくことを行います。もっとも抽象度の低いレベルから高いレベルに至るまでを，「特徴」→「ブランド」→「商品形態」→「商品種類」と分類することができます。

　「特徴」は，商品を表す表象であり，ビールの場合は，「黄金色」「泡」「缶」「のどごしがよい」「すっきり」「酔う」などがあります。「ブランド」では「アサヒスーパードライ」「キリン一番搾り」「サントリープレミアム・モルツ」「サッポロ黒生」などです。「商品形態」として，ラガービール・黒ビール・生ビール・ノンアルコールビール・エールビールなどを挙げることができます。

　「商品種類」はもっとも高い抽象度をもっています。こうしたさまざまな種類の特徴やブランド，形態を含みながらも，これらは「ビール」という種

図表8-2 ▶▶▶商品知識のネットワークモデル

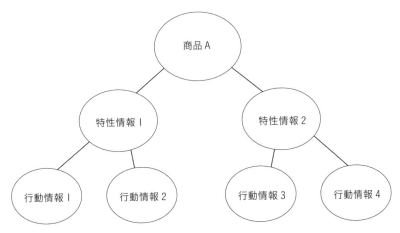

類として消費者のアタマの中で分類されているのです。

1.3 ネットワーク構造

　ネットワーク構造とは，基本的に，A商品について特性情報（どんな特性があるか），消費者にどのように働くかという商品の「行動情報」とが階層構造になっているということを意味します。このため，その商品の特性を消費者が記憶することで，特性情報が手がかりとなり，商品の印象全体が検索しやすくなるのです。たとえば，「明治ブルガリアヨーグルト」という商品について，「自然」という特性が記憶されていると，それが手がかりとなって，さわやかな酸っぱい味という「商品行動」がより検索されやすくなります。

　ネットワークモデルの1つである,連合ネットワークモデル（図表8-3）では,商品の情報は商品の「全体印象」を軸として個別の商品の「行動情報」がネットワーク状に位置づけてあると考えられています。行動情報には，全体印象と一致する行動情報と，印象とは矛盾する行動情報とがあります。後者の矛盾する情報については全体印象との整合性をもたせるため，より入念な処理が行われることになります。このため，矛盾する情報についてはより多くほかの行動情報とリンクが形成され，矛盾する情報のほうが記憶の再生

図表8-3 ▶▶▶商品知識の連合ネットワークモデル

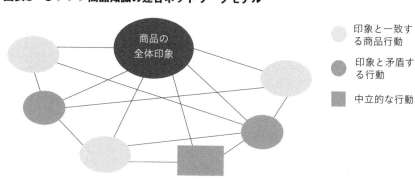

率が高くなることがあります。これを不一致情報の記憶優位性と呼びます。

　たとえば，メルセデス・ベンツというクルマに「安全」という全体印象をもっていた場合，メルセデスが自動車事故で壊れたという情報は全体印象と矛盾するために，むしろより記憶の再生が高くなることが予想されます。

1.4　解釈

　音や風景のように，人間は眼や耳などの感覚器で受容された刺戟に何らかの意味を与えます。これが**解釈**です。同じような刺戟であっても，人によって異なる解釈を施す場合がありえます。たとえば，テレビ広告のストーリーの意味は人によって異なる解釈がされることがあります。

　消費者が刺戟の解釈に用いる仕組みを**スキーマ**（schema）と呼びます。スキーマは刺戟の意味を解釈するために使われる知識のことです。スキーマは複数の独立したモジュールからできており，階層構造をなしていると考えられています。たとえば，パソコンを操作するというのは，1つのスキーマによって行われており，人はこうした操作をいったん習熟するとほぼ考えることなしに自動的に行うことができます。

　ある1つの刺戟を解釈する場合，複数のスキーマ同士が協同して働きます。たとえば，「買い物をする」という行動は，「店舗を訪問する」「品物を探す」「買いたい商品を決める」「オカネを払う」「店舗から出る」というような一連の複数のスキーマからできています。スキーマは一般的な構造をもちながらも柔軟に特殊な場合に対応することができます。

　外から入ってくる情報のうち，スキーマと一致した情報に対して，人は次のように反応します。(1)スキーマに合致した情報は記憶されやすい。(2)スキーマに合致した再認には自信が増す。(3)スキーマに合致した記憶を強化する。(4)実際に存在しない情報でも記憶にあったように思わせる。(5)推論や予測を助ける，などです。

　スキーマの一例として，インターネットを使った購買行動をみてみましょう。このようなeコマースを利用する消費者はまだ慣れないうちはスキー

を十分発達させていません。しかし，インターネットに慣れた消費者はスキーマを発達させ，こうした活動を楽々とこなすことができ，自分のもつ認知資源を買い物活動そのものに振り向けることができます。

　マーケターは，消費者が自社の商品やサービスについて，どのようなスキーマを形成しているか考えることが必要となります。たとえば，シアトル系カフェでは，コーヒーのサイズを「ショート」「トール」「グランデ」「ベンティ」などと表現する場合がありますが，こうした注文の仕方に慣れていない消費者は十分にスキーマを発達させていないことになります。習熟してシアトル系カフェ・スキーマを発達させたユーザーは「トールの抹茶クリームフラペチーノ，豆乳で。チョコチップとチョコレートソースを追加してください」というような複雑なオーダーをこなすことができるようになります。

　スクリプト（script）はスキーマの表現形式の一種であり，特に日常生活で繰り返し起こる，ある目的をもった一連の出来事についての知識を指します。たとえば，レストランに行く「レストラン・スクリプト」がある。高級レストランとファストフードレストランに行くとき私たちは異なったレストラン・スクリプトを使い分けています。

　日本のファストフード店で私たちはふだんどう振る舞っているでしょうか。それは以下のような連続した動きからできています。「店内に入る」「カウンターに向かう」「注文をする」「品物を受け取る」「代金を支払う」「品物をもって席を探す」「食べ終えたものをゴミ箱に捨てる」という動きです。

　米国と日本ではレストラン・スクリプトが異なっています。米国のレストランでは食事の後，①「勘定書きを席でもらったら」，②「席でクレジットカードを出し」，③「サインなどクレジットカードの支払い手続きをし」，④「そのとき支払い金額にチップを足し」，⑤「席を立ちレストランを出る」というようなスクリプトがあります。こうして，消費者はさまざまな消費関連スクリプトを生涯かけて蓄積していることになるのです。

　実務への応用を考えてみましょう。特にサービス産業の場合，顧客がどのようなスクリプトを持ってそのサービスを利用するのかを考えてみることは

有用です。たとえば，ホテルの勘定をするとき，クレジットカードの事前登録によってチェックアウト手続きなしで済ませるサービスがあります。これは，通常のホテル・スクリプトを変える試みであるといえるでしょう。

2　商品カテゴリー

2.1　カテゴリーとは

　私たち消費者は商品を見たとき，これは洗濯機だ，とか，これはスポーツカーだ，あるいは，胃腸薬だ，というように，それがどのような商品であるか，カテゴリーに分けて理解することを普段から行っています。これは，消費者がカテゴリーという枠組みを心の中にあらかじめもっているからです。18世紀のドイツの哲学者イマニュエル・カントは，私たちの経験判断が客観性をもつために，悟性（物事を理解する力）が産み出すカテゴリーという概念が必要であることを示しました（カント［1977］）。つまり，消費者の商品の判断が主観的なものでなく，客観的でありうるのはこうした商品をカテゴリーに分けて把握する能力が私たちに備わっているからなのです。

　しかしこうしたカテゴリーによる把握は実際に判断に迷うこともあります。たとえばカメラという商品カテゴリーを私たちはもっています。消費者がデジタルカメラやスマートフォンといった新しい商品に出会ったとき，消費者はこのカメラという枠組みを用いて対象となった商品がカメラに属するかどうかを判定し評価することになります。デジタルカメラはカメラとして認識されても，スマートフォンをカメラと認識するのは難しいかもしれません。しかしスマートフォンの普及とそのカメラ性能の向上により，従来のカメラというカテゴリーが変わりつつあるのかもしれないのです。

　このように消費者が商品を特定のグループに分類することを**商品カテゴリー化**（product categorization）と呼んでいます。商品カテゴリー化は消費者がもつ**認知構造**の1つなのです。

消費者はどのように商品をカテゴリー化するのでしょうか。商品カテゴリー化には3つのレベルがあります。

(1)「**最上位カテゴリー**」(superordinate level category),
(2)「**基本カテゴリー**」(basic level category),
(3)「**下位カテゴリー**」(subordinate level category) です。

最上位カテゴリーとはもっとも抽象度の高いカテゴリーで幅広い商品がここにあてはまります。たとえば，乳製品は牛乳やヨーグルトを包括する最上位概念です。(2)の基本カテゴリーとは，商品を分類するうえでもっとも消費者がよく使う分類であり，このレベルに属する商品はお互いに共通性をもっています。たとえば，牛乳や牛乳加工品などの区別です。(3)下位カテゴリーの分類はより具体的になります。ブランドはこのレベルに対応して設定されていることが多いのです。たとえば，アイスクリーム，チーズ，ヨーグルトなどです。

商品カテゴリー化は消費者が商品を小売の店頭で探すとき，ことに重要です。消費者は自分の欲しい商品を見つけるときに，こうした商品カテゴリーを利用して探索します。しかし，ある場合は消費者が自分で考えるカテゴリーに適合しないとき，迷って買うのを止めるか，あるいは，熟慮して新しいカテゴリー化を行い，その商品をすすんで買うことがあります。たとえば，「ルンバ」は全自動電気掃除機として，従来の電気掃除機とまったく異なった外観や性能をもっています。こうした革新的なカテゴリー概念を変えてしまうような商品にぶつかったとき，消費者は買うことにより慎重になるのが普通です。

　ポジショニング戦略というものがあります。マーケティング戦略の基本と考えられているSTP（セグメンテーション，ターゲティング，ポジショニング）の1つです。ポジショニング戦略とは，こうした消費者の商品カテゴリー化作用を利用しています。つまり，自社のブランドを消費者の商品カテゴリーのどこにどのように位置づけるかということがポジショニング戦略な

のです。

　たとえば、車の商品カテゴリーにおいて、メルセデス・ベンツやBMW、ボルボはそれぞれプレミアム車ブランドに属しますが、どのブランドも消費者の頭の中では異なったポジショニングを獲得しています。メルセデス・ベンツは権威、BMWはスポーティな高級車、ボルボは安全というようにポジショニングが分かれています。

2.2 典型性

　では、消費者はどのように商品カテゴリーを用いて個別のブランドを判断するのでしょうか。ここでは2つの概念を紹介します。

　あるブランドが、その商品カテゴリーの中で「典型的」と考えられる共通した商品特徴のことを**エグゼンプラー**と呼びます。エグゼンプラーとは「事例」のことです。消費者には、その商品カテゴリーに属するいくつかの商品事例が記憶に保存されています。それらに共通した商品特徴がエグゼンプラーなのです。重要なことは、ブランドを評価する場合にエグゼンプラーが大きな影響を与えることです。

　たとえば、コンビニエンスストアのエグゼンプラーとはどのようなものでしょうか。24時間開いている、交通の便利な場所にある、店の大きさはさほど大きくない、などでしょうか。では、ATMがある、というのはコンビニのエグゼンプラーでしょうか。実はコンビニのお店のすべてにATMが置いてあるわけではないので、ATMは必ずしもコンビニのエグゼンプラーではなく、コンビニと見える店で現金を下ろそうと思うと失敗することがあり、消費者はそうしたお店に失望を覚えるかもしれません。

　もう1つ、エグゼンプラー商品と似た概念として、**プロトタイプ**があります。プロトタイプとは、その商品カテゴリーで「もっとも典型的な」ブランドのことで、カテゴリー商品の属性を集約したブランドと消費者に捉えられています。

　商品カテゴリーの中であるブランドは典型性が高く、別の商品は典型性が

低い，と考えられているのです。研究によれば，カテゴリー典型性の高い成員は低い成員よりも想起されやすいと報告されています。つまり，その商品カテゴリーで典型的とされるブランドのほうが思い出されやすく，より有利に競争優位性を築くことができます。マヨネーズカテゴリーで，キユーピーはそのような「典型的な」プロタイプブランドになっています。

テーマパークの中で多くの消費者がもっとも典型的と考えるのはディズニーランド（東京ディズニーリゾート）です。プロトタイプ・ブランドが強い商品カテゴリーでは，差別化よりもプロトタイプに近づけることが競合にとって重要な場合があります。日本では東京ディズニーリゾートが強力であるために，関西のユニバーサルスタジオ・ジャパンや長崎のハウステンボスなどは，それぞれの持ち味を活かしながらも，ディズニーがもつファンタジー的な要素を取り込みながら健闘しています。

> **Column　ビジネスへの応用**
>
> マーケティング活動において新しい商品カテゴリーを創造する戦略が重要です。単に新しいスペックが付け加わったり，あるいは，見かけだけが新しい新商品では，競争上弱いからです。
>
> たとえば，「ルンバ」という自動掃除機や，「ノンフライヤー」という調理器は新しいカテゴリーを創造した商品と言ってもよいでしょう。こうした新商品カテゴリーを創造すると，追随するメーカーも出てくるのですが，追随する間の時間を利用して，市場で確かな地位を築き，強いブランドを構築する可能性が高まります。
>
> このような新カテゴリー創造にあたっては，まず商品のポジショニングを周到に計画することが重要です。特に日本ではなく，海外で開発された商品の場合，海外でのポジショニングを再検討することが求められます。ルンバの例では，「ロボット自動掃除機」というポジショニングもあり得たのですが，ロボットというと日本ではとかく鉄腕アトムやドラえもんなどのヒューマノイドのイメージが強くなってしまうので，「自動掃除機」という商品カテゴリーを日本ではつくり出しました。また，フィリップス社のノンフライヤーはもともと欧州では「エアフライヤー」というマルチ調理器というポジショニングだったのです。日本では消費者のもつニーズに対応して，「油なしで調理できる調理器」という単機能に絞ってポジショニングを行い成功を収めたのです。

| Working | 調べてみよう |

小売業の店頭に並んでいる商品群は消費者の頭の中にある商品カテゴリーに対応しているだろうか。実際の店舗をみて調べてみよう。もしも商品カテゴリーと対応していない場合は，なぜそうなっているかその理由を考えてみよう。

| Discussion | 議論しよう |

新しい商品カテゴリーを創造したと考えられる商品をできるだけたくさん挙げてリストを作成したうえで，新しい商品カテゴリーをつくるためにはどのような発想や戦略が必要かを議論しよう。

参考文献

- アーカー，デビット A. 著　阿久津聡，電通ブランド・クリエーション・センター訳［2011］『カテゴリー・イノベーション―ブランド・レレバンスで戦わずして勝つ』日本経済新聞出版社。
- カント著　篠田英雄訳［1977，原著1783］『プロレゴメナ』岩波書店。
- 高橋広行［2011］『カテゴリーの役割と構造―ブランドとライフスタイルをつなぐもの』関西学院大学出版会。
- Lawson, R.［2002］Consumer knowledge structures: Background issues and introduction. *Psychology and Marketing*, 19(6), 447-456.

第9章 感情

Learning Points
▶感情にはどのような種類があるでしょうか。
▶感情はどのような影響を消費に及ぼしているのでしょうか。
▶気分と消費との関係はどのようなものでしょうか。

Key Words
感情　基本感情　感情の転移　気分

1　感情

1.1　感情とは

　感情という言葉はさまざまな使い方をされてきました。情緒，情動，気分などです。これらの用語は必ずしも統一された定義で使われてきたわけではありませんでした。では**感情**とはどのようなものとして理解したらいいのでしょうか。喜怒哀楽という言葉があるように，喜びや悲しみの精神状態と簡単に定義することができるものの，こうした定義は感情という現象を理解するためには必ずしも十分ではありません。

　心理学者のシャスターとシンガーたちは1962年に次のような実験を行いました。被験者にアドレナリンというホルモンを注射して，興奮状態をつくり出しました。つまり彼らの生理的状態のレベルを人工的に高めたのです。アドレナリンを注射すると，血圧が上がったり，心臓の脈拍が上がることが知られています。被験者のあるグループにはアドレナリンを注射したことは知らされていませんでした。そのうえで，役者を雇って実験室の中で，被験

者が喜んだり，怒りを感じるような状況をつくり出しました。

　この実験の結果わかったことは次のようなことでした。人間は神経が興奮して生理的に感情レベルが上がったときに，彼らが感じる感情は周りの環境によって決まるということなのです。つまり，感情というのは，私たちが自分の気持ちに貼る「ラベル」のようなものです。そこにどのような喜怒哀楽のラベルを貼るかは，その状況においてどのような情報や手がかりがあるかによって決まる，ということになります。別の言い方をすれば，興奮したとき＝生理的なレベルが高まったとき，そこにある手がかりで私たちは自分の感情を認識していることになるのです。

　感情をより詳細に考えてみましょう。感情は①生理的成分，②認知的成分，③行動的成分の３つからできています。このことを，わくわくするようなショッピング経験をしたときのことを考えてみましょう。

　とても素敵なお店に入ったため，すぐ自動的に神経系統が覚醒し，胸の動悸を感じます。これが①生理的成分です。ではなぜ私の生理的レベルが高まったのでしょうか。「ここには私が買いたかったハンドバッグがあるからだ」とその覚醒の意味を解釈したとします。これが感情の②認知的成分です。それからハンドバッグに近づいてもっとよく見ようとします。これは感情の③行動的成分なのです。そしてこうした３つの成分を合わせて，楽しさや悲しさとして解釈することが感情ということになるのです。これは感情の２要因理論として知られています。

　では，感情は人間にとってどのような役割を果たしているのでしょうか。

　基本情動理論によれば，人間の喜びや悲しみ，怒りといった感情はあらかじめ人間の中にセットされた自動装置のようなものです。これは，人間の進化の過程で生物的に遺伝に組み込まれてきたと考えられています。人間が太古の時代，環境の中で突然敵に出会うなどの緊急事態のとき，考えるよりも先にまずその危機を感じなければなりません。つまり，感情が生起して適切な心的・身体的状態を整える必要があったのです。こうした感情の発達が人間の生存をより確かなものとしてきたと考えられるのです。

感情にはどのような種類があるでしょうか。心理学者プルチック（Plutchik[2001]）の分類によれば8種類の**基本感情**があるとされ，彼はこれを「感情の環」という図にまとめています。ここではその図を簡素化して示すことにします（**図表9-1**）。

これらの8つの基本的感情は，下記の例にそれぞれ4つのペアが対立する感情の構造をなしています。

(1)喜び（joy）-悲しみ（sadness）
(2)受容（trust）-嫌悪（disgust）
(3)恐れ（fear）-怒り（anger）
(4)驚き（surprise）-期待（anticipation）

このペアは，たとえば，「喜び」は「悲しみ」と対立する逆の感情であることを示しています。これらの感情は以下のようなもので，消費者行動で見られる例を付してあります。

(1)喜び～うれしい，楽しい，喜ぶ（店で予想外の割引で買いたい商品が買えた）
　悲しみ～憂鬱な，悲しい，落ち込んでいる（バーゲン品を買いに行った

図表9-1 ▶▶▶プルチックの「感情の環」

出所：Plutchik[2001] p.349を修正。

らその商品が売り切れたばかりでがっかりする）
(2)受容～助けられる，認められる，信頼される（なじみのレストランで食事をすると店の人が挨拶してくれる）

　嫌悪～いやな，不快な，うれしくない（店が汚いので気持ち悪い思いをする）
(3)恐れ～おびやかされる，怖い，おどおどする（食べた食品に健康に悪い成分が入っていたのではないかと恐れる）

　怒り～敵意のある，いらいらする，怒っている（借りたレンタカーが壊れていたので怒る）
(4)驚き～迷う，わからなくなる，びっくりする（ファッション店のデコレーションが驚くような飾りつけだった）

　期待～用心深い，注意する，興味をもつ（新発売商品を買おうとして店に早くから並ぶ）

1.2　感情を用いたマーケティング

　では感情はどのようにマーケティングに応用されているでしょうか。感情がことに重要なのは，広告とブランドの領域です。

　広告では，消費者に何らかの感情反応を起こさせることが有利と考えられています。実務的に言えば，たとえネガティブな感情であれ，何らかの感情を呼び起こす広告のほうが何も感情反応がない広告よりは，優れていると，広告主企業は考える傾向にあります。なぜでしょうか。

　今日の消費者は数多くの広告メッセージに悩まされているからです。ウェブ上でも，バナー広告のクリック率は下がる傾向にあり，できるだけ一方的な広告メッセージは避けたいと感じることが多いのです。こうした状況にあって感情を喚起する広告は重要です。

　ではどのような感情を喚起することが有利なのでしょうか。たとえば，広告では「暖かさ」を感じさせる広告表現が有効です。暖かさという感情が人と人とのつきあいの上で重要であることはすでに心理学研究で知られた知見

でした。

　1946年にアッシュが行った実験では，ある人の人格を判断するために，いくつかの人格を表現する言葉を用意し，その中で「暖かい」という言葉を与えた場合と，「冷たい」という言葉で与えた場合，その人の全体的な印象は大きく異なることがわかりました。つまり「暖かさ」という感情は，人間を語るうえで，他の人格を物語る用語と比較してとても重要な役割を担っているのです。

　広告にも同じようなことが言えます。家族や友人との交流のシーンなど，暖かみを感じさせる広告は，そうでない広告よりも，その広告をより好きになったり，あるいは，購入意向率が高まることがアーカーたちの研究によって確認されています。ここから，暖かさという感情を惹起する広告やプロモーションが重要であることがわかります。

　ブランドにおいても，消費者との間に，「愛」や「パートナー」という感情を呼び起こすことは重要です。たとえば，マクドナルドは「愛」（"I'm Lovin' It"）というメッセージを長期にわたって発信しています。ナイキもスポーツを通じて強力な感情的絆を顧客との間に築いています。ティファニーもまた，ギフトのアイテムとして強い感情を喚起するブランドになっています。

　広告研究者のロシターたちがオーストラリアで行った研究では，消費者のうちブランドに強い感情的絆をもっている人は約25％であるということです。しかしながら，こうした消費者との強い感情的絆をもつブランドほど，そのブランドのカテゴリーにおける購入シェア（SOR）が高いことが示されました。ではどのような絆を築くことが有効なのでしょうか。それは次のような気持ちを消費者に抱かせることです。

　「それは私のブランドだ」
　「私はそのブランドに愛情を感じていて，もしそのブランドが無かったら困ってしまうだろう」
　「そのブランドは私にとって親友のような関係だ」

このような気持ちを消費者に抱かせるためには，機能的なベネフィットと情緒的なベネフィットが両方バランス良く与えられることが重要です。アップルの Macintosh やスターバックスは，こうした感情を養うために十分な両方のベネフィットを備えています。

1.3 感情の転移

　感情についてもう1つ興味深い理論を取り上げてみましょう。それは，ジルマン（Zillmann）の感情理論です。この理論によれば，感情は生理的覚醒を伴うときにより強化されます。そして，1つの刺戟から生じた生理的興奮状態は，まったく別の刺戟によって引き起こされた覚醒に移動し，さらに強化されます。このことを興奮転移と呼びます。つまり，興奮状態は，刺戟によって異なった解釈が産まれるのです。

　ジルマンたちの実験では，怒りを誘発され，その後に激しい運動をさせられた被験者のほうが，同じように怒りを誘発され，軽い運動をした被験者よりも，その後でより攻撃的な傾向を示しました。この場合，怒りという覚醒が運動による興奮状態に転移して，感情反応を高めたことになります。

　このジルマンの感情理論はマスメディア効果を説明するのに用いることができます。オリンピックやサッカーワールドカップのようなスポーツのビッグイベントを企業は高い協賛金を支払ってスポンサードしようとします。なぜでしょうか。

　単にこうしたスポーツイベントはテレビの視聴率が高いという理由だけではありません。イベントによって生理的興奮が高まった状況で，視聴された広告商品がより興奮させるものであると視聴者に感じられるからです。つまりイベントで喚起された興奮状態がイベントからブランドに「転移」されるせいであると考えられるのです。

　異性とデートするときホラー映画・ジェットコースター・スポーツなどに出かける理由も，この理論で説明できます。こうした刺戟によって喚起され

た生理的興奮が，性的興奮に「転移」することが期待されるからです。つまり，ジェットコースターで喚起された興奮状態で女性が男性を見たとき，「自分が興奮状態にあるのは，この人がステキなせいだ」と考えてしまう可能性があるからです。

2 気　分

2.1 気分とは

　私たちは常に何かの気分の中で暮らしています。今日は気持ちが良い天気だ，と思えば，私たちの気分は良くなりますし，気が滅入るような天気だと思えば，自分の心がどうあれ，ネガティブな気分を抱くことも珍しくありません。また大震災のように社会的に不幸な事件が起こったときも，私たちは消費をする気分になれなかったりします。このように，消費者に感知されたある期間持続する感情的状態のことを**気分**（mood）と呼びます。

　気分と感情とは異なった働きをしています。感情は人やブランドなど，はっきりとした対象をもっています。しかし，気分では必ずしもその感情状態がどこからもたらされたものかはっきりしていません。また気分は感情よりも長く持続します。ある気分は，数時間から数日にわたって持続します。さらに，気分は感情よりも弱いのがふつうです。

　気分は大きく分けて，覚醒と快感の2つの次元があると考えられています。この2つの次元を組み合わせると**図表9-2**が得られます。この2つの気分を組み合わせると消費者が感じている感情が導かれることになります。

　この**図表9-2**によれば，消費者の感情が高ぶるような場面にいても，そこに快感を感じる状況があるかどうかによって，消費者の感じる感情が変化してくることになります。たとえば，店頭がにぎやかで覚醒するような気分があったとしても，店頭が不潔であった場合は，感情が興奮あるいは苦痛に変わってしまいます。

中央経済社

ベーシック+プラス
Basic Plus

いま新しい時代を切り開く基礎力と応用力を兼ね備えた人材が求められています。
このシリーズは、社会科学の各分野の基本的な知識や考え方を学ぶことにプラスして、
一人ひとりが主体的に思考し、行動できるような「学び」をサポートしています。

Let's START!

学びにプラス！
成長にプラス！
ベーシック＋で
はじめよう！

中央経済社

ベーシック＋専用HP

1 あなたにキホン・プラス！

その学問分野をはじめて学ぶ人のために,もっとも基本的な知識や考え方を中心にまとめられています。大学生や社会人になってはじめて触れた学問分野をもっと深く,学んでみたい,あるいは学びなおしたい,と感じた方にも読んでもらえるような内容になるよう,各巻ごとに執筆陣が知恵を絞り,そのテーマにあわせた内容構成にしています。

2 各巻がそれぞれ工夫している執筆方針を紹介します

2.1 その学問分野の全体像がわかる

まず第1章でその分野の全体像がわかるよう,○○とはどんな分野かというテーマのもと概要を説明しています。

2.2 現実問題にどう結びつくのか

単に理論やフレームワークを紹介するだけでなく,現実の問題にどう結びつくのか,問題解決にどう応用できるのかなども解説しています。

2.3 多様な見方を紹介

トピックスによっては複数の見方や立場が並存していることもあります。特定の視点や主張に偏ることなく,多様なとらえ方,見方を紹介しています。

2.4 ロジックで学ぶ

学説や学者名より意味・解釈を中心にロジックを重視して,「自分で考えることの真の意味」がわかるようにしています。

2.5 「やさしい本格派テキスト」

専門的な内容でも必要ならば逃げずに平易な言葉で説明し,ただの「やさしい入門テキスト」ではなく,「やさしい本格派テキスト」を目指しました。

図表2-2 ▶▶▶ 価値の尺度機能

〈直感的な図表〉
図表を用いたほうが直感的にわかる場合は積極的に図表を用いています。

3　最初にポイントをつかむ

各章冒頭の「Learning Points」「Key Words」はその章で学ぶ内容や身につけたい目標です。あらかじめ把握することで効率的に学ぶことができ，予習や復習にも役立つでしょう。

4　自分で調べ，考え，伝える

テキストを読むことのほか，他の文献やネットで調べること，インタビューすることなど，知識を得る方法はたくさんあります。また，議論を通じ他の人の考えから学べることも多くあるでしょう。
そんな能動的な学習のため，各章末に「Working」「Discussion」「Training」「さらに学びたい人のために（文献紹介）」等を用意しました。

5　…and more ‼

実際の企業事例や，知っておくと知識の幅が広がるような話題をコラムにするなど，書籍ごとにその分野にあわせた学びの工夫を盛り込んでいます。ぜひ手にとってご覧ください。

＊教員向けサポートも充実！　https://www.chuokeizai.co.jp/basic-plus/

- テキストで使用されている図表や資料などのスライド
- 収録できなかった参考資料やデータ、HPの紹介などの情報
- WorkingやDiscussion，Trainingなどの解答や考え方（ヒント）　など

講義に役立つ資料や情報をシリーズ専用サイトで順次提供していく予定です。

6 シリーズラインアップ（刊行予定）
（タイトルや著者名は変更になる場合があります。）

ベーシック＋プラス
Basic Plus

ミクロ経済学の基礎	小川　光／家森信善　[著]	(A5判220頁)
マクロ経済学の基礎（第2版）	家森信善　[著]	(A5判212頁)
財政学	山重慎二　[著]	(A5判244頁)
公共経済学（第2版）	小川　光／西森　晃　[著]	(A5判248頁)
金融論（第4版）	家森信善　[著]	(A5判260頁)
金融政策（第2版）	小林照義　[著]	(A5判240頁)
労働経済学・環境経済学 など		
計量経済学・統計学 など		
日本経済論（第2版）	宮川　努／細野　薫／細谷　圭／川上淳之　[著]	(A5判272頁)
公共政策論	中川雅之　[著]	(A5判258頁)
地域政策（第2版）	山﨑　朗／杉浦勝章／山本匡毅／豆本一茂／田村大樹／岡部遊志　[著]	(A5判272頁)
産業組織論	猪野弘明／北野泰樹　[著]	近刊
経済史	横山和輝／山本千映　[著]	近刊
日本経済史	杉山里枝　[著]	近刊
経営学入門	藤田　誠　[著]	(A5判260頁)
経営戦略	井上達彦／中川功一／川瀬真紀　[編著]	(A5判240頁)
経営組織	安藤史江／稲水伸行／西脇暢子／山岡　徹　[著]	(A5判248頁)
経営管理論	上野恭裕／馬場大治　[編著]	(A5判272頁)
企業統治	吉村典久／田中一弘／伊藤博之／稲葉祐之　[著]	(A5判236頁)
人的資源管理（第2版）	上林憲雄　[編著]	(A5判272頁)
組織行動論	開本浩矢　[編著]	(A5判272頁)
国際人的資源管理	関口倫紀／竹内規彦／井口知栄　[編著]	(A5判264頁)
技術経営	原　拓志／宮尾　学　[編著]	(A5判212頁)
イノベーション・マネジメント	長内　厚／水野由香里／中本龍市／鈴木信貴　[著]	(A5判244頁)
ファイナンス	井上光太郎／高橋大志／池田直史　[著]	(A5判272頁)
リスクマネジメント	柳瀬典由／石坂元一／山﨑尚志　[著]	(A5判260頁)
マーケティング	川上智子／岩本明憲／鈴木智子　[著]	近刊
流通論	渡辺達朗／松田温郎／新島裕基　[著]	近刊
消費者行動論	田中　洋　[著]	(A5判272頁)
物流論（第3版）	齊藤　実／矢野裕児／林　克彦　[著]	(A5判268頁)
会計学入門・財務会計 など		
法学入門・会社法 など		
民法総則	尾島茂樹　[著]	(A5判268頁)
金融商品取引法	梅本剛正　[著]	(A5判188頁)

(株) 中央経済社

〒101-0051　東京都千代田区神田神保町1-35
Tel: 03(3293)3381　Fax: 03(3291)4437
E-mail: info@chuokeizai.co.jp

図表9-2 ▶▶▶ 気分状態とそこから生まれる感情の状態

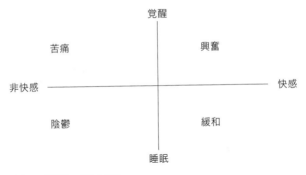

出所：Watson & Tellegen［1985］p. 225 を修正。

　お店に入ったときの気分を想起してみてください。小売店内の環境においては，多くの要因が気分を変化させます。暑い，寒いなどの温度，晴れや雨などの天候などの外気の状態，またお店それ自体の要因である，お店のデザイン・雰囲気・音楽・店員・他の客・混み具合・店頭陳列・清潔さなども気分に影響してきます。

　もし買い物客が良い気分を感じ取ったとき，それは客の思考の柔軟性を促進し，刺戟の記憶再生を高めることが実験的に確かめられています。また良い気分は消費者がバラエティを求める傾向を促進し，新しい製品を試してみたいという意向を高めることも報告されています。

　このように感情は認知，すなわち理性的行動に影響を与えます。一般的に消費者は気分に適合した方向に自分の判断を一致させる傾向があります。これを**気分一致効果**と呼び，感情の方向（正または負）に一致した認知的処理が促進されるとするものです。

　たとえば，ポジティブな気分をもっているときはその気分に一致した認知が促進されます。楽しい気分のときには楽しいことを思い出す傾向があるのもこうした効果の1つです。

Column　ビジネスへの応用

　近年，「顧客経験」という用語で，消費者がその商品やサービスについてどのような経験をするかが重要だ，とするマーケティングの考え方が台頭しています。テーマパークやショッピングセンターなどの消費空間での顧客経験もあれば，IT機器やソフトウェアを使っているときの顧客経験もあります。このように，さまざまな顧客経験の中で，顧客の抱く感情や気分が重要な役割を果たすようになりました。

　たとえば，スマートフォンを使っているとき，動きが遅くなりイライラした経験を誰ももっていることでしょう。あるいは，パソコンの新しいOSを使ってみて，スムーズな動きに驚いたというような経験もあるはずです。

　またSNSなどで自社関係のコンテンツをシェアさせ拡散させようと思えば，そのコンテンツがどのような感情をもたらすかが重要です。人は感情を刺激するコンテンツ，たとえばかわいい動物の写真などを友人とシェアしようと思う傾向があります。

　このように新しい消費生活環境では，顧客経験と感情との関係がより重要になってきています。

Working　調べてみよう

ショッピングセンターなどの商業空間に行ったとき，どのような気分をその場で感じ取るでしょうか。感じた気分と消費行動との関係を，インタビューや観察を通して考察してみよう。

Discussion　議論しよう

商品を買う，使う，捨てる，など日常の消費場面での，自分自身の感情を振り返って，どのような場面でどのような感情を抱くかを考えてみよう。そのうえで，どのような感情をマーケティング戦略によってコントロールできるか，そのアイデアを議論してみよう。

参考文献

- Aaker, David A., Stayman, Douglas M. & Hagerty, Michael R. [1986] "Warmth in Advertising: Measurement, Impact, and Sequence Effects," *Journal of Consumer Research*, 12(4), 365-381.
- Asch, S. E. [1946] "Forming Impressions of Personality," *The Journal of Abnormal and Social Psychology*, 41(3), 258-290.
- Cotte, June. & Ritchie, Robin [2005] "*Advertisers*' Theories of Consumers: Why Use Negative

Emotions to Sell?," *Advances in Consumer Research*, 32, 24-31.
- Plutchik, R. [2001] "The nature of emotions," *American Scientist*, 89, 344-350.
- Rossiter, J. & Bellman, S. [2012] "Emotional branding pays off: How brands meet share of requirements through bonding, companionship, and love," *Journal of Advertising Research*, 52 (3), 291-296.
- Watson, D. & Tellegen, A. [1985] Toward a consensual structure of mood, *Psychological Bulletins*, 98, 219-235.

第Ⅱ部

応用

第10章
自己と他者Ⅰ―所有・信頼・価値

第11章
自己と他者Ⅱ―幸福・フロー体験・本物

第12章
消費者文化Ⅰ―解釈学的アプローチ

第13章
消費者文化Ⅱ―神聖消費・贈り物・贅沢

第14章
マクロ視点からの消費

第15章
企業と消費者

第10章 自己と他者 I

所有・信頼・価値

Learning Points

▶私たちの消費生活において,所有という概念はどのような役割を果たしているでしょうか。
▶消費者アイデンティティとは何を意味しているでしょうか。
▶信頼は消費者行動においてどのようなもので,どのように形成されているのでしょうか。
▶価値はどのような役割を果たしているでしょうか。

Key Words

所有　拡張自己　アイデンティティ　信頼　価値

1 所 有

1.1 被災者の喪失感

　2011年3月11日の東日本大震災という大きな災害事象の報道を通じて被災者のさまざまな生活の変化が伝えられました。その中で地震・津波,あるいは原発などの事故から逃れた人たちが,自分たちの大事なものを失ってしまったという出来事がありました。

　家族や親せき・友人・近隣の人々など自分の大事な人たちを亡くした方々にとってそのつらさは耐えがたいものだったでしょう。また,自分たちが持っていた家や家庭の品々,ことに家族のアルバムなどの思い出の品々をなくした家族も少なくありません。

　また人や自宅や所有物だけではありません。住み慣れた町や村を捨てて避難せざるを得なかった方々も同様に喪失感に襲われました。土地や空間・人々

とその記憶もまた人間にとっては失われるものであることを，今回の震災はあらためて私たちに教えてくれました。

1.2 拡張自己

では，なぜこのように自分がもっていたものや環境を失うことに私たちは痛みを感じるのでしょうか。それは自身が所有するモノやコトが，自分自身の存在と分かちがたく結びついているからだと考えられます。つまり何かを所有するとは，自分自身を拡張することです。こうして所有によって拡張された自分を「**拡張自己**」(extended self) と呼びます。つまり，何か自分がもっているモノ，あるいは，自分の環境は自分の一部分をなしている，と消費者はみなしていることになります。このために，ヒトや環境を含む自己の所有物を失うことは自分自身の一部を失ったように感じ，大きな痛手を感じることになるのです。

では，私たち消費者はどのような対象を拡張自己としてみなすのでしょうか。

まず自分自身の身体です。当然のようですが，身体は物理的な「モノ」でありながら，自分の一部を構成していると私たちはふつうみなしています。また自分の「こころ」とそのありようも，自分の一部とふつう考えます。たとえば自分の過去の経験は自分の大事な一部です。

さらに，衣服や家屋などのように，自分が所有するモノも自分自身の一部と考える傾向があります。他者，ことに自分の家族，故郷や住まいの近隣の人々も自分の一部とみなされます。そして自分が帰属する組織や団体，地域，空間も自分自身を形成している一部分とみなすのです。

1.3 その特徴

このように拡張自己とみなされる対象物は多岐にわたりますが，その特徴とは何でしょうか。1つはそれらに自分が影響力を行使できる，あるいはコ

ントロールできるかどうかにあります。つまり自分が好きなようにできる対象について，私たちは自分自身の一部だと考える傾向があるということなのです。この意味では絶対王政における王は自分の統治する国家を自分自身の一部と考えてもおかしくないでしょう。

　また興味深いことに，こうした所有に拡張自己を見出す傾向は，年齢とともに大きくなっていきます。たとえば，年を重ねるにつれて，私たちはより他人を象徴化するモノをより大事にする傾向があります。人の写真や他者からの贈り物などです。これは年齢とともに私たちはより自己を拡張していくと解釈すれば理解できるでしょう。以前「断・捨・離」という言葉が流行しましたが，年齢を重ねるにつれ，私たちは思い出の品々から離れるのが困難になってくるのかもしれません。

1.4 所有とはく奪

　冒頭に書いたように，こうした拡張自己としての所有のありようが露呈するのは，それが失われたときです。監獄に入れられた囚人や強制収容所に入れられた人々が感じる喪失感はこうした自己から何かをはく奪された意識に由来しています。このような場所に心ならずも収容された人々は，私服が許されず，ユニフォームを着せられることになります。こうした自分の所有物からの強制的離別は，しばしばトラウマ（心の傷）ともなります。

　また盗難に遭った人は往々にして深い悲しみ・侵害された感情・暴力を感じます。これもこうした自己の所有物のはく奪＝自分のアイデンティティの喪失から起こっていると考えることができるでしょう。

　水害や津波などの自然災害によって，自分が大切に保存してきたコレクションや家族の思い出の品々が失われたとき，私たちは拡張された自己が失われたのを感じます。そして自分の一部が破壊されたかのごとく感じるのです。今回の東日本大震災で被害にあった方々が感じた心の傷はまさにこうした事例に当たるでしょう。

1.5 愛　着

　現代の消費場面において人々は，高価な商品に自分自身を「投資」して，そこに深い愛着を見出すことがよくあります。たとえば，ポルシェやレクサスのような高級車を買うこと，あるいは，自宅を何年もローンをかけて取得すること，高価な美術品の購入，などです。こうしたモノについて，人々は深い愛着を感じ，自身をそこに深く投影してアイデンティティを見出し，自分自身と切り離せない存在に変わります。

　たとえば，写真に写っている人は「私にとって大事な人」を意味することが多いのです。あるいは，娘が自分の亡き母親のアクセサリーを身につけることで，母親の思い出を大事にする例が挙げられます。

　またこうした拡張自己の感覚は，自分の過去の記憶ときわめて緊密な関係があります。自分の家に何らかの「お宝」がある場合は珍しくありません。こうしたお宝には，よく美術品や骨とう品などが含まれますが，こうした宝物には自分たちの過去が投影されています。たとえば，これを入手したときの思い出や，それを所有していた人の記憶，あるいは自分の家系についての記憶などです。「お爺さんが所有していた古い掛け時計」というのはこうした事例に当たります。

　こうしたモノやコトについての記憶は，往々にしてその人の「人生ストーリー」(life story) を形成します。人々はこのような拡張自己に，異なったパターンでの人生ストーリーを付与します。場合によっては，私たちはネガティブな人生ストーリー，たとえば，このシャツはもはや私のものではない，というような拒否感をともなう記憶をその対象にもつこともあります。

　私たちは，生涯をかけてさまざまなモノやコトを所有しますが，それは同時に自分自身を形成し，拡張しているということになるのです。

　さらに言えば，ブランドも自分自身の拡張の対象として捉えられるときがあります。自分が愛好するブランドは自分のアイデンティティのひとつとなり，それを身につけたり所有することで，自分がより広がった存在であることを確認することができるからです。

> **Column　ビジネスへの応用**
>
> 　所有と拡張自己の問題は，私たちの消費生活の多くの分野にわたってみられます。たとえば住み慣れた自宅が破壊されることは，私たちに耐えがたい苦痛を与えます。また自分が手をかけた植物やペットのような動物ほど，私たちは自分自身の一部としてそれを大事にします。マーケターが自分の商品のマーケティングを行うのは，消費者にそれを自分の所有物として購入してもらいたいから，と言うことができます。とすれば，マーケティングはまさに消費者に拡張自己を形成してもらうための活動と言っても言い過ぎではないでしょう。
>
> 　ではどのようにすれば，消費者に自社の商品に愛着をもって所有してもらうことができるのでしょうか。1つは，それが手間をかけて自分のものになるような工夫をすることです。たとえば，自分で組み立てるパソコンは，自分がコントロールできる対象として感じられ，買ってきたパソコンよりも愛着を感じるようになるでしょう。
>
> 　また耐久性商品では，それを使い込んでもらうことによって，より消費者に自身のアイデンティティをそこに投影してもらうことができます。家具や衣服のように，長年使い込むことで味が出てくる商品づくりや，クルマではカスタマイゼーションを推進することによってやはり愛着をより感じてもらうことができるようになります。
>
> 　これまでマーケターは消費者に買ってもらうことにあまりにも熱心でありすぎたかもしれません。これからは消費者がその商品を「使う」という側面をもっと考えて商品を開発する必要があるでしょう。そこにいかに消費者自身があたかも自分の一部であるかのように，自社の商品を感じてもらえるか，そうした工夫をすることが求められています。

2　信　頼

2.1　信頼と現代社会

　信頼は私たちの社会の基礎をなす概念です。私たちは他者・組織・社会を信頼しているために，毎日暮らしを維持することが可能になっています。もし信頼が存在しなかったとしたら，どうなるでしょうか。スーパーで売っている商品が信頼できるものかどうか，消費者はいちいち確かめる術をもっていません。しかしそれにもかかわらず，消費者は一定の信頼をもって毎日の買い物行動を行っています。もしも何かのきっかけで，そのお店が信頼でき

ないとなったら，こうした毎日の暮らしは崩壊せざるを得ないでしょう。ではどのように消費者は信頼を抱くのでしょうか。また企業はどうすれば信頼を構築できるのでしょうか。

現代社会においては，お互いがお互いを信頼する「集合的な信頼」(Giddens [1990]) が成立しています。なぜ社会において信頼が重要なのでしょうか。それは，信頼することによって得られる利益のほうが，信頼しないで得られる利益よりも多いからです。マクドナルド社とコカ・コーラ社とは長年契約書なしで取引している例として知られていますが，これもお互いに信頼しあうほうが信頼しないよりも利益が大きいと判断しているためでしょう。そして，この集合的信頼という概念は今日の社会において，以前よりもより重要視されるようになっています。

テクノロジーや経済の発展，社会構成がより複雑になり，企業社会に不確実性がより高まってきたからです。例えば，eコマースのようなインターネット上の取引では，相手が信用できる相手かどうかを常に意識していなければなりません。

さらに言えば，企業間取引や消費者購買がよりフレキシブルかつ自由になるとき，この信頼がより重要になります。かつて日本企業は旧財閥や企業グループ内の取引が盛んに行われていました。また鉄道・電話・郵便などが国営化されていた時代がありました。こうした状況は社会的不確実性が低い状態です。社会的不確実性が低い状態とは，予期していた事態が起こる確率が高い，という意味です。つまり明日こういうことが起こるだろうな……と思っていると，ほぼそういうことが起こる可能性が高いということです。

このような不確実性の低い状況においては，信頼は実は不要なのです。「信頼がもっとも必要とされるのは社会的不確実性の大きな状態においてである」と社会心理学者の山岸（[1998] 61頁）は言っています。つまり明日何が起こるかわからない状態においてこそ，信頼がより重要になるということなのです。

「オマエも裏切らないし，オレも裏切らない。もし裏切ったらどうなるかわかっているな」というマフィア同士の関係は，ある意味確実性の高い取引

関係です。こういう関係においては,本当の信頼は生まれませんし,必要でもありません。信頼が本当に求められるのは,より自由な,かつ不確実性の高い状況での取引関係が成立してからなのです。この意味で日本企業と消費者は,信頼という課題に近年になってようやくはじめてぶつかっているとも言えるでしょう。

マーケティングにおいても信頼の問題は重要です。特に近年のように,商品の安全性や品質への疑問が話題になっている時期においては,社会的不確実性が高まり,ブランドへの信頼がより重視されるようになりました。

2.2 信頼とは

信頼について考察する前に,まず信頼とは何かを定義しておく必要があるでしょう。広く受け入れられている定義によれば,信頼とは「他人の意図や行動に対するポジティブな期待を基に,相手を受け入れようとする（vulnerable）意思」（McEvily, et al., p.54）のことです。つまり,相手が私に良いことをしてくれるだろう（悪いことはしないだろう），という期待をもって相手を受け入れることが信頼なのです。

ここで注意しておきたいのは,信頼とは相手に関する情報が不足している状況下において,用いられる心理的な戦略であるということです。私たちは常に相手の情報を十分にもっているとは限りません。相手のことをよく知らない場合でも信頼をしなければ,社会生活を営むことはできなくなります。

このように私たち消費者は売り手に対する情報が限られており,不確実性が高い状況においても信頼をしなければいけない状況に常に置かれています。そこで,消費者が行っていることは,限られた情報を用いて相手が信頼できるかどうかをできるだけ正確に判断することです。ではどうしたらその商品や企業が信頼できるかを見分けられるのでしょうか。

2.3 信頼への情報源

　ハンフリーという進化心理学者によれば，私たちが信頼への判断のために用いる情報源は3つあります。(1)「個人的な体験」，(2)「合理的な推論」，(3)「外部の権威」です。

　まず(1)個人的な体験です。消費者は自分で経験し確認したことなら，まず間違いないだろうと判断します。消費者は一方的な商業的情報よりも自分の体験を重視する傾向にあります。その経験が本当に正しいかどうかは別として，一度食べておいしかった食品は，また次に買う機会にもおいしい食品だろう，と信頼を置くことになるのです。ただし新製品のように，消費者に体験情報が不足している場合，消費者は広告や販促情報を重視して購買を行うことが行われます。

　2つ目に私たちが用いるのは(2)合理的な推論です。経験がない場合は，自分でロジックを立てて，消費者は自分がもっている情報を駆使して推論を試みます。このパソコンの性能情報から判断して，このパソコンは高い性能をもっているだろう，と推測するのです。

　3つ目に私たちは(3)外部の権威に頼って信頼を置く場合があります。XX賞を受賞した製品だから信頼が置けるだろう，とか，医療の専門家が関わって開発された製品だから信頼できる，というような判断です。

　このように私たち消費者はさまざまな情報を手がかりとして，信頼できるかどうかを判断するのですが，信頼に至るために用いる情報源は，消費者にとって「**シグナル**」であるということを理解することも重要です。シグナルとは，まさに商品の見えない品質や性能を表す（と思われる）製品から発せられている信号のことであり，同時に消費者にとっての**ヒューリスティックス**，つまり判断のために用いる簡易な手段でもあります。ブランドは重要なシグナルですし，パッケージデザインや流通の店舗情報，広告の量などもシグナルです。広告を信頼できるメディアにたくさん発信しているのだから信頼できるだろう，という消費者判断がありえるわけです。

2.4 能力に対する期待

　マーケティングにおける信頼を考える場合，さらに重要な視点があります。それは信頼には，(1)「相手の能力に対する期待としての信頼」と，(2)「相手の意図に対する期待としての信頼」の2つの種類があるということです（山岸［1998］）。

　(1)は，その人が，あることを実行する能力がある，と考えることです。(2)は，その人があることをやる気がある，と期待することになります。実際私たちが「信頼します」，というとき，この2つの信頼を使い分けていることに気づくでしょう。

　マーケティングの文脈に置き換えて考えてみましょう。たとえば，「X社は○○の技術が高いからこの新ブランドの性能は期待できる」，というときはその企業の「能力」への信頼を語っていることになります。一方，「X社は環境対策に熱心だが，これは企業トップが企業の社会的使命を認識しているからだ」，というのは「意図」への信頼ということができるでしょう。

　実際の企業のコミュニケーションを考えてみると，意図に関する信頼を企業発のコミュニケーションで達成することは比較的難しいように思われます。心理学の帰属理論で明らかにされてきたことは，その人の行動が社会的に望ましくないことであった場合，その行為者の傾性（性格や人格）のせいである，と推論されやすいのです。一方，社会的に望ましい行為であった場合，それはその人が社会的規範に従っただけ，と判断される傾向があるのです。

　このことを企業行動にあてはめて考えてみましょう。企業が反社会的な行動を行った場合，それはその企業が悪い意図をもっていたと消費者から判定されやすいということを意味しています。また，社会にとって有益なことを行ったとしても，消費者はなかなかその企業が良い意図をもって行ったとは思わず，そうすべき社会的プレッシャーがあったから良いことをしたのだ，と考えてしまいがちなのです。

　企業が信頼を得ようとしてメッセージを発する場合，企業の意図についてのコミュニケーションだけで信頼を得ることは難しいと考えられます。いく

ら「私たちは良いことをする企業です」というメッセージを送っただけでは十分ということです。

この場合，自社の「能力」を消費者にアピールすることがより有効と考えられます。たとえば，「環境問題を解決するために私たちはこのような技術をもっています」というような内容の訴求です。企業ブランドの研究で，その企業の能力への評価が企業ブランドへの高い評価になるという結果が報告されたことがあります。ここから考えても，その企業（あるいは商品ブランド）がある優れた能力をもっている，と知覚されることが，より高い信頼につながりやすいと考えることができます。

> **Column　ビジネスへの応用**
>
> 　信頼を築くには，まずハンフリーの挙げた3つの信頼のための情報源を参考にして考えられるでしょう。
> 　つまり信頼を得るために，以下のようなメッセージを発する，あるいは施策を講じることが有効と考えられます。
> (1) 消費者のブランド経験の増加：できるだけ消費者にそのブランドをトライする機会を増やす。たとえば，トライアルのためのサイズのパッケージを発売する。
> (2) そのブランドの信頼の根拠の提示：たとえば，歴史・規模・実績・経営者・理念などの企業情報，生産地情報，原料・技術・生産情報などの発信など。
> (3) ブランドを保証する外部権威の情報：外部監査・認証機関，受賞歴，識者のコメントなどの情報を活用して発信する。
>
> 　その次に，企業に対する能力への期待・信頼を高めるようなコミュニケーションが望ましいと考えられます。その企業がもつ技術力，経営力，あるいは組織力などを訴求することは，もし客観的な事実や外部の権威によってサポートされていたならば，その企業の能力を証明するものとして，有効なやり方として考えられるでしょう。
> 　過去の企業の不祥事を見ていると，その後の対応次第で，企業ブランドへの評価が高くも低くもなる，ということがわかります。すばやい行動で問題発生後の対応を示すというやり方は，企業姿勢を示すだけでなく，その企業の対応能力を示すという意味でブランドへの信頼を取り戻すために，有効な手段なのではないでしょうか。

3 価 値

3.1 価値とは

　価値あるいはバリューという言葉は，マーケティングでは頻繁に使われる言葉の1つです。しかし，いざ価値とは何？　と問うてみると，価値という意味があまりにも多義的に使われているので，簡単には説明できないことが多いのではないでしょうか。

　たとえば，「そのブランドには高い価値がある」というときの価値と，「あなたと私は価値観が合う」というときの価値とは同じ意味でしょうか。それらは重なっているようでもあるし，微妙に異なっているようにも思えます。

　価値について後に影響を与えるような考察を加えたのは，初期の価値研究者であるミルトン・ロキーチ（Milton Rokeach）でした。彼は，価値を次のように定義しました。

> 「特定の行動のありようや存在の究極の状態が，反対のそれらよりも個人的にあるいは社会的に好ましいとする，持続する信念」（Rokeach［1973］p. 5）

　この定義は何を意味しているでしょうか。価値とはまず，目標に関わる概念です。人生や社会において，どのような状態を目指すか，最終的なあり方を指し示すのが，まず価値の意味するところです。さらに，人間のふるまいのありよう，のことでもあります。どのようにふるまうことが望ましいのか，あるいは，どのように行動すべきか，を示すのが価値です。

　ロキーチは，こうした価値の定義に立ったうえで，「最終価値」（terminal value）と「手段価値」（instrumental value）の2つを区別しました。最終価値とは，望ましい究極の在り方のことです。たとえば，「心地よい生活」「エキサイティングな生活」「達成感」「平和な世界」などは，こうした最終価値に分類されます。「私はエキサイティングな生活を望んでいる」という価値観のもち主と，「人生は平穏無事が一番だ」という価値観をもつ人とは，

異なった価値を人生の在り方に求めていると考えることができます。

　一方，手段価値とは，人間行動の在り方を指します。「志を抱く」「広い心をもつ」「能力がある」「楽しい」「清潔な」などは人間行動の在り方に関係した価値観です。「私は清潔を重んじる」という価値を大事にする人もいれば，「人間には勇敢さが必要だ」という言い方も価値を表しているのです。

　ロキーチはこうした2種類の価値を区別したうえで，それぞれに属するリストを作成しました。それがRVS（Rokeach Value Scale）と呼ばれるものです。このRVSを用いて行われた研究では，クルマを買うとき，家族に関する価値がクルマ購買の動機と関係していることがわかりました（Vinson, et al.［1977］）。確かに「私にとって家族はとても大事だ」と考える人にとって，クルマを買うことの動機づけにつながることは想像に難くありません。

3.2　シュワルツの価値理論

　ロキーチの後に，価値理論に新しい知見をもたらしたのはシャローム・シュワルツ（Shalom Schwartz）の研究でした。彼は，ロキーチの研究成果は複雑であるだけでなく，何より価値と価値との関係が深められていない点，それら価値の構造が明らかにされていない点が批判されるべきだと考え，価値を次のように定義しました。

> 「価値とは，望ましい，状況超越的な目標であり，程度の差はあれ，人々の生活を導くために用いられるものである」（Schwartz［2005］p. 1）

　つまり，シュワルツは価値が人々の行動の目標でありながら，どのような状況であれ，さまざまな私たちの日常行動の基本にある概念と考えました。さらにシュワルツは価値と価値の関係に着目しました。ロキーチのRVSでは価値が単に2つのグループに分けられ，価値が並べられただけだったのですが，シュワルツは価値をまず次の10の価値に分類・整理しました（**図表10-1**）。

1. 自決（self-Direction）：独立した思考や活動，選ぶ，創造する，探索する。
2. 刺激（stimulation）：興奮，新規性，人生における挑戦
3. 快楽（hedonism）：喜び，自分の感覚的満足
4. 達成（achievement）：社会的規範に従って，能力を示して個人的成功を得る
5. 権勢（power）：社会的地位や権威，人々や資源の操作や支配
6. 秩序（security）：社会・人間関係・自分自身の安全，調和，安定性
7. 調和（conformity）：他者を害したり脅かすような，あるいは社会の期待や規範を脅かすような，活動・行動傾向・衝動の制限
8. 伝統(tradition)：伝統的な文化・宗教についての習慣や考え方を尊重し，関係し，受容する。
9. 善行（benevolence）：仲間の福祉を維持し高める
10. 博識（universalism）：あらゆる人々と自然の福祉を，理解し尊び，そのために我慢し，保護する

　これらの10の価値を図式化すると**図表10-1**のようになります。図の隣同士はお互いに連関しています。たとえば，「博識」（universalism）という価値を実行することと，隣にある「善行」は関連しています。人々の良き人生の在り方を尊ぶことと，仲間の良い人生を高める活動とは関係があるからです。

図表10-1 ▶▶▶ Schwartzの価値体系

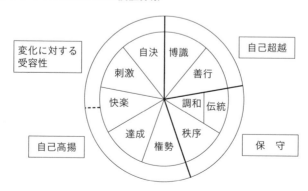

注：価値の訳語については柏木[2009]を参照した。

さらに，**図表 10-1** にあるように，対角線上にある価値同士は，逆の対立的傾向を表しています。たとえば，「達成」という価値は「善行」という価値と対立します。なぜなら，自分自身の成功を達成しようという価値観は，必ずしも助けを必要とする人々に手を差し伸べる活動とは両立しない場合があるからです。そして，「達成」という価値は隣にある「権勢」という価値とは関連があります。自分の達成を目指す人は，何らかのパワーをもつことがあるからです。

　シュワルツは，これらの10の価値観の上位概念として，4つの上位価値を設定しました。それが，「変化に対する受容性」「自己高揚」「自己超越」「保守」です。ここでも，価値と価値の間の連関性が明らかになります。たとえば，「変化に対する受容性」と「保守」とは**図表 10-1** では対立軸にあります。これは，変化しようという価値観と伝統を維持しようという価値観とは対立するからです。

　このようにシュワルツの価値図式は，価値と価値との間の関係を明らかにし，価値のあり方をコンパクトにまとめています。

> **Column　ビジネスへの応用**
>
> 　価値に関する考え方を用いてどのように消費者行動を理解することができるでしょうか。
> 　第1点として，消費者行動を理解する場合，そこにどのような価値観が働いて，その消費者はそのような行動を起こしたのかを明らかにするために価値の考え方を用いることができます。
> 　消費者の購買意思決定のプロセスで，価値はまず最初の自分のニーズ認知の場面で働きます。つまり，「この商品は自分向きかな？」と考えるような場面です。もしその消費者が健康上の理由で自分のカロリーを気にしていて，アルコール成分ゼロのビール飲料を見つけたとき，「これは自分向きだ！」と思うかもしれません。このとき，健康という価値が働いたために，自分のニーズに気づいたと言えます。
> 　次に，ブランドを評価するとき，どの属性を評価に用いるかも価値によって影響を受けます。たとえばあるクルマブランドAが「低燃費」をアピールしていたとき，別のクルマブランドBが「排出物ゼロ」を売り物にしていたとします。経済性よりも環境という価値をより重要視する消費者であったならば，排出物の量を基準にしてブランドを選択することが考えられます。
> 　さらに，広告などのコミュニケーションに消費者がコンタクトする場合，価値は消費者

がどのような状態になりたいか，ブランドを買って得られるその精神的状態に影響を与えます。たとえば，「刺激」や「快楽」を価値として求める消費者に対して，エキサイティングなゲームの広告を行うことはより効果的と考えられます。逆に「調和」「秩序」価値を求める顧客層に対しては，まったく別の訴求形式が必要となります。

実務への応用の第2点目として，こうした価値に注目した消費者調査の手法が開発されており，それを利用することができることです。

その代表的な手法は「ラダリング」と呼ばれるものです（丸岡［1996］）。ラダリングとは「梯子のぼり」を意味します。消費者に当該商品のベネフィットを聞くことから始めて，その消費者の行動がどのような価値に基づいているのかをさかのぼって明らかにする手法です。

図表10-2のように，まず，そのブランドのユーザーに対して，「なぜあなたはその野菜ジュースを飲みますか？」と質問します。すると「繊維質が取れるから」という答えが返ってきたとします。これで消費者の選んだブランド属性が明らかになりました。さらに「では，なぜ繊維質が取れると良いのですか？」と質問します。「スリムになれるから」という返事がありました。これは機能的なベネフィットの水準と考えられます。

そして，さらに「では，なぜスリムになれるとよいのですか？」と質問します。答えは「自分がもっと素敵になれる」というもので，これは情緒的ベネフィットのレベルと考えられます。最終的に「なぜ自分がもっと素敵になりたいのですか」と質問すると，「夫からもっと愛されたい」という返事が得られたとします。これが価値の水準と考えられます。

つまり，この主婦にとって野菜ジュースを飲むのは単に健康になれる，という動機だけでなく，「家族の愛情」という価値が潜んでいたことになります。このように価値レベルまで深く消費動機を追究することによって，表面的に終わっていたアンケートやインタビューを超えて，さらに消費者をよりよく理解し，マーケティングに役立てることができるのです。

図表10−2 ▶▶▶ ラダリング法のイメージ（野菜ジュースでの仮想例）

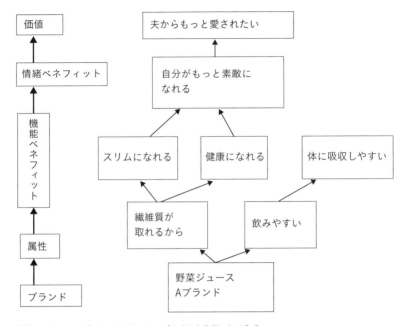

出所：電通マーケティング・インサイトのウェブサイトを参考にして作成。

Working　　調べてみよう

1. 自分の所有しているモノはどのような種類のものがどのくらいあるかをリストアップしてみよう。そのうえで，それぞれのモノに対して，どのような感情を抱いているかをチェックしてみよう。
2. ラダリングの方法を用いて，特定の商品やサービスがどのような価値のもとに買われたり，使われたりしているかを探求してみよう。

Discussion　　議論しよう

信頼を得ている企業や商品の事例をできるだけたくさん挙げて，信頼を得るためにどのようなマーケティング戦略が必要かを議論してみよう。

参考文献

- 柏木仁［2009］「リーダーの成長と価値観に関する定性的研究―価値観の止揚的融合」『経営行動科学』, 22(1), 35-46。
  http://www.jaas.jpn.org/doc/pdf/journal/22_1/22_1_13.pdf
  (2012年2月29日アクセス)
- 電通マーケティング・インサイト「ラダリング法」
- ニコラス・ハンフリー著　垂水雄二訳［2004］『喪失と獲得―進化心理学から見た心と体』紀伊国屋書店。
- 丸岡吉人［1996］「ラダリング法のブランド戦略への適応」『消費者行動研究』, 4(1), 25-39.
- 山岸俊男［1998］『信頼の構造―こころと社会の進化ゲーム』東京大学出版会。
  http://www.dentsu-mi.co.jp/menu/analysis/laddering.html
  (2012年2月29日アクセス)
- Belk, R. W.［1988］"Possessions and the extended self," *Journal of Consumer Research*, 15, 139-168.
- Blackwell, R. D., Miniard, P. W. & Engel, J. E.［2001］*Consumer behavior*, South-Western.
- Giddens, A.［1984］*The constitutions of society*, Cambridge, UK: Polity.
- Kleine, S. S., Kleine III, R. E. & Allen, C. T.［1995］"How is possession "Me" or "Not Me"? Characterizing types and antecedent of material possession attachment," *Journal of Consumer Research*, 22, 327-343.
- McEvily, B., Weber, R. A., Bicchieri, C. & Ho, V. T.［2006］Can groups be trusted? An experimental study of trust in collective entities. In: (R. Bachman & A. Zaheer eds.) *Handbook of Trust Research* (pp.52-67). Chaltenham, UK: Edward Elgar.
- Rokeach, M.［1973］*The nature of human values*, New York: Free Press.
- Schwartz, S. H.［2005］Basic Human Values: An Overview.
  http://segr-did2.fmag.unict.it/Allegati/convegno%207-8-10-05/Schwartzpaper.pdf
  (2012年2月29日アクセス)
- Schwartz, S. H. & Sagiv, L.［1995］"Identifying culture-specifics in the content and structure of values," *Journal of Cross-Cultural Psychology*, 26(1), 92-116.
- Vinson, D. E., Scott, J. E. & Lamont, L. M.［1977］"The role of personal values in marketing and consumer behavior," *Journal of Marketing*, 41, 44-50.

第11章 自己と他者 II

幸福・フロー体験・本物

Learning Points

- ▶消費者が幸福を感じるためにはどのような条件が必要でしょうか。
- ▶「フロー」体験とは，いったいどういう状態なのでしょうか。
- ▶これは「本物」だ，と消費者が感じるのはなぜでしょうか。

Key Words

幸福　フロー体験　本物

1 幸　福

1.1 幸福を求めて

　幸福とは何でしょうか。人間がもっとも強く求めているものの1つが，おそらくこの幸福というものではないでしょうか。17世紀のフランスの哲学者ブレーズ・パスカルは『パンセ』の中で次のように言っています。

　「すべての人は幸福を求める。そこに例外はない。考えられる手段をさまざま用いて，人はこの目標を達成しようとする。(…中略…) 幸福こそがすべての人の行動の動機となっている。首つりをしようとしている人も含めて」(7章，425節，筆者訳)

　幸福が人間にとって重要であるということは当然のことであるように思われます。しかし問題は幸福が何であるかということです。これは簡単な問いではありません。引用したようにパスカルは，自殺する人ですら幸福を求めてそうするのだ，と言っています。では一体何が幸福であるということなの

でしょうか。

2011年にブータン国王夫妻が日本を訪問したことがありました。ブータンはGNH（Gross National Happiness），つまり「国民総幸福」をその国家運営の指標にしていることで知られています。ブータンは日本の九州と同じ大きさで人口は70万人です。国民の1人当たりの総所得は日本のおよそ22分の1の14万円余りに過ぎません。心理的幸福，家族や友人との絆，文化や環境の保護など9つの項目が指標として設けられ，国民の幸福度を高める政策が行われているということです（「ブータン国王が語る幸せとは」[2011]）。

英国のライセスター大学のホワイト教授（Adrian White）たちはユネスコ，CIA，WHOなどが公表したデータに基づき世界各国の幸福度を測定した結果を2006年に発表しました。世界各国の幸福度は次のようなランキングとなっています。

1位デンマーク，2位スイス，3位オーストリア，4位アイスランド，5位バハマ，6位フィンランド，7位スウェーデン，8位ブータン，9位ブルネイ，10位カナダ。なお米国は23位，中国は82位，日本は90位という結果でした。これで見ると，ブータンは世界の幸福度ランキングではトップ10に入っています。

幸福についてのもう1つの問いとは，どうしたら幸福になれるのか，というものです。これもまた簡単な疑問ではありません。幸福について，社会学，心理学，経済学などから種々のアプローチがなされており，幸福についての専門研究雑誌が出され，近年幸福についてさまざまな研究成果が発表されています。

1.2 幸福とは

1つ言えることは幸福とは主観的な経験であり，また自分自身についての考えや感情であるということです（Deci & Ryan [2006]）。その意味で幸福とは「主観的な幸せ感」（subjective well-being）とほぼ同意義です。またもう1つ言えることは，そうした主観的幸せ感は，高い肯定的な感情と低い否

定的な感情，また高い満足感との3つから生まれるということです。人々が日々の生活の中で感情として感じている幸福と言ってもよいでしょう。

しかし幸福とは必ずしもこうした心理的な満足感だけを指すのではありません。私たちが毎日の生活の中の経験で感じる幸福を「快楽（感情）的な幸福」（hedonism）であるとするならば，もう1つ別の観点があります。それが「人生に対して感じる幸福」（eudaimonism）というものです。

人は自分が何かを目指して一生懸命仕事をしているとき，それが大変な仕事であったとしても，幸福を感じることができます。たとえば，女性が赤ちゃんを出産し育児を行うプロセスでは生活の上で大変な負荷がかかりますが，それが不幸な事態であるとは多くの女性は考えないでしょう。人生に対して感じる幸福とは，自分の人生の在り方をあらためて顧みて感じるような幸福感なのです。つまり，心理的・感情的な幸福感が，それを目指す「目標」だとすれば，人生への幸福感は，何かの目的を達成するための「過程」に存在する感情だと言えます。

むろんこの2つの幸福は別々のものではありません。往々にしてこれらの2つは重なっています。人生に幸福感を感じているとき，快楽的な幸福をほぼ同時に感じているものです。しかし逆に，快楽的な幸福を感じている人が，人生の幸福を感じているとは限りません。この2つは微妙に異なる関係にあると言ってもよいでしょう。

1.3　幸福の効果

それでは幸福であるということに，実際に消費者にとってどのような利益があるのでしょうか。たとえば，幸福である人は身体的に健康な生活を送れるのでしょうか。沖縄の長寿のお年寄りたちは幸福そうに見えますが，彼らは幸福であるから長寿なのでしょうか。

これまでの幸福と健康についての医学的研究を展望した報告（Veenhoven [2008]）では，幸福は病気の状態の人の余命を長くすることはできない，ということです。しかし健康な人にとって，幸福という感情はより長寿を促進

する傾向があることがわかりました。つまり，幸福には病気を治す力はありませんが，病気になることを予防し，健康を維持することに貢献しているのです。

なぜこのようなことが起こるのでしょうか。もっともよく用いられる説明によれば，不幸な感情はネガティブな身体的影響を与える一方，幸福な感情はより好ましい身体的状態をつくり出すからです。不幸な感情は血圧を高め，免疫システムを低下させますが，幸福感は免疫システムを活性化させます。

それだけではなく，幸福な人々はより自分の体重に気を配り，健康情報に敏感です。さらに幸福な人々はスポーツをより多く実行し，飲酒やタバコを控える傾向があると報告されています。幸福な状態を保つことは，私たちの健康を維持することにつながると実証されているわけです。

1.4 幸福は買えるか

幸福についてもっとも多くの人が関心をもつ疑問は，お金で幸福は買えるか？　という疑問ではないでしょうか。

行動経済学の分野で2002年にノーベル賞を受けたダニエル・カーネマンと同僚の研究者たちは近年興味深い研究を発表しました。彼らは米国の45万人という大きなサンプルを用いた幸福についてのデータを分析しました。さきに書いた，人々がふだん感じる日々の（快楽的）幸福の感情（emotional well-being）と，人生に対して感じる幸福（life evaluation）に分けてカーネマンたちは考察を行ったのです。

彼らの報告によると，日々の幸福の感情は，一定程度までは収入が上がるにつれて上昇しました。しかし，日々感じる幸福は年収7万5千ドル（ドル100円で計算すると年収750万円）を超えるとそれ以上は上がりませんでした。米国の世帯平均年収（中央値）は約5万2千ドル（2008年）（Median Household Income for States [2009]）なので，7万5千ドルは中の上に属する収入の範囲に相当するでしょう。

一方，人生に対して感じる幸福は収入とともに上がり続け，日々の幸福とは違い，上限というものがないようにみえます。人生に対する幸福は収入と

ともに増大し続ける傾向があるようなのです。では，低所得の人はどうなのでしょうか。彼らは日々の幸福，人生への幸福の両方の尺度において，低い幸福感しか感じていませんでした。

つまり幸福感のうち，人生への幸福はお金で買えるということになります。しかし日々の幸福感は一定の収入を確保してしまえば，それ以上は上がらないことになります。また低所得の人たちは残念なことに，こうした幸福感のどちらも得にくいというのがカーネマンたちの分析結果でした。彼らの結論を一言で言えば，「高収入は人生への幸福を高めるが，感情的な幸福は高めない」ということになるでしょう。

> Column **ビジネスへの応用**
>
> 　マーケティングでは従来から，顧客満足ということが強調されてきました。ことにサービス業では顧客満足が大事だということが，常識にすらなっています。しかしマーケティングで満足の先にあるであろう顧客幸福（customers' well-being）という概念は，これまであまり問題にされてきませんでした。ことにサービスを受けたときに感じる幸福だけでなく，人生に対する幸福を高めるサービスについてはやはりあまり考察されてきませんでした。
>
> 　しかし今日，企業が顧客に提供している商品やサービスのいくつかは，直接顧客の幸福感を高めるために貢献していると考えられます。たとえば，保険やローンなどの金融サービス，住宅やマンションなどの不動産業，また，高齢者のためのケアハウス，医療サービス，旅行やエンタテインメントなどのサービス業，などです。ディズニーランドのような存在は顧客に大きな感情的幸福感を与えているはずですが，人生に対する幸福も高めているでしょうか。
>
> 　こうした人々の幸福に直接かかわる業種においては，顧客満足だけでなく，いかにして顧客の幸福に貢献することができているか，新しい尺度を開発して，顧客の幸福感をマネージする試みができても良いのではないでしょうか。もしこうした施策が可能になれば，マーケティングが人々の幸福に直接寄与する仕事となる日も近いように思われます。

2 フロー体験

2.1 フローとは

　人はどのような瞬間に，最も大きな幸せを得ることができるのでしょうか。心理学者のチクセントミハイ（Csikszentmihalyi）が抱いたのはこのような疑問でした。

　人は幸せになりたいと思って，それを探したとしても必ずしもそれを見つけられるとは限りません。幸せを追求したとしても，幸せになれるという保証はありません。それだけではなく，私たちは生まれながらにして，さまざまな運命を背負い込んでしまっています。自分の能力や容貌，性格や気質などを私たちは生まれつきもっています。もちろん成長する過程で，それらを改変できる可能性はあるものの，親は自分には選択できないのです。私たちはどうしたらいいのでしょうか。

　チクセントミハイは，この問題にぶつかったとき，まず，さまざまな分野の「熟達者」を観察し，インタビューを行いました。芸術家，スポーツ選手，音楽家，チェスの名人，外科医，などです。彼らは自分が好きな活動に集中しながら仕事をしている人たちです。彼らが語ったのは，自分がどのように1つの活動に没入しているか，でした。

　チクセントミハイが**フロー**という概念を得たのはこうした研究活動からでした。私たちは運命に翻弄されているだけの存在ではなく，「自分が自分の行為を統制し，自分自身の運命を支配しているという感じを経験する時」（p. 3）に，深い満足や楽しさを見いだすことを発見しました。そしてこうした経験に「最適経験」（optimal experience）と呼び，そのとき感じられている状態を「フロー」（flow）体験と命名しました。

　フロー体験とはたとえば次のような瞬間に訪れます。マラソンランナーが自分の走りに没頭しているとき，法律の専門家が資料を分析しつつ仕事内容に没頭しているとき，登山家が山登りに集中しているとき，などです。

チクセントミハイは次のように言っています：

「最良の瞬間は普通，困難ではあるが価値のある何かを達成しようとする自発的努力の過程で，身体と精神を限界にまで働かせ切っている時に生じる」（4頁）

つまり最適経験は，だまっていて訪れるわけではなく，私たち自身が生じさせようと思わなければ現れないような経験なのです。

2.2 フロー体験の特徴

フロー体験とは人間のあらゆる経験の中で，どのような経験として位置づけられるでしょうか。また，他の経験とはどのように異なるのでしょうか。

図表11-1はフローを人間の他の体験と比較して位置づけたものです。フローを経験するためには，そうした体験を実現するだけの何らかのスキルが必要になります。たとえば，法律書を一心不乱に読みふけるためには，法律に対するそれなりの知識や慣れが必要となります。さらに，フローを実現するためには，チャレンジが必要です。高い山に登るクライマーのように，自ら能動的に事に対して挑戦するという姿勢がなければ，フローは経験できません。

図表11-1 ▶▶▶ フロー体験モデル

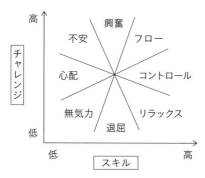

出所：Nakamura, J. & Csikszentmihalyi, M. [2002] p.95より一部改変。

またチクセントミハイはフローを単なる快楽とも区別しています。アルコールを飲んだり，旅行するのは快楽ではあるけれども，それ自体は幸福や生きがいを感じることはないのです。
　チクセントミハイによれば，フロー体験には8つの構成要素があります。

①**達成できる見込みのある課題**：何かに挑戦して達成することで，予期しなかった充足が得られる。達成できそうもない課題に取り組んでもフロー体験は得られない。

②**自分の活動への集中**：ダンサーが踊っているときのように，その行動に深く没入してその活動はほぼ自動的なものとなる。

③**明瞭な目標**：チェスのプレイヤーのように，明らかな目標があるために集中できる。つまらない目標ではフローは生まれない。

④**直接的なフィードバック**：登山家のように，1つ1つの動作が確かに合っているかどうかのフィードバックを感じる。

⑤**今していることへの没入状態**：スポーツに熱中しているときのように，生活の他の不快なことを忘れて集中でき，限られた情報しか入ってこない状態。

⑥**自分の行為を統制している感覚**：ロッククライマーのように，困難な状況で統制を行っているという感覚がある。

⑦**自己意識の消失**：オートバイで仲間と暴走するとき，自分を忘れてしまうように，フローの状態にあるとき，人は自分の意識を喪失する。

⑧**心理的な報酬**：活動それ自体から何らかの心理的・内的報酬が得られる。

　こうしたフローの感覚を端的に言えば，「注意が自由に個人の目標達成のために投射されている状態」(p.51) ということになります。重ねて言えば，フロー状態は単なる快楽とは異なります。フロー状態は生活の質の改善や幸福をもたらしますが，快楽は幸福をもたらすとは限らないからです。

> **Column** **ビジネスへの応用**

フロー体験とは，マーケティングにとってどのような意味をもっているでしょうか。

1つはサービスを提供するとき，いかにしてこのフローの状態を実現するかを考えるために役立ちます。テーマパークで，ある乗り物に乗っている観客を本当の意味で喜ばせるためには，単にスリリングな乗り物というだけでなく，先に挙げた8つの条件を満たすような工夫が求められます。たとえば，何らかその乗り物に乗ることで達成感を得られるような工夫です。

また，通常のサービス事業の中でも，普通は消費者にとって退屈と考えられているような経験をいかにしてフロー体験に置き換えることができるか，という課題が浮かび上がります。たとえば，お客が長い列をつくって待たざるを得ないようなテーマパークの場合，その待つプロセスをいかにしてフロー体験に変えられるかは重要な課題です。実際に有力なテーマパークでは，待ち時間すら，何か目標を与えたり，熱中する何かを与えることで，フローに近い感覚を生じさせることを行っています。

スマートフォンでは，PCと異なり，自分の指で画面を操作することにより，より操作性が高まるだけでなく，先ほどの8つの構成要素で言えば，自分で自分を統制している感覚をより強く感じさせるものとなっています。

またインターネットでの購買でも，さまざまな商品を比較してウェブサイトの中や外を動き回るとき，フロー体験が感じられることがあります。こうしたとき，いかにしてストレスなしに，また目的意識をもって動き，さらにそのフィードバックが得られるように工夫することが重要です。リアルな店頭ではフローを感じなかった客が，ネット購買ではフローを体験することも珍しくありません。

このようにして，フローという概念を知ることによって，顧客とのタッチポイントやサービス経験を改善することが可能になります。

3 本 物

3.1 「本物」と「偽物」

私たち消費者は「この商品は本物だ」という感想を抱くことがあります。また広告や宣伝でも，本物のブランド，だとか，本物のXXであることをうたった例は数多くあります。たとえば，プレミアムチョコレートブランドで

ある「ゴディバ」の自社ウェブサイトの中には「こどもたちにこそ，本物の味を伝えたい」というフレーズがみられます。

では，本物とはどのようなことでしょうか。

私たち消費者は「本物」の商品やサービスを求める傾向にあり，「偽物」は買いたくないと考えています。また多くの観光客は「本物」を見たさに観光地に殺到します。こうした傾向は明らかなように思えます。

確かに本物を売ってきたメーカーは偽物とみなされる商品を売っているメーカーよりは消費者により支持されるように考えられます。たとえば，戦後，ミツカンというお酢のメーカーは化学的に合成された酢ではなく，天然醸造の製法による酢をつくって売ることで成功してきました。偽物と本物との品質差が明らかであった時代，本物である商品を消費者が見分けることは，今日よりも簡単であったかもしれません。

しかし現代のような複雑な時代，こうした区別はさほど簡単ではありません。

たとえば，フロリダにあるディズニーのマジックキングダムを訪れたとき，6歳の息子が目撃した「動物」を指して「あれは本当の動物なの？　それとも動く機械なの？」と聞いたというエピソードが，ギルモアとパインの著書『Authenticity（本物）』（Gilmore & Pine II [2007]）に出てきます。

確かにディズニーランドには，人工的につくられたさまざまな「自然」や出し物がそろっています。シンデレラ城は明らかにヨーロッパの城を範にしたものですが，こうした人工物は「偽物」なのでしょうか。観客はこうしたディズニーランドの施設を偽物とは思わず，これが「本物のディズニー」だと彼らは思うことでしょう。

同じことはスターバックスにも言えます。スターバックスは当初，創立者ハワード・シュルツが1983年に訪れたイタリアのエスプレッソバー（コーヒーショップ）がイメージされていました。しかしその後，いくつかの変遷と改良を経て，現在のようなスターバックスの店に変化していきました。現在のスターバックスの店をイタリアのそれと比較して偽物だと言えるでしょうか。もし本物と言えるとしたらそれはなぜなのでしょうか。

シャネルブランドを創設したココ・シャネルはフェイクの宝石のアクセサリーを好んで使いましたし，また，それまで天然の花から作られていた香水に対して，化学的な合成によりシャネル No.5 というベストセラーの香水ブランドをつくりました。材料が本物でなくても，本物になれるということなのでしょうか。

　長崎県佐世保市にある「ハウステンボス」ではオランダの街や建物を細部に至るまで忠実に復元してあります。またラスベガスに行くと，ベニスやニューヨーク，エジプトなどの遺跡や街が復元してあります。これらはすべて偽物でしょうか。偽物と見なされたならば価値がないはずですが，こうした場所に観光客が殺到するのはなぜなのでしょうか。

3.2　5つの区別

　こうしてみると，現代という時代において，本物と偽物との区別は必ずしも簡単なことではありません。ギルモアとパインは，こうした本物と偽物との区別を，次のような5つのカテゴリーに分類しています。

　第1番目は，「自然的本物」です。ここでは「人工⇔自然」という軸があります。「自然成分からつくられた XX」，「天然自然の恵みをそのまま活かしてつくった XX」はより「本物」に近いように感じられるでしょう。「有機」「天然」「手を加えていない」などのステートメントは何か本物感を響かせます。

　第2番目は「オリジナル的本物」で，「模倣⇔オリジナル」という区別の軸があります。大量生産でつくられた製品や単なるコピーでは「本物」感は薄いのですが，「手作り」でつくられた製品や，「オリジナル」の芸術作品はより価値が高いように感じられるのです。

　第3番目は「例外的本物」です。ここでは「不純⇔純粋」という軸があります。マーケティングや商売の意図が少ない商品やサービスに対して，消費者は本物を感じることがあります。「地ビール」のように，大量生産ではないビールメーカーにある消費者の人たちがシンパシーを感じるのはこうした

「商売気のない」売り方に本物性を感じるためでしょう。

第4番目は「参照的本物」と呼ばれるカテゴリーです。ここでは「リアルでない⇔リアル」の軸で，商品が区別されるのですが，これは消費者の知覚による区別です。偽ブランドが本物ではない，と感じられるのは，この軸が消費者に効いてくるためです。

最後，第5番目は「影響的本物」です。ここでは「不まじめ⇔真摯」軸があります。「まじめにモノづくりに取り組む」会社の製品は本物と感じられますが，製造事故など不祥事を起こした会社の製品は本物とはみなされません。

こうしてみると，本物であるかどうか，という判断は次のような要素がかかわっていると考えられます。(1)商品・サービスの性質～その成分や成り立ちが人間の手を加えられていない天然自然であるかどうか，(2)商品の由来や来歴～模倣やコピーではない，唯一性＝オリジナルであるかどうか，(3)売り手の意図～売り手が金儲けなどの「不純な」意図や動機をもっていないかどうか，(4)買い手の知覚～偽物と知覚させる要素やメッセージをもっていないかどうか，(5)売り手の努力や姿勢～真摯につくったり売っているかどうか。

3.3 消費者の目的意識

以上みてきたように，本物性とは，その商品やサービスにもともとあった固有なものによってではなく，その商品の性質や売り手のありようから生じる，消費者の知覚によるものなのです。そしてさらに，消費者の置かれた社会的コンテキストによっても決まります（Beverland & Farrelly [2010]）。ここで重要なのは消費者の目的意識です。つまり消費者がその商品やサービスに何を求めているか，何を期待しているか，によって，その消費者にとって本物の意味が決まってくるということです。

ビバーランドたちの研究によれば，消費者の3つの異なった目標によって，何を本物と感じるかが異なっていることが示されています。

まず，「コントロール」目標です。これは，消費者が自分自身や環境を，自分の思うがままにコントロールしたい，と感じているとき見いだされる本

| Column | ビジネスへの応用 |

ではこうした本物に関する考察を実務に適用してみましょう。ここまででみたように，対象商品と売り手のありようだけでなく，消費者自身のありよう，さらには対象と消費者の関係も含めて，何が本物であるかどうかを決める要素は複合的であることがわかります。

こうしてみると，なぜある商品は本物と感じられ，他の商品は本物と感じられないかを理解することができるでしょう（図表11-2）。また本物の商品，と認知されるためにはどのような要素や売り手の態度が必要かも考えなくてはなりません。つまり売り手の勝手な思い込みだけで，「この商品は手づくりだから本物なんだ」と考えるのは早計であることになります。

最後に付け加えたいことは，一度「本物」という評価があるブランドについて成立すると，同じカテゴリーの別の競合ブランドでは，本物性が薄れて感じられてしまうことです。これは，心理学でのプロトタイプ理論によるものです（Posner & Keele [1968]）。プロトタイプ理論によれば，1つのカテゴリーでは「典型的なメンバー」が想定されます。たとえば，同じほ乳類の中でも，「牛」は「鯨」よりもより典型性が高いと感じられるのです。ここから考えると，1つのカテゴリーにおいて，本物と感じられるブランドを競合よりも早く確立することが必要になります。もし競合が本物のブランドを先につくってしまったら，別のカテゴリーを立てて，そこに別の本物ブランドを構築する必要があることになります。

図表11-2 ▶▶▶「本物性」を決める要素

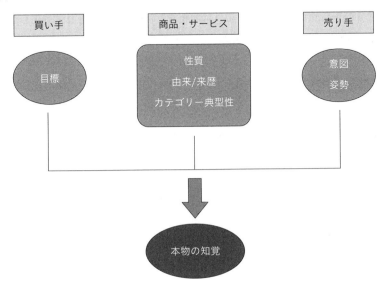

物性です。たとえば，アップルコンピューターは自分に与えられたタスクを効率的に解決してくれるため，その人にとっては本物でありうるのです。またアレルギー患者にとって，ある種のヨーグルトは，その症状に有用であるため，その人にとって本物のブランドなのです。

次に「関係性」目標です。人々や文化・時間・場所・コミュニティとつながっていたいという目標があるとき，見いだされる本物性のことです。たとえば，タバコの有名ブランドは広告ができなくなってしまったので，もはや本物ではなくなったと感じられた消費者の証言があります。また，港で開催されるイベントは本物だと感じられるのは，そこに参加する人々がいるために本物のイベントだ，と感じられるのです。

3番目は「道徳価値」目標です。これはある道徳的価値に忠実にあろうとするときに見いだされる本物性です。あるブランドは，道徳的に許されない企業活動を行ったために，本物とは感じられなくなってしまいました。そうしたとき，バービー人形は女の子の価値を追求しようとしているために本物と感じられるのです。

Working　　　調べてみよう

身の回りの製品やサービスで，「これは本物だ」と感じるものをリスト化し，なぜそれらが本物と感じられるかを考察しなさい。

Discussion　　　議論しよう

自分の「フロー体験」を振り返って，どうしたら，フロー体験を消費者に与えることができるか，アイデアをできるだけたくさん挙げて，どのアイデアが優れているかを検討しなさい。

参考文献

- ゴディバ・ジャパン　My First GODIVA
  http://www.godiva.co.jp/column/myfirstgodiva.html
  （2012年7月31日アクセス）
- チクセントミハイ, M.［1996］『フロー体験　喜びの現象学』世界思想社．

- 「ブータン国王が語る幸せとは」NHKNewsWeb 2011年11月17日
  http://www3.nhk.or.jp/news/tokusetsu2011/1117.html
- Beverland, M. B. & Farrelly, F. J. [2010] "The quest for authenticity in consumption: Consumers' purposive choice of authentic cues to shape experienced outcomes," *Journal of Consumer Research*, 36 (February), 838-856.
- Csikszentmihalyi, M. [1992] "The flow experience and its significance for human psychology," in: Csikszentmihalyi, M. & I. S. Csikszentmihalyi. (eds.) *Optimal experience: psychological studies of flow in consciousness*, Cambridge, Cambridge University Press, pp. 15-35.
- Deci, E. L. & Ryan, R. M. [2008] "Hedonia, Eudaimonia, and Well-being: An Introduction, *Journal of Happiness Studies*, 9, 1-11.
- Gilmore, J. H. & Pine II, B. J. [2007] *Authenticity: What consumers really want*, Boston, Harvard Business School Press.
- Kahneman, D. & Deaton, A. [2010] "High income improves evaluation of life but not emotional well-being," *Psychological and Cognitive Sciences* (Early edition).
  www.pnas.org/cgi/doi/10.1073/pnas.1011492107
- Median Household Income for States: 2007 and 2008 American Community Surveys (September, 2009)
  http://www.census.gov/prod/2009pubs/acsbr08-2.pdf
- Nakamura, J. & Csikszentmihalyi, M. [2002] "The concept of flow," In: Snyder, C.R. & Lopez, S.J. (eds.), *Handbook of positive psychology*. pp. 89-105. New York: Oxford University Press.
- Pascal, B. [1670] *Pensee* (W. F. Trotter 訳)
  http://oregonstate.edu/instruct/phl302/texts/pascal/pensees-contents.html
- Posner, M. I. & Keele, S. W. [1968] "On the genesis of abstract ideas," *Journal of Experimental Psychology*, 77, 353-363.
- University of Leicester Produces the first ever World Map of Happiness
  (University of Leicester, News Press Releases)
  http://www2.le.ac.uk/ebulletin/news/press-releases/2000-2009/2006/07/nparticle.2006-07-28.2448323827
- Veenhoven, R. [2008] "Healthy happiness: effects of happiness on physical health and the consequences for preventive health care," *Journal of Happiness Studies*, 9, 449-469.

第12章 消費者文化 I

解釈学的アプローチ

Learning Points

▶商品が私たちにもっている意味はどのようにしたら明らかにできるでしょうか。
▶どのようにエスノグラフィー調査を実践したらよいでしょうか。
▶消費者インサイトはどのようにしたら得られるでしょうか。
▶消費者アイデンティティとは何を意味するでしょうか。

Key Words

解釈学的アプローチ　エスノグラフィー　コンシューマーインサイト　アイデンティティ

　私たちの消費生活にはさまざまな意味がつきまとっています。私たちは何かモノを買うのはそれが私たちの生活に何らかの意味があると考えるからでしょう。学生が毎日何か勉強する必要があるとすれば，勉強することに何らかの意味を見いだしているからでしょう。またスマートフォンをいつも手にしているのは，スマホそれ自体に意味があるわけではなく，スマホを通じて得られる友人の情報や社会の情報などに私たちが意味を見いだしているからにほかなりません。

　また私たちは日頃，消費者として，何らかのアイデンティを感じながら生活しています。自分が何者であるか，というアイデンティティを基準として購買や使用を繰り返しているのです。こうした消費者アイデンティティも消費生活における重要な意味の1つを形成しています。

　このような現在の消費生活の意味を理解するために，単なるアンケート調査以上の手法が必要になるときがあります。それが本章で紹介するエスノグラフィーやコンシューマーインサイトというような手法です。なぜこうした手法が必要かといえば，まさに私たちが生活の1つ1つに異なった意味を見

いだし，その意味を使い分けながら消費活動を行っているからです。

そうした意味を私たちは普段完全に意識しているわけではありません。こうした私たち自身が気づかないような隠された意味を見いだすことも消費者行動論のミッションの1つなのです。

1 解釈学的/ポストモダンアプローチ

1.1 解釈学的アプローチとは

消費者行動論において研究の流れを形づくってきたのは主に心理学や経済学に基礎を置くアプローチでした。心理学や経済学の枠組みを用いて，消費者の心理における規則性や因果性を理論化するための努力がなされてきました。こうした心理学的なアプローチにおいては実験的手法が多用され，数量的なデータを取り，統計で処理した結果に基づいて仮説を検証する，といった実証的研究が行われてきました。たとえば，情報処理理論に基づく研究の流れはその代表的なものです。こうした研究は自然科学的な方法論を援用して，消費者行動論が科学としての体系をもちうるよう，研究者たちは注力してきました。こうした流れは論理実証主義的研究あるいは科学的実在論の流れとして捉えることができます。

これに対して，1980年代の末ごろから米国の消費者研究者の内部から新しいアプローチを目指す一群の研究者たちが現れるようになりました。それは質的方法論を主に用いて，消費における意味の解明を重視した研究です。こうした流れは解釈学的あるいはポストモダンアプローチと呼ばれるようになりました。この流れを担った研究者として，モリス・ホルブルック（Morris Holbrook），ジョン・シェリー（John Sherry），エリザベス・ハーシュマン（Elizabeth Hirschman），ラッセル・ベルク（Russell Belk）たちの名前を挙げることができます。こうしたポストモダンのもっとも初期の研究者の1人にシドニー・レヴィ（Sidney Levy）がいます。レヴィはもともと文化人

類学の訓練を受けた消費者行動研究者でしたが，60年代から消費者のもつ意味の体系についての研究を進めていました。

1.2 その特徴

こうした解釈学的研究の特徴は以下の4点にまとめられます。

1. **さまざまな定性（質的）方法論の使用**：解釈学的な研究プログラムでは，深層インタビュー，観察，内容分析など，種々の方法，それも心理学以外の分野～文化人類学，社会学，文学，哲学，記号論など～で生み出された手法を積極的に組み合わせて用いることが1つの特徴となっています。数量データに代わり，主に言語をデータとして分析することが行われます。
2. **幅広い消費活動への考察**：伝統的な消費者行動論では，主に購買，それも購買に伴う選択が研究対象として取り上げられることが多かったのです。しかし解釈学的な研究者たちはそれでは人間の消費者行動をあまりにも狭く捉えていると感じました。彼らは買うだけでなく，使う・捨てる・贈る・交換する，などの新たな視点から消費者行動を研究したのです。
3. **消費の意味の重視**：解釈学的研究者たちが重視したのが，消費者行動における意味の側面です。たとえばギフトという行動を考えてみても，ある人が別の人に贈り物をするということは何らかの意味をもっているはずです。そして消費の意味は人間にとって重要であるはずなのです。研究者たちは，こうした消費者行動における意味を明らかにしたり，その意味の種類を分類したりしました。
4. **概念の批判的吟味**：ベルクが所有やシェアリングについて深く考察したのは，これらの概念にそれまでは無視されてきた，消費者行動を理解するうえでの深い意義が込められているからでした。このように概念の意味を追求したり，消費者行動論における重要性を明らかにしたり，またその概念の起源を問う研究が積み重ねられてきました。

こうした特徴をもった解釈学的研究の流れは90年代から00年代かけて，それまでの消費者行動研究を塗り替えてしまいました。そして，さらに多様な研究者を消費者行動論のフィールドに呼び込む結果となったのです。

むろんこうした解釈学的な研究に対して批判的な態度を取る研究者も当初は少なくありませんでした。数量的なアプローチでなければ，客観性を欠いた主観的な研究ではないか，あるいは，科学であるための再現性などの基準に合っていない，などの批判です。しかしこうした批判にもかかわらず，消費者行動研究の研究者サークルの中で解釈学的なアプローチは種々の成果を生み出し，そこで発見された仮説が逆に数量的な実証研究にも活かされるといった好循環を生み出すようになったのです。その結果，多くの研究者が双方のアプローチの共存を是認するに至りました。

2 消費者文化理論へ

こうした解釈学的な研究の流れは90年代からさらにもう1つ別のアプローチを生み出しました。それが**消費者文化理論**（CCT：consumer culture theory）です。CCT自体が非常に幅広い研究分野を指すため，簡単にまとめることは困難なのですが，Arnould & Thompson [2007] によれば，次の4つの分野をカバーするのがCCTであるということです。

① 消費の社会―歴史的形成パターン…「かっこいい」「cool」というような概念はいつどこでどのように産まれてきたのか。
② 消費者のアイデンティティ…階級やジェンダーのような消費者のアイデンティティはどこでどのように形成されてきたか。
③ 消費市場の文化…毎日の生活の中にある消費者文化を分析する。
④ マスに媒介されたイデオロギーと消費者の解釈戦略…メディア研究をより批判的に行い，大衆の間で流布している考え方（たとえば高級ブランドの所有）はどのように形成されてきたか。

CCTは私たちが当然と思っているような現象について深くその概念の起源に向かって遡行して，その意味を解明します。たとえばなぜ「かっこいい＝Cool」という概念が消費者の間に広がっているのでしょうか。それはもともと西アフリカから連れてこられたアフリカンアメリカンの間で広がった言葉であり，社会の周辺にいる人々は往往にして「カッコいい」存在として取り上げられたという歴史があるのです。このようにふだんの私たちの生活のなかに何気なく潜んでいるイデオロギーをCCTは明るみに出し，暴露します。このようにして私たちは日常生活をあらためて批判的な視線で見ることができるのです。

　以上のように解釈学的アプローチは時代によって変化しながら，新しい視点を消費者行動論に付け加えながら発達してきたということができます。

2.1　エスノグラフィー

　「エスノグラフィー」（Ethnography）とはもともと「民族誌的研究」のことを指していました。文化人類学や民俗学の研究者が開発途上国の「未開」の民族を訪問して，そこに滞在して観察しながら行う参加型の調査方法のことでした。

　20世紀の前半に活躍した民族学研究者のマリノフスキは西太平洋のニュー・ギニア諸島に旅して『西太平洋の遠洋航海者』を著しました。当時人々に衝撃を与えたのは，ニュー・ギニア諸島の住民たちが「クラ」と呼ばれる，西洋とはまったく異なった論理によって行われる交易を見出したことです。クラ交易では貴重な首飾りなどの品物が島から島へ円形に交換され，回り続けるのです。実用的動機とはまったく異なったこうした貿易がありうることを見出したのは，マリノフスキの克明なフィールドワークの賜物でした。

　エスノグラフィー調査（以下，エスノと略す）は基本的に質的（定性）調査です。つまり通常のアンケート調査のような数字をベースとした分析ではなく，主に言語によって消費者の行動を分析する手法です。エスノは次のよ

うな特徴をもっています。

　第1に，対象者が生活している，その場所で行われるインタビューや観察調査であることが特徴です。いわば「生活の現場」を重視したリサーチです。同じ質的調査であるグループインタビューは主に調査会場で行われます。エスノでは，調査は消費者の家庭や職場など，まさに消費が行われるその場所で実施されるところに特徴があります。

　第2に，エスノでは，消費者自身の視点が重視されます。通常の量的調査では調査主体側の視点によって調査票が組み立てられるのとは違って，調査対象者である消費者は自分の言葉で語り，自分自身の考え方を話します。消費者は商品やサービスに自分の解釈を施します。自分で何らかの意味を見つけるのです。

　第3に，消費者，観察結果，方法論とも単一ではなく，複数の対象者と手法を組み合わせながら，そこから解釈が行われることが特徴です。エスノでは，「トライアンギュレーション」が重要であると言われます。トライアンギュレーションとは，「三角測量」の意味です。1つのできごとを複数の視点で見ることによって，ふだんはわからなかった意味が発見されることになるのです。

　00年代以降，マーケティング界ではこのようなエスノグラフィックな方法を積極的に調査に取り入れようとする動きが加速してきました。

2.2　なぜエスノか

　エスノグラフィーが注目される背景として，まずテクノロジーが成熟化したために，画期的な技術上のブレークスルーが困難になったことがあります。たとえば，パソコンを動かす基本ソフトとしてWindowsが普及したのは1995年からですが，それ以降パソコンそれ自体の基本的性能は大きくは変化していません。こうしたときPCメーカーは差別化を図るために，消費者がPCに対して何を求めているかを探ることに熱心にならざるをえないのです。薄型テレビにしても，世界的に普及した現在ではマーケターの関心は

新製品よりむしろ消費者が何を求めているかを探索する方向に向かっていると言われています（日経ビジネスONLINE）。

　つまり00年代以降，消費者の隠された満たされないニーズを発見することが，以前にもましてより重視されるようになったのです。

　もちろんエスノが注目される以前から，質的調査への関心は持続的にマーケターの間に存在していました。80年代以降，ポストモダン研究の流れにおいては，質的調査に基づいた成果が次々と発表され消費者研究の流れが大きく変わりました。しかしその後消費者行動研究においては，数量的調査がより一般化したことも手伝い，再び定量研究が主流になった観もあります。

　エスノが注目されるようになった背景には，再び定性調査によって新たに消費者の潜在化したニーズや動機を捉えて，新商品開発などのマーケティングに役立てようとする必要性が求められたからにほかなりません。

2.3　何ができるのか

　エスノが得意とするのは「発見型」の調査です。今までにマーケターが気づかなかった事実や消費者マインドをみつけ出すことです。

　米国の研究例ではIT技術がどのように家庭で用いられているかを明らかにしようとした研究があります（Venkatesh, A.［2001］）。そこでわかったことは，パソコンは個人のためにつくられた機器であり，家族がいっしょに使うようには作られていないという事実でした。そこで複数の人が家庭で使えるような複数のパネルを備えたIT機器の提案がなされました。

　また広告会社のBBDOは，消費者の毎日の生活にある小さな「儀式」についてグローバルに調査を行いました（『Business Week』）。人々は世界中どこでも毎日同じ「儀式」を行います。それは①朝，②ごちそうでもてなす，③おしゃれをする，④帰宅する，⑤寝る前，の5つの瞬間です。しかし，こうした5つの儀式について世界の人々は異なった動作を行っていることがわかりました。たとえばブラジルとコロンビアと日本の女性が車の中で化粧する割合は世界の他の地域の2倍にのぼるということです。

こうしたエスノを実務に用いるに当たっては，まだ方法論の検討，特に発見された事実をどう解釈し，実務に役立てるか，という問題があるように思われます。しかしエスノが旧来のリサーチで不足する視点を補う役割をもっていることは間違いありません。実際の企業の現場での活用が進んでいるのはこうした理由によるものです。

3 コンシューマーインサイト

3.1 インサイトとは

　インサイト（insight）とは「洞察」「見識」というほどの意味です。つまりものごとの本質を深く見抜き，対象から何か有用な発見を得る，という意味だと考えればよいでしょう。

　以前から広告界では，**コンシューマーインサイト**というような用語が知られていました。広告をつくるとき，その商品を消費者はなぜ買うのか，消費者は実際その商品のことをどのように思っているのか，を明らかにして，広告戦略に役立てようという考え方がそこにはあります。最近，このインサイトという言葉を拡張して広く，広告界だけでなく，マーケティングや経営にもあてはめて考えようという動きもあります（石井 [2009]）。

　そもそもなぜインサイトという考え方が注目されるようになったのでしょうか？

　消費者の心理の深層を探ろうという試みは以前からありました。たとえば1950年代から60年代にかけて流行ったのが「モチベーションリサーチ」です。日本語で言えば，「動機調査」ということになります。つまり消費者が商品を買う，その深いところでどのような動機づけが働いているのだろうか，これを明らかにすることがモチベーションリサーチの狙いでした。その中の中心人物がアーネスト・ディヒターという人物です。

　ディヒターはウィーンに1934年に生まれ，第2次世界大戦の前に米国に

移住してきた知識人難民の1人でした。彼のモチベーションリサーチの理論はフロイトの心理学を応用したもので、消費の根底にある性的な動機を重視しました。たとえば男性がスポーツカーを愛好するのは愛人の代わりを求めているからだ、というような理屈づけです。

ディヒターの理論は当時隆盛を極めていた広告界で影響をもちました。「フォーカスグループ」（グループインタビュー）という調査法の名前を広めたり、ガソリン会社のエッソの「タイガーをお車に」（Put a Tiger in your Tank）という広告スローガンはディヒターの影響のもとに案出されたといわれています。

しかしディヒターの「理論」はその根拠がはっきりしなかったこともあり、さまざまな批判にさらされ、モチベーションリサーチそのものはその後省みられなくなってしまいます。

3.2 インサイトを見直す

その後も何度か質的調査が見直されるきっかけはあったのですが、コンシューマーインサイトに関していえば、1990年代から広告界でアカウントプランニングという考え方が注目されるようになったことが1つの原因でした（アカウントプランニングについては小林保彦［1998］『広告ビジネスの構造と展開—アカウントプランニング革新』日経広告研究所に詳しい）。

アカウントプランニングという考え方の流れにおいては、広告会社は消費者の隠された欲求や思考を掘り下げて明るみに出し、インサイトを広告に反映させるということが重視されました。コンシューマーインサイトという考え方もこうした流れにおいて注目されるようになりました。

では、なぜ消費者の心理の深いところまで分け入って考察することが必要なのでしょうか。

通常いわゆるアンケート調査で、消費動機やブランドの選択について尋ねることはまったく不可能ではありません。しかし言葉で質問し、その場で消費者に回答させることには不可避的に困難が付きまとうのです。それにはい

くつか理由があります。

　消費者は，マーケターの質問に答えるために生活しているわけではありません。そのため「なぜ自分はこの商品を買ったのか」について明確に意識しているわけではなく，答えられないことが多いだけではありません。消費者はマーケターに問われると，答えやすい答え，あるいはすぐ思いつく理由を答えてしまうのです。たとえば，飲料であったならば「おいしいから」と答えてその場をやり過ごそうとするでしょう。

3.2　インサイトの困難

　さらに困難なことは「なぜそれを買ったのか」と問われるとき，その答え方にはいくつも階層があることです。大きく分けて，「買った現場での理由」と「消費の理由」とがあります。前者の例は「その売り場で目立ったから」というようなもので，後者の理由として「前に買ったことがあるから」というような例が挙げられます。買い物理由を聞くときは少なくともこの2つのレベルは区別する必要があります。

　それではコンシューマーインサイトの考え方に従えば，購買や消費動機を明らかにするために，どのような調査と分析が望ましいのでしょうか。

　1つは対象とする消費者に「なりきる」ことです。石井［2009］は『ビジネス・インサイト』の中で対象の中に「棲み込む」ことがインサイトを得るために重要だと語っています。消費者になりきるとは，その消費者の立場になりきって，その商品を買ったり使ったりする気持ちや感情を追体験することです。仮に自分が30代の男性であっても，10代の女子高校生の気持ちになりきることは不可能ではありません。

　実際優秀な広告クリエーターとは，ターゲット消費者に感情移入することが得意です。そうしなければ，優れた広告を次から次へと生み出すことはできないでしょう。

　重要なことは，女子高校生だからといって女子高校生の気持ちが一番わかっているとは限らないことです。かえって異なった年代の人が「なりきった」

ほうがよくターゲットの気持ちはわかるということがありそうです。テレビによく出てくる「オネエ系」の男性は女性よりも女性のことをよくわかっているようにも見えます。

3.4 インサイトを得る

　消費者のインサイトを得る，もう１つの方法は，消費者とその商品の関係をえぐり出すような「異常な質問」をすることです。代表的なコンシューマーインサイトの質問の例として「もしその商品を明日から使うことが禁止されたら，あなたはどうしますか？」というようなものがあります。その商品をなぜ自分は使っているのか，普段は意識していない消費者の意識がその質問によって刺激され，自分の意識を振り返るようになります。

　たとえば，インターネットが明日から使用禁止になったとしたら，あなたはどうするでしょうか？

　「うろたえる」，「メールをチェックできなくなる」，「ネットのニュースが見られない」，「SNS が見られなくなる」，などいろんな考えがアタマに浮かぶでしょう。ネットは自分と世界，友人との絆であることをあらためて確認するとともに，もしかしたらインターネットは自分のアイデンティティの１つを形成していたのではないか……そこまで考えが及ぶかもしれません。つまりネットは単なるコミュニケーションの手段というよりも，自分らしさを創りだす方法の１つだったかもしれないのです。それならば新しい SNS のあり方を考えるとき，どのようにしてその人らしさを演出できるか（たとえばアバターをどう使うか）が重要になる，そのようなインサイトとそこからのインプリケーションが得られるかもしれないのです。

　今日，マーケティングや広告の作業をするとき，これまでになかったようなインサイトを得て実際の仕事に反映させることが，これまでになく重要になっています。その理由は，仮にお金を使わない消費者が増えたとしても，消費行動がより新しい在り方を求めて常に変化しているからです。インサイトはいつも私たちの周りに潜んでいるのです。

4 アイデンティティ

4.1 アイデンティティとは

　アイデンティティという概念はドイツ生まれのアメリカの精神分析家，E. エリクソン（1902-1994）によって提唱されました。「自己同一性」と訳されています。これはもともと人間の生涯発達に関する概念で，人々は生涯にわたって「自分は何か」「自分はどのような人間なのか」を探り続ける存在であると考えられました。これはとくに青年期に課せられた発達課題であり，青年は「自分は何者なのか」を探し求めて，その結果自己を確立するに至る存在なのです。

　子どもが自我アイデンティティを確立するのは，自らのうちに「自分自身の斉一性（self sameness）」と時間的な連続性（continuity）を知覚し，かつ，それらを他者が認めてくれると自覚するときです（エリクソン，邦訳［2011］）。つまり自分で自分のあり方を自覚するようになることと，社会がそれを認めてくれること，この2つがアイデンティティ確立のために必要なことなのです。

　エリクソンがこの概念を考えたのは，自身が子供の頃，ユダヤ人でありながら，北欧人のような容姿をしていたため，どちらの人種グループにも加われないという悩みを抱えていたためと言われています。エリクソン以降の心理学者たちは，あるアイデンティティに強くコミットメントした人は，そうでない人よりもより健康で幸せな状態でいるという研究結果を報告しています（Identity crisis）。

　このアイデンティティという概念は，のちにマーケティングにも応用されました。コーポレート・アイデンティティ（CI）とは，企業が自分はどのような会社であるかを確立するための運動と規定されています。1980年代にはあちこちの会社がCIを行い，ロゴや会社名を変更したり，企業の事業ドメインを再定義したりすることがよく行われました。

4.2 消費者としての同一性

　消費者もまた消費者としてのアイデンティティをもっています。たとえば，私たちは自分にふさわしいと考える衣服を購入して身につけます。ある人は自分が属すると知覚した階層や社会に適合した消費行動をします。特権的なクラブに所属したり，自分の階層にふさわしい地域を選んで自宅を構えたりもします。逆に自分のアイデンティティを変えるために，自分の消費行動をコントロールすることもあります。「背伸び消費」という現象にみられるように，収入がそれほどでなくても，「背伸び」つまり少し無理をして高い価格のプレステージのある車を購入するようなケースがそれです。

　社会的アイデンティティ理論によれば，人々は「個人間アイデンティティ」と「社会グループ間アイデンティティ」の間のどこかに自分のアイデンティティを見いだします。

　個人間アイデンティティとは，人と人の間で形成されるもので，社会グループ間アイデンティティとは社会にあるグループカテゴリーによって決められるアイデンティティです。そしてこの2つのアイデンティティは常にコンフリクトを生み，人々はどこかで妥協を強いられるのです。個人的に平和主義者で争いを好まない性格であったとしても，軍隊に入隊させられれば，国のために敵と戦うことを強いられる，というのはこうしたコンフリクトの一例です。

　消費者としての私たちも，こうした個人と社会との間のアイデンティティ・コンフリクトに常に直面しています。窮屈なスーツを身につけたくはないものの，ちゃんとしたビジネスパーソンとして見られるためにはスーツを着なければいけない，というのはこうしたコンフリクトの1つです。

4.3 モダンリビング

　では私たちはどのようなアイデンティティをもって，消費生活を送っているでしょうか。その1つに，モダンな生活という共有化されたイメージが挙

げられます。シンプルなナチュラルな家具，機能的で美的なデザインで設計された照明機器，マイルドなカラーリング，合理的な部屋のレイアウトなどです。こうした近代的な生活のイメージを形成してきたのはスウェーデンなどの北欧的な生活スタイルです。こうしたモダン生活のアイデンティティはどのように形成されたのでしょうか。

Lofgren［1994］はこうした北欧スタイルの浸透過程を描いています。もともと1920-30年代のスウェーデンでは福祉国家として，住宅環境の重要性が認識されており，家造りに時間とお金を投資する習慣が形成されてきました。この過程では部屋ごとにインテリアとして異なった雰囲気をつくりだすことが重要視されていました。この結果，子ども部屋は子どもらしいインテリアで，書斎は男性の威厳を表す雰囲気でつくられるようになりました。台所は「実験室」の雰囲気をただよわせ，まるで手術室のように天井の白色照明をつけ，ピカピカの白いペイントで棚が塗られるようになりました。ここには機能主義的なイデオロギーがあったのです。

1930年にストックホルムで開かれた大博覧会ではこうした機能主義的家庭イメージが大いに喧伝されました。また1939年のニューヨーク世界博覧会でもこの北欧流のモダンリビングが展示され，近代的な生活の美しさや良質なテイストが米国に浸透するきっかけとなりました。この結果，1940年代から50年代にかけて，モダンリビングの考え方がカタログや習い事教室などの，さまざまな場面を通して，消費者に教育されるようになりました。そして60年代までにこうしたモダンリビングが，生活水準が向上した中産階級の生活に普及していきました。

私たちは今でもこうした北欧流の美的な生活スタイルの影響を大いに受けています。マンションを買ったり，家を新築するとき，こうしたモダンスタイルを参照し，こうしたエレメントのいくつかを取り入れ，生活を満足なものとします。これは私たちが消費者として，モダンリビングを社会的に承認されたものとして受け入れ，自分自身の消費者アイデンティティの一部として受け止めているということを意味しているでしょう。

消費者がどのようなアイデンティティを感じながら生活しているかを観察

し，それを明らかにしたうえで，マーケティング戦略を考えることは有効な戦略です。消費者は常にこうした社会的にすでに確立されたアイデンティティにコミットすべきか，そうでないかというコンフリクトに直面しながら生活しているのであり，ここにマーケターが働きかける余地が生まれるからです。

Working　調べてみよう

「音楽」を例にとって，学生など若者が，どのような音楽をどのように聴いているか，どのような機器を使って，いつどのように聴いているかを観察調査してみよう。

Discussion　議論しよう

この若者の音楽消費行動観察を通じて，現代の若者にとって音楽とはどのようなものかを考察しよう。さらに，年齢の高いシニア層の音楽消費行動と比較して，若者とシニア層の音楽消費の違いを考えることで，若者の音楽消費の特徴を抽出してみよう。

参考文献

- 石井淳蔵［2009］『ビジネス・インサイト』岩波書店.
- エリク・H・エリクソン著　西平直・中島由恵訳［2011］『アイデンティティとライフサイクル』誠心書房.
- B. マリノフスキ（増田義郎訳）［1922 原著，2010］『西太平洋の遠洋航海者』講談社.
- 「「Think Thin」で消費者を引きつける」（日経ビジネス ONLINE）
  http://business.nikkeibp.co.jp/article/world/20100427/214184/?P=1
- Venkatesh, A.［2001］"The home of the future: An ethnographic study of new information technologies in the home," In: M. Gilly & J. Meyers-Levy (Eds.) *Advances in Consumer Research*, XXVIII, 88-96. Valdosa, GA: Association for Consumer Research.
  http://www.crito.uci.edu/noah/paper/HOF-Ethno.pdf（2010 年 5 月 2 日アクセス）
- Daily rituals of the world. (BusinessWeek)
  http://www.businessweek.com/bwdaily/dnflash/content/may2007/db20070510_522420.htm
- Arnould, E. & Thompson, C.［2007］"Consumer culture theory (And we really mean theretics): Dilemmas and opportunities posed by an academic branding strategy," In: R. W. Belk & J. F. Sherry (Eds.), Consumer culture. *Research in Consumer Behavior*, 11, 3-22.

- Identity crisis-Theory and research, By Kendra Cherry, About.com Guide
  http://psychology.about.com/od/theoriesofpersonality/a/identitycrisis.htm
  (2012年11月25日アクセス)
- Lorgren, O. [1994] "Consuming interests," In: Jonathan Friedman (Ed.), *Consumption and Identity* (pp. 47-70). London: Routledge.
- Sherry, J. [1991] "Postmodern alternatives: The interpretive turn in consumer research," In: T. S. Robertson & H. H. Kassarjian (Eds.), *Handbook of consumer research*, Englewood Cliffs, Prentice Hall, pp.548-591.
- Tajfel, H. & Turner, J. C.[1979] "An integrative theory of intergroup conflict," In W. G. Austin & S. Worchel (Eds.), *The social psychology of intergroup relations* (pp. 33-47), Monterey, Brooks/Cole.

第13章 消費者文化 II

神聖消費・贈り物・贅沢

Learning Points

▶「神聖な消費者行動」にはどのような特徴があるでしょうか。
▶消費者はなぜ贈り物をするのでしょうか。
▶贅沢とはどのようなことなのでしょうか。

Key Words

神聖な消費者行動　贈り物　贅沢

1 神聖消費

1.1 「神聖」な消費者行動

　私たちが日々実践している消費者行動に含まれる行動は「買う」ことだけではありません。「使う」,「所有する」,「経験する」,……多くの行動が実は消費者行動に含まれるはずなのですが，研究や実務のうえでは「買う」という行動に多く焦点が当てられてきたのが事実です。

　解釈学的消費者行動研究とは，消費の意味を主にエスノグラフィー（民俗学的手法）などの定性的な手法で明らかにしようとするスタイルの研究です。この分野でもっとも傑出した研究者の1人がラッセル・ベルクで，彼の研究の中でもっとも広い影響を与えた1つが「消費者行動の神聖性と世俗性」と題された共著論文です。

　この論文の主要な主張とは，消費者行動は「神聖」な行動と「世俗的」行動の2つに分けられる，というものです。私たちが普段食品を買ったり，電化製品を使うのは「世俗的」な消費者行動です。それに対して，消費者行動の中には日常的な消費とは異なる特別な場面や機会の消費行動があります。

たとえば，骨董品の壺を収集するというのはその収集家にとって特別な経験であり，普通の家庭で日用の食器を購入するという行動とは異なっています。また，「婚活」のために神社にお参りをしてお賽銭を投げて，お守りを買うという行動もやはり日常とは異なる消費の形です。さらにクリスマスや結婚式で，お祝いギフトを贈ったり，華やかな飾り付けを行うのも，やはり神聖な消費に分類されます。

このような日常の消費行動とは，心理的にも場面的にも異なるような消費が，ここでいう「神聖」な消費者行動なのです。

1.2　消費者行動オデッセイ

ベルクたちはこうした消費者行動の神聖性に着目して，1986年の夏，シェリーやワレンドルフら数名の消費者行動研究者たちとともに「消費者行動オデッセイ」という名前の米国横断ツアーを敢行しました。オデッセイとは，古典古代のギリシャの詩人ホメロスが書いた叙事詩にある，英雄オデッセイアが各地を冒険して旅をした話に基づいた命名です。

この旅行のフィールドワークの結果，さまざまな消費者データが収集されました。アンティークの蚤の市場や，ファーマーズマーケット，ヤードセール，家庭オークション，博物館，ガソリンスタンド，本屋，エスニック食品店，レストラン，などでの消費者への詳細なインタビューがその主なデータです。800ページのフィールドノート，4,000枚の写真，137巻のビデオテープにこうしたデータが収められました。

ここから神聖性と世俗性を区分する実証的証拠をベルクたちはエスノグラフィーの手法によって見いだしていきます。このためにとられた検証方法が「トライアンギュレーション」です。トライアンギュレーションとは「三角測量」という意味で，1つの事実や発見を複数の観点でチェックし，より確実な認識を得ることを意味しています。

集められたデータからどのようなことが言えるか，研究者同士のフィールドノートが照合され，研究者間の観察結果ができるだけ一致するように検討

が重ねられました。同時に、メディア同士のトライアンギュレーションも行われました。つまり1つの事実に対して、写真・ビデオ・インタビュー内容の各方面からチェックが行われたのです。このように定性的に、より厳密な手続きを経て、神聖な消費者行動のありようが次第に明らかにされました。

1.3 神聖な消費の特徴

それでは、神聖な消費者行動とはどのようなものなのでしょうか。それは次のような世俗的消費とは区別されるいくつかの特徴をもっています。

1つの特徴は、神聖な消費の対象が、人間が作り出したものでなく、超自然的な現れ方をするものであることです。たとえば神社に置かれている崇拝の対象としての石は、神様から与えられたと信じられるがゆえに神聖な存在です。クリスマスもまたキリストという宗教上の超越的な存在があってこそ、そのお誕生の祝いが行われるのです。

また、神聖なものは、過度に人をひきつけ、同時に過度に人を忌避させます。たとえば、何年おきにしか開示されない秘仏の「ご開帳」のように貴重な文物は人を魅了すると同時に、ふだん簡単にはみられないという特徴があります。

さらに、神聖な存在は、世俗的な存在と区分されることではじめて神聖なものとして認定されます。たとえば、学校に保存陳列してある優勝旗やカップの類は、神聖な存在として、ほかの事物とは区別されて保存され、取り扱われます。

また神聖な消費には往々にして集団的なコミットメント（関与）がみられます。ここでコミットメントとは感情的な強い愛着を意味しています。アップルのパーソナルコンピューターであるマッキントッシュに対して強い愛着を感じるファンは少なくありません。彼らにとってマックを使うことは単にPCを使うこと以上の意味があります。

このように神聖な消費とは、日常の「世俗的な」消費とは明らかに異なるいくつかの特徴があります。神聖な消費の対象はモノに対してだけではあり

ません。自分の住居・デパートや博物館のような場所についても，さらに，祈り・記念日・千年紀のような時間性としても現れます。このように消費者にとって多様なあり方を示すのも神聖消費の特徴でしょう。

1.4　どのように神聖化するのか

　ベルクたちの関心は，消費者行動の中でどのようにして，世俗的な存在が神聖な存在に転化するかというそのプロセスでした。次のようないくつかの神聖化へのプロセスがあります。

　1つは「儀式化」を通じて世俗的消費者行動が神聖化するプロセスです。新しい家に引っ越すのは儀式化の一例です。新しい家を自分で飾り付けたり，自分のお気に入りの家財道具を備え付け，その結果，「家（house）」が「家庭（home）」に変化するのです。

　2番目の神聖化のプロセスは「巡礼」です。巡礼とは，人が聖地をめぐる旅を行うことによって，世俗な場所やモノが神聖な存在に転化することを意味します。お遍路さんは日本的な巡礼の1つです。消費者行動でいえば，米国ニューヨークの自由の女神は多くの観光客が訪れることで神聖な場所と考えられるようになりました。最近の日本では，若い女性が訪れることで，神社などのいくつかの場所がパワースポットとして聖地化される例をみることができます。

　3番目の神聖化は，「典型化」を通じてなされるものです。典型化とは，この神秘的な特徴は，この商品やブランドだけしかもっていない，と考えられることを意味しています。これは有名ブランドに往往にしてみられます。たとえば，モンブランの万年筆，スイス・アーミーのナイフ，ジッポーのライターなどがそうです。

　神聖化は「ギフト」（贈り物）行為によっても，もたらされます。ナイヤガラの滝を訪れた人はナイヤガラ滝の絵やマグネットを購入することがありますが，こうしたお土産を通じてナイヤガラという場所が神聖化されます。名前やシンボルを描いたTシャツ（例えばI ♡ NY）によっても同じよ

な神聖化がみられます。

世俗的なモノや経験はこのほかに，コレクション（収集）や相続などのプロセスを通しても神聖化され，消費の対象となります。

2 贈り物

2.1 儀式としての贈り物

子供たちにとってクリスマスとお正月は一番楽しい季節です。なぜ子どもたちには楽しい季節なのでしょうか。さまざまなファミリーイベントがある

Column　ビジネスへの応用

神聖なる消費者行動という考え方は，どのように実務に応用できるのでしょうか。

まずサービス産業にとっては，自社の提供するサービスの価値をより高めるために役立つでしょう。単に良いサービスを低価格で提供しているだけでは，消費者は喜びません。価値を高めるためには，消費者がそのサービスを買うことに何らかの神聖な意味をみいだすことが必要です。

ディズニーリゾートは，本来は世俗的な娯楽の場所である遊園地を神聖化しました。それは日常世界と徹底的に違った環境をつくり上げることによって可能になりました。またウォルト・ディズニーという「神聖」な創始者の存在，シンデレラのように，世界各地のさまざまな神話から取られたコンテンツを提供することもディズニーの神聖性をより高めています。

価値のあるブランドをつくり上げるためにも，こうした神聖化は役立ちます。ブルックス・ブラザースの衣服は，歴代の米国大統領が着ていた，というエピソードのために，神聖性を帯び，その高い価値を保っています。ハーレー・ダビッドソンのオートバイは，HOG（ハーレー・オーナーズ・クラブ）というハーレー保有者のグループ活動を支援し，彼らがオートバイで「巡礼」することによって，より典型的なアメリカの大型二輪車という地位を築きました。

また「世俗的」食品ブランドであっても，ギフトや儀式に使われることによって神聖な地位を得られる場合があります。キットカットが日本で「きっと勝つ」という言葉遊びを通じて，受験生の応援に使うというブランド・キャンペーンを展開して成功しているのも，この消費の神聖化の成功例の1つでしょう。

こともさることながら，クリスマスの贈り物やお正月のお年玉がもらえるからでもあります。このように贈り物は私たちの日常に深く根付いた習慣であり，繰り返される行動パターン＝儀式（ritual）です。

贈り物を交わすのは，クリスマスやお正月だけではありません。赤ちゃんの生誕，入学式，卒業式，成人式，結婚式，お誕生日などの人生の節目節目に贈り物はつきものです。お葬式にも，お香典や香典返しなどの「贈り物」が存在します。このように誰しもが一生の間に通る「通過儀礼」（rite of pássage）として贈り物は存在しています。そして考えてみれば，クリスマスはイエス・キリストの誕生日とされており，お正月は新しい年の生まれる日なのです。

では贈り物とはどのようなことなのでしょうか。また，なぜ贈ったり贈られたりするのでしょうか。

2.2 互酬性

贈り物は，売買＝貨幣による交換とは異なった行為です。贈り物を与える側は無料でそれを受け取る側に与えます。経済学者のカール・ポランニーは『人間の経済学』の中で，人間の経済行為（統合形態）を，「再分配」「交換」「互酬」の3つに分けています。

再分配とは，たとえば国家が税金を国民から受け取ってそれを国民に分配するような行為のことです（柄谷［2006］）。また交換とは貨幣による取引のことです。そして，互酬性とは，対称的な関係にある二者の間で財やサービスをやりとりすることです。これはどういうことでしょうか。

贈り物は互酬性（reciprocity）に基づきます。互酬性についてポランニーは贈る側と贈られる側との「対称性」が特徴だと言っています。つまり贈る側と贈られる側とは基本的には同じ立場であることになります。

では，なぜ贈り物をするかと言えば，一方に何か心理的な「負債」があり，それを，お金以外の形で返すことで「負債」を軽くしたい，と私たちは考えるからです。つまり，対称性が崩れたときに，その対称性を取り戻すために

贈り物が必要になるというわけです。

日本では「義理」を借りたら返さなければいけない，という考え方が存在します。たとえば，何かお世話になった人に何らかのお返しをしないことは「義理」を欠く行為と受け止められることがあります。「義理を果たす」ために，プレゼントや中元お歳暮などの贈り物を用いることがあるのです。

また，バレンタインデーに仕方なく女性から職場の男性に贈るチョコレートは「義理チョコ」と呼ばれたりもします。義理チョコをもらった男性は，ホワイトデーに「お返し」をする必要に迫られます。こうした義理＝心理的負債はお金だけではふつう返せません。お金を使えば，それは経済的な取引になってしまうからです。

こうした互酬性に基づく贈り物の習慣は，人間が進化の間に身につけてきた習性と考えられます。物質的・精神的な貸し借りのバランスをお互いに取ることで社会がうまく成り立っていくと，人間が進化の過程で意識的・無意識的に知ったからこのような互酬性が成立したのでしょう。

2.3 なぜ贈るのか

そこでもう一度，なぜ人生の節目に贈り物がつきものかを考えてみたいと思います。先に書いたように，クリスマスなどの贈り物は心理的な負債を返す行為，というだけではうまく説明できないようにも思えます。

しかし，こうした贈り物を伴う人生の節目を祝う行事は，実は古代から神事を執り行う一環として行われていたと考えられます。たとえば，イエス・キリストが生まれたとき，東方の三博士がお祝いのために贈り物を持参したという話が新約聖書にあります。つまり，こうした神からの恵みへの返礼という意味がもともとこうした人生の節目の贈り物と関係していたと解釈することができます。

現代の私たちが行っている贈り物はこうした宗教的活動から由来したとも考えられるのです。

2.4 贈る動機

では現代の贈り物行為はどのような動機に基づいて行われているでしょうか。ルースたち［1999］は贈り物が引き起こす人間関係への影響の種類による分類を試みました。それは以下の6つです。

①**関係強化**：恋人に突然ギフトを贈って喜ばせるように，人間関係をより強化させるための贈り物。
②**ポジティブな関係の確証**：誕生日ギフトのように，私たちは良い関係ですよ，ということを確認するための贈り物。
③**最小限の関係維持**：手土産のように日常でちょっとした物を贈ることで人間関係を維持するための贈り物。
④**ネガティブな関係の確証**：その人間関係には不釣り合いな贈り物をすることで，相手をコントロールしようという意図で行われる贈り物。
⑤**関係弱体化**：賄賂(わいろ)のように何らかの悪い意図をもって行われる贈り物で，人間関係を悪化させるような贈り物。
⑥**関係の断絶**：恋人が別れるときに贈るギフトのように，相手との人間関係を絶つために贈られるギフト。

この分類で興味深いことは，贈り物は必ずしもポジティブな目的だけのために行われるのではなく，相手との関係を悪化させるようなネガティブなギフトも存在するということです。

> Column **ビジネスへの応用**

　実際のマーケティング活動においても，贈り物市場は非常に重要です。矢野経済研究所の推定によれば，日本のギフト市場規模は，パーソナルなギフトと法人のギフトも含めて17兆400億円（2011年，矢野経済研究所調べ）にのぼります。ギフト市場を開発するためには，以下の3つの戦略アプローチが考えられます。

(1) 新ギフト習慣の創造：バレンタインデーのチョコレートやハロウィンギフトのように，それまでまったくなかった新しい習慣を創造する。
(2) 伝統ギフト市場の開拓：中元歳暮のような季節性のギフト市場や，入学式・卒業式などの人生の節目の儀式などの，既存ギフト市場を開拓・深耕する。たとえば，少子化に伴って祖父祖母が孫にランドセルを贈る習慣を形成する。
(3) 法人市場への着目：パーソナルギフトだけでなく，法人が従業員にモチベーション強化のために贈るギフト市場を開拓する。たとえば，ティファニーはビジネスギフトとして，創立記念，永年勤続などのアニバーサリー，ビジネスパートナーの上場記念，発表会記念，ホリデーギフト，社員表彰，ゴルフコンペアワードなどの機会を提案している。

　贈り物市場はまだこれから開拓される余地をたくさん残しています。また海外に進出するとき，現地ローカルの贈り物習慣に着目することはマーケティング戦略として有効です。たとえば，米国などでは，自動車は単に足として買われるだけでなく，奥さんや家族への贈り物である場合があります。贈り物として自社商品を見つめ直すことで新しいマーケティングチャンスが見いだせるのです。

3　贅　沢

3.1　どのように捉えられてきたか

　「贅沢」とはどのようなことを意味しているのでしょうか。贅沢という言葉の意味は辞書には「必要以上に金をかけること。分に過ぎたおごり」（広辞苑）と記してあります。

　この辞書の定義はそれなりに納得できるものではありますが，しかし贅沢を理解するために十分ではありません。贅沢とは私たちにとってどのような消費経験なのでしょうか。贅沢をしている，と感じているとき，私たちは何

を経験しているのでしょうか。また，なぜ贅沢というものを私たちは時に追い求めるのでしょうか。

　ここではまず，贅沢という概念はこれまでにどのように理解されてきたかを考察してみましょう。

　1937年（昭和12年）の盧溝橋事件から始まった日中戦争をきっかけとして施行された「国民精神総動員実施要項」の下に，「贅沢は敵だ」「日本人なら贅沢はできないはずだ！」というスローガンを用いた宣伝活動がなされました。国家が戦争を遂行するうえで，国民生活において贅沢は邪魔になる，というのが当時の思想だったのです。しかし贅沢に対する攻撃はこうした戦時下の日本に限ったことではありませんでした。

　贅沢について西洋思想を丹念に調査したセコーラ（Sekora［1977］）によれば，西洋社会においては古代から18世紀までの長きにわたって，贅沢に対する批判や攻撃は支配的な価値観であり思想としてあり続けました。欧州の中世キリスト教社会においては，「消費」という概念がそれ自体，贅沢という概念と同一視されていました。聖書・プラトン・アリストテレス・ルター・カルバンに至るまで，贅沢は人間にとっての基本的な罪悪であり，そこからあらゆる悪事がわき起こる，とまで考えられてきたのです。

　セコーラの指摘によれば18世紀までの西洋において贅沢の罪で非難される人々は相対的に貧しく権力もない人たちでした。たとえば，奴隷が自由な身分を望むということはかなえられない贅沢と考えられたのです。つまり，贅沢は社会的・階級的抑圧の源でもあったのです。

　しかし，18世紀以降，贅沢について，より肯定的な考え方が示されるようになりました。

　オランダから移住してロンドンで活躍した17世紀から18世紀にかけての医学者・文学者であったマンデヴィル（Bernald Manderville）は，1705年の自著の中で贅沢消費を擁護して，論争を巻き起こしました（Mason［1998］）。マンデヴィルはそれまで17世紀のオランダの成功を支えたのは重商主義者の禁欲や簡素な習慣だった，とするそれまでの考え方に異を唱えました。当時のオランダの商人階級は，禁欲どころか，贅沢と見せびらかし

の消費に耽っていました。こうした贅沢消費が競争を引き起こし，人々を勤労に導いた，と主張したのです。

同様に，贅沢を「資本主義の成長エンジン」として捉えたのは19世紀後半のドイツ社会について考察した**ゾンバルト**（Sombart [1922]）です。同時代の社会学者・経済学者であったマックス・ウェーバーは禁欲的なプロテスタンティズムが資本主義の勃興を促したという説を唱えましたが，ゾンバルトはこれに対抗して，贅沢こそが資本主義発展の基礎の1つを作ったと論じました。

たとえば，中世イタリアの貿易活動で扱われた商品は，そのほとんどが食物に添える香料としての医薬品，胡椒などの香料，香水，織物の材料，装飾品，衣服の材料などの高価な贅沢品でした。19世紀に入っても貿易の大きな部分を占めたのはタバコ，コーヒー，紅茶，ココアなどの4大嗜好品だったのです。

ゾンバルトは贅沢（Luxus）を「必需品を上回るものにかける出費」（邦訳，131頁）と定義しています。ゾンバルトが着目したのは個人的な贅沢でした。「人間が利己的な動機で，つまらない物によって己の個人生活に色を添えるのに役立つような奢侈」（邦訳，133-134頁）のことです。ゾンバルトはとりわけ，恋愛の相手としての女性に捧げる贅沢に注目しています。たとえば，18世紀絶対主義下のフランスにおいてルイ14世は国家予算の3分の1を主に宮殿建築のためにつぎ込んだが，それは彼の愛妾のル・ヴァリエールのためであったとされています。

3.2 贅沢経験の次元

それでは現代の消費生活において贅沢をするとはどのようなことでしょうか。自分が贅沢だな，と感じた経験はどのようなものでしょうか。

デュボアたち（Dubois, Laurent & Czellar [2001]）は異なった地域の消費者への定性的なインタビューを通じて贅沢経験から以下の6つの次元を抽出しています。

1. 優れた品質：傑出した成分，構成，繊細さ，専門性，職人性
2. 高価格：高価，選良，プレミアム価格
3. 希少性と独自性：限定された流通，数量限定，特別あつらえ
4. 美的・多官能性：美術品，美，夢
5. 歴史的資産・個人的歴史：長期的歴史，伝統，世代継承
6. 非有用性：無意味，非機能性

またドゥバルニエたち（de Barnier & Rodina [2006]）は，英国・フランス・ロシアというヨーロッパ文明を代表する3つの国において詳細面接を行った結果，前記の6つの次元に加えて以下の新しい次元を見出しました。またこの面接においては，前述の研究で見出された非有用性という次元は見出されませんでした。著者たちはこれを時代的なずれと解釈しています。つまり贅沢体験の次元には文化や時期において少し違いがあるようです。

1. 自己歓喜（self-pleasure）：3カ国共通
2. 商品顕示性・あこがれ：フランス
3. 機能性・贅沢な雰囲気：英国
4. 機能性：ロシア

贅沢経験について日米の消費者に深層面接を行った結果では，以下のような証言が得られています（Kimura & Tanaka [2007] [2008a] [2008b]）。ここでは，贅沢経験の次元というよりは，消費者は経験対象がどのようなものであった場合に消費者は贅沢を感じるか，というものでした。いわゆる贅沢ブランドにのみ，消費者は贅沢を感じるわけではないからです。のちに述べるように，贅沢とは必ずしも一見して贅沢な対象のみから生じるわけではないのです。

ここでのインタビュー対象者はその多くが中産階層の人たちです。一番最後の海外旅行についての証言だけが富裕層に属する人のものでした。

- （ニューヨークの商店経営者の女性）自分の家にしつらえた日本風の風呂につかること。
- （ニューヨーク郊外の主婦）たまにマッサージをしてもらうとき。
- （ニューヨーク郊外の主婦）娘が描いた私の肖像画を見るとき。
- （日本の大学生）家族で買ったBMWに乗るとき。
- （日本の大学生）おばあちゃんからもらった着物を着るとき。
- （日本の料飲店経営の女性）義理の父親が集めた骨董品を眺めるとき。
- （日本の専業主婦）海外旅行にファーストクラスで行って，自由に行き先を変更できる。

　このような証言からわかったことはいわゆる「顕示的消費」，つまり他人に自分の贅沢や社会的地位や資産を自慢するという動機付けが実はあまり見られないことです。贅沢をする，たとえば，高価なファッションブランドや自宅を他人に見せつけるような行為だけが贅沢ではない，ということなのです。

3.3　贅沢の条件

　この証言から得られた贅沢消費の条件とは次のようなものです（図表13-1）。
　贅沢消費体験をもたらす対象の1つの条件は，対象の「知覚入手困難性」です。贅沢をする対象が，その消費者にとって，普段の自分には何らかの理由で，手に入らない，あるいは，手に届きにくい，と思われていた対象であることです。つまり贅沢が贅沢であるためには，普通の自分と何らかの「距離」があることが求められます。たとえば，マッサージをしてもらう，ということがなぜ贅沢であり得るかと言えば，普段は忙しくてマッサージに行こうと思っていても，なかなか行く暇がないからであり，そうした経験自体が「希少」であるからです。
　贅沢消費体験のもつもう1つの条件は，対象の「社会的価値」です。贅沢

図表13−1 ▶▶▶贅沢経験の条件

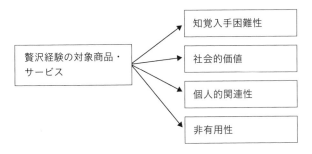

と感じる対象は，何らかの社会的価値を持っています。BMWや古い着物，あるいは，自宅の日本風の風呂は，それ自体社会から承認された価値をもっています。自分のみならず，社会やコミュニティがその商品やサービスの価値を認めている場合，その贅沢体験はより価値の高いものになります。仮にその体験自体が消費者にとって良いものであったとしても，その贅沢をもたらした商品やサービスが社会的に価値を認められていなければ，贅沢とは感じられないでしょう。

注意すべきことは，こうした対象の社会的価値というものはさまざまでありうることです。その社会的価値は美的なものであってもよいし，希少性など意味上のものであってもよいのです。こうした価値は社会的に人々の間で共有化されているものですが，必ずしも客観的な価値ではなくて，主観的な価値であることが多いのです。つまり，仮にその対象にまったく物質的な価値がないとしても，多くの人がそれは価値がある，と認めたがゆえに価値がある，ということが起こりうるのです。

そして贅沢経験をもたらす3番目の対象の条件は，「個人的関連性」です。個人的関連性とは，その商品やサービスの存在がその消費者とその関係者に関係しているその程度のことを指しています。たとえば，自分の家族が所有するBMW，自分の義理の父が集めた骨董品が贅沢と感知されるのは，その対象が自分の存在に深く関連していると感じられるからです。お風呂に入ったとき，その体験が贅沢と感じられるのは，入手が難しいと思われた対象である日本風のお風呂が，自分自身が建てたその家で実現できるからです。単

に高価な品物を買うというだけでは，まだ自己関連性が低いために贅沢とは感じにくいのです．つまり，その商品の入手の経緯や歴史が自分に関連しているほど，その経験は贅沢と知覚されることになります．

また，これはすべての贅沢経験に当てはまるわけではありませんが，ときに，その消費対象が「非有用性」をもつ場合に贅沢と感知される場合があります．つまり実際にはさほど役立たないモノであるからこそ，それは贅沢である，ということです．例えば，贅沢ブランドとみなされるBMWのようなクルマの場合，移動だけを考えれば，数百万円以上も払ってクルマを買う必要はありません．しかし一見すると機能的にはムダと思える要素があってこそ，その対象の贅沢感は増加するのです．

3.4 なぜそれは贅沢か

このように考えてみると，次のような現象がなぜ起こったかを解釈することができるでしょう．

現代においては一見して贅沢と見えないような商品・サービスでも贅沢と認定されることがあります．たとえば，ビンテージ・ジーンズという商品があります．1940年代や50年代に製造されたリーバイスジーンズなど，今日では希少になってしまった中古ジーンズのことです．こうしたジーンズには数万円から何十万円という価格がつけられています．

2001年にリーバイス社は，ネバダ州の鉱山町で1998年に発見された1880年代のおそらくは「世界最古」の二枚のジーンズを，46,532ドルを支払って入手しました（Levis wins auction for century old jeans [2001]）．それらのジーンズはもしオークションにかけられたら1着当たり2万5千ドルから3万5千ドル（1ドル80円で換算すると200〜280万円）するだろう，と予測されています．

こうした高価なビンテージ・ジーンズは，ジーンズに関心のない人にとっては単にぼろぼろの中古ジーンズにしか見えないでしょう．こうしたファッションアイテムは，「知覚入手困難性」と「社会的価値」があるがゆえに贅

沢経験を与えると考えられるのです。そして，もしそれが自分の祖父が保有していたジーンズであったとしたならば，「個人的関連性」によってより贅沢感は増すことでしょう。またこうしたビンテージ・ジーンズは有用性という観点でもさほど価値をもっていません。つまり「非有用性」のある消費対象なのです。

　それでは，普段から贅沢と見える生活をしている消費者にとって贅沢経験とはどのようなものでしょうか。富裕層と言われる消費者にインタビューしてみると，彼らが所有しているモノは，高価な物品であっても，もはや彼らにとっては贅沢とは感じられていません。なぜならば，それらは普段見慣れてしまっており，お金がある彼らにとっては知覚入手困難性を見いだすことは難しいからです。

　その代わりに富裕層たちが贅沢とみなすものは，海外旅行などの希少なサービス経験です。たとえば，飛行機でファーストクラスに乗って，春のイチゴの季節に南仏にイチゴを食べに行く，というような経験です。またさらに贅沢と感じられることは，飛行機がファーストクラスであるがために，思うがままに旅行の旅程を変更できる，というような自在な行動パターンです。こうした経験消費は，普段の彼らの生活水準からして，知覚入手困難性が感じられると同時に，一定の社会的価値もあるために贅沢経験になりうるものと解釈できます。またこうした消費経験は自ずから個人的なものであるために，個人的関連性も高いのです。

　贅沢という消費経験を解明することは，現代の消費とマーケティングを考えるうえで，重要なカギをもたらします。なぜならば，より贅沢な消費経験を実現することは，商品やサービスのコモディティ化（商品がその付加価値を失ってしまうこと）を防ぐうえで有効と考えられるからです。

Working 調べてみよう

私たちの身の周りにある「神聖」な商品としてどのようなものがあるだろうか。それらに対して私たちはどのように接したり，消費行動をしているだろうか。たとえば，お札，おみくじ，像・人形，そのほかについて消費者行動という観点から考察してみよう。

Discussion 議論しよう

贅沢をするのは良いことなのか，悪いことなのか。自分の意見は別として，良いことと主張するグループと悪いことと主張するグループの2つに分かれてディベートを行ってみよう。

参考文献

- カール・ポランニー著　玉野井芳郎・栗本慎一郎訳［2005］『人間の経済（I・II）』岩波書店。
- 柄谷行人［1996］『世界共和国へ』岩波書店。
- 矢野経済研究所［2012］「ギフト市場に関する調査結果2011」
  http://www.yano.co.jp/press/press.php/001052
- de Barnier, V. & Rodina, I. [2006] Which luxury perceptions affect most consumer purchase behavior?: A cross cultural exploratory study in France, the United Kingdom and Russia. Manuscript.
  http://www.escp-eap.net/conferences/marketing/2006_cp/Materiali/Paper/Fr/DeBarnier_Rodina_ValetteFlorence.pdf（2012年5月29日アクセス）
- Belk, R. W., Wallendorf, M. & Sherry Jr., J. F. [1989] "The sacred and the profane in consumer behavior: Theodicy on the Odyssey," *Journal of Consumer Research*, 16, 1-38.
- Dubois, B., Laurent, G. & Czellar, S. [2001] *Consumer Rapport to Luxury: Analyzing Complex and Ambivalent Attitudes*, Les Cahiers de Recherche Groupe HEC, number 736.
  http://www.hec.fr/var/fre/storage/original/application/5ecca063454eb4ef8227d08506a8673b.pdf （2012年5月29日アクセス）
- Kimura, J. & Tanaka, H. [2007] "What is Gorgeous Consumption?" *Advances in Consumer Research*, Volume 34, Gavan J. Fitzsimons & Vicki G. Morwitz. (eds), *Association for Consumer Research*, 2007, p. 13.
- Kimura, J. & Tanaka, H. [2008a] "Products Make Your Life Luxurious," *European Advances in Consumer Research*, Volume 8, Stefania Borghini, Mary Ann McGrath & Cele C. Otnes. (eds), *Association for Consumer Research*, 2008, p. 6.
- Kimura, J. & Tanaka, H. [2008b] "Luxury Value Pyramid: What are the Dimensions of Luxury?"

Advances in Consumer Research, Volume 35, Angela Y. Lee and Dilip Soman, Duluth (eds), *Association for Consumer Research*, 2008. p. 879.

- "Levis-wins-auction-for-century-old-jeans"（May 25, 2001）http://news.cnet.com/Levis-wins-auction-for-century-old-jeans/2100-1017_3-258320.html（2012年5月24日アクセス）
- Mason, R.［1998］. *The economics of conspicuous consumption*.（鈴木信雄・高哲男・橋本努訳［2000］『顕示的消費の経済学』名古屋大学出版会）
- Ruth, J. A., Otnes, C. C. & Brunel, F. F.［1999］"Gift receipt and the reformulation of interpersonal relationships," *Journal of Consumer Research*, 25, 385-402.
- Sekora, J.［1977］*Luxury: The concept in Western thought, Eden to Smollett*, Baltimore, Maryland: The Johns Hopkins University Press.
- Sombart, W.［1922］*Liebe, Luxus, und Kapitalismus*.（金森誠也訳［2000］『恋愛と贅沢と資本主義』講談社）
- Tiffany & Co.　http://www.tiffany.co.jp/About/Business/RecognitionGifts.aspx（2011年10月27日アクセス）

第14章 マクロ視点からの消費

Learning Points
- ▶流行とはどのようなものでしょうか。
- ▶他人指向型性格の消費者はどのような傾向をもっているでしょうか。
- ▶準拠集団はどのような影響を消費者行動に与えているでしょうか。
- ▶イノベーションはどのような過程を経て採用されていくでしょうか。
- ▶シェアリングは消費生活でどのような意義をもっているでしょうか。

Key Words
流行　他人指向型性格　準拠集団　イノベーター　シェアリング

1 流行

1.1 なぜ起こるのか

　社会には必ず**流行**という現象がついてまわります。今，街で流行っているのはどのようなファッションでしょうか。あるいは，流行り言葉というものも存在します。また特定の行動様式が流行することもあります。たとえば00年代の後半には神社など神聖な場所を「パワースポット」と呼び，訪問することが流行りました。さらに特定の考え方が流行することもあります。やはり00年代を通じてよく観察された「癒し」を求める行動も一種の流行でしょう。さらに，アニメやドラマに出てくる舞台のロケーションを訪問する「聖地巡礼」も近年流行しています。流行はさまざまな消費領域において起こる人間社会に普遍的な出来事なのです。こうした流行はなぜ起こるのでしょうか。

19世紀の終わりに，フランスの社会学者であった社会学者**タルド**（Jean - Gabriel de Tarde）は流行とは「模倣」であると考えました。ここで模倣とは他人の行動を観察して，同じような行動パターンを採用することを意味しています。

たとえば，日本人女性がよく行う，写真に向かってVサインを示す行動も模倣行動のひとつでしょう。Vサインの起源の1つは，かつてイギリス首相を務めたチャーチルが写真に向かって出した，第2次大戦の勝利を意味するVサインに由来するとも考えられます。しかし模倣行動を行う人は必ずしもその意味をよく自覚しているわけではありません。模倣は社会的儀礼でもあり社会的同調行動でもあります。

タルドは流行に関して「**トリクルダウン**」という理論を提唱しました。トリクルダウン（trickle down）とは「上から水がしたたりおちる」という意味です。タルドはこの用語で，社会の上級階級から下流階級に流行が伝わってくることを意味していました。つまり流行は上流階級が行うことをより下層の市民が模倣することで起こる，というわけです。

イギリスのウェッジウッド社は，1759年にジョサイア・ウェッジウッドによって創業されました。ジョサイアは，かつて貴族階級の持ち物だった白い陶器を，当時勃興しつつあった中流階級に売ることによって成功しました。中流階級の人たちは，自分たちの生活が豊かになるとどのような衣服や生活の道具を買ったり使ったりしたらいいのか，その指針を上流階級のそれに求めたのです。

現代でもセレブやタレントが持つブランド商品がメディアで紹介されると，突然売れて流行することがあります。こうした現象も一種のトリクルダウンと考えることができるでしょう。

1.2 ジンメルの両価性理論

流行について，より包括的な説明を行ったのは19世紀から20世紀の初めにかけて活躍したドイツの哲学者・社会学者ジンメル（Georg Simmel）です。

ジンメルは流行には同調性と差異性の両方がある，とする流行の「両価性」理論を唱えました。流行の同調性とは，他人の行動に同化し，社会の動きに自分を合わせようとする心の働きのことです。差異性とは，その逆に，他人の行動と異なろうとする動きを意味します。

ジンメルが言ったように，流行現象を観察すると，そこには常に同調性と差異性という一見すると矛盾する2つの傾向をみてとることができます。たとえば，ファッションではよくトレンドに敏感な一群の人々が存在します。こうした人々は流行の初期に，これから流行するであろう衣服をまといます。彼らの行動は狭いコミュニティでの模倣に過ぎないのですが，社会全般からみれば少数派であり，自分たちの個性を強調しているように多数派からは見えるのです。しかしこうしたトレンディな人々も，流行が行きわたってしまえば，また別の流行を追いかけようとするでしょう。

マーケティング戦略にこうした流行の考え方を入れるとどうなるでしょうか。社会の中にはその行動を模倣したいようなファッションリーダーになる人々が存在します。彼らにまず自社の商品を利用して，他の消費者に模倣してもらう，というのも1つの考え方です。

次に考えられることは，これから流行しそうなアイテムや考え方を世の中に先行して把握することです。社会の少数派であるイノベーター（革新者）（本章の **4** 参照）などの流行を先取りしやすい人々の間でどのような行動や消費が行われているかを，早い時期につかみ，それを流行らせるアイテムにすることも有力な方法です。

2 他人指向型性格

2.1 社会的性格とは

社会学の名著の1つである**デイヴィッド・リースマン**の『孤独な群衆』の初版が発刊されたのは1950年のことでした。この本は学術書には珍しくハ

ードカバーに続いてペーパーバック版も発刊され当時世界的なベストセラーとなりました。著者のリースマンはハーバード大学で教授を務めた人物で，社会学や高等教育の分野で影響力のある業績を残しました。

　この本で有名になったキーワードが「**他人指向型**」性格です。この用語は「伝統指向型」「内部指向型」と合わせて，歴史的に変化してきたアメリカ人の社会的性格類型を表現したものです。

　まず「伝統指向」型性格とは，「特定の年齢集団，氏族，カーストなどの固定した集団の一員としての同調性」(p.9)，つまり伝統が維持されている社会において，そこで長い間引き継がれてきた行動様式に従って生活するような人々のことです。現在でもオーストラリアのアボリジニの人々のようにこうした伝統に従って生活している人々が世界のあちこちに存在しています。

　次の「内部指向」とは伝統に従わずに生きていくことを意味します。幼少年時に植えつけられた目標に従って生きる人たちです。リースマンはこうした人間の内部に形つくられた指針のことを「心理的ジャイロスコープ（羅針盤）」と呼んでいます。たとえば，厳しいプロテスタントの教えに従って生きる人たちは内部指向の人たちと考えても良いでしょう。

　「他人指向」の人たちは20世紀に入り，ニューヨークのような大都市の上層中産階級の人々の間で発生したとリースマンは言います。他人指向の人にとっては「個人の方向づけを決定するのが同時代人」(p.17)，つまり同じ時代に生きている他人を自分の人生の指導原理にしてしまうのが他人指向です。

　マスメディアはこうした他人指向型社会の在り方を支持するよう働くことが多いのです。他人指向の人たちは，同時代人が導くままに変化する人たちであり，「他者からの信号にたえず最新の注意を払う」(p.17)ために他人指向の人たちはマスメディアに大いに注目し，自分が正しく他人の期待に答えているかどうかを自問自答します。伝統指向や内部指向の人たちと違って他人指向の人にとっては安住の地というものが存在しません。彼らは常にコスモポリタンであり，他人にすばやく反応する特性を備えています。

2.2 社会的性格の理解

こうした3つの性格類型はリースマンの本が発行されてから大いに一般の人々に流布されるようになりました。しかし、この類型を理解するために注意しておきたいことがいくつかあります。

1つはこうした分類が決して良いとか悪いとか言った価値観に基づく分類ではないということです。他人指向と内部指向とではどちらが「偉い」ということはありません。また他人指向は他人のマネをして常にフラフラしているが、内部指向の人は自分というものをしっかりもっているので偉い、などということもありません。まして、日本人は他人指向だからダメだ、などという議論は無意味なものでしかありません。

2番目にこれらの社会的性格の分類が、「同調性の様式」（p.5）として語られていることに注意すべきでしょう。同調性がすなわち社会的性格ということなのです。個人は社会の中で何らかの同調をすることを求められます。それが反抗という形であれ、社会への全面的同調であれ、どのように社会の在り方に合わせていくか、がすなわち社会的性格を形成しているということなのです。

3番目の留意点として、興味深い観点ですが、リースマンはこの3つの社会的性格のタイプを人口の成長率と対応して考察している点です。すなわち「伝統指向」は寿命が短く、世代交代が早く行われる「高度成長潜在的」局面において生まれた性格で、まだ工業化に洗われていない前近代的社会に対応しています。「内的指向」型は「過渡的人口成長期」の段階に対応しており、人口爆発が起こって人口が急速に増加する社会に表れてきた性格なのです。そして「他人指向」型は死亡率が低下した後、出生率が低下し、人口が老齢化する成熟化した社会において出現した社会的性格です。

2.3 内的なミニ社会

こうしたリースマンの考察は、どのように消費者行動分析に応用できるで

しょうか。

　リースマンが指摘したように，私たちは何らかのかたちで社会の「同時代人」を意識して生きることを強いられています。つまりどのように他人から評価されるか，他人はどのように自分のことを見ているか，他人の考えをどのようにしたらわかるのか，ということを私たちは常に考えざるを得ないのです。「他人指向型の人間が目指す目標は，同時代人の導くままにかわる」（p.17）とリースマンは言っています。こうしたあり方を嘆いて，「自分の生き方は自分で考えろ」と説教したところで意味はありません。KY（＝空気を読めない）という少し前の流行語はまさに他人指向の社会の在り方を表しているようにも思えます。

　社会学者の竹内洋氏は「おたく」という存在は，他人指向型社会において自律的に対応しているタイプのようにも見えるし，また不適応なタイプであるとも解釈できると述べています。日本社会はすでに人口減少社会に入っていますが，私たちの社会はもしかして，新たなポスト他人指向型社会に入っている可能性があります。

　インターネットの存在は他人指向をより促進しているようにも見えますし，他人指向を超越させる役割も果たしているように見えます。人間と人間とをミクロなレベルでつなぎながら，そこに細分化された「ミニ社会」とでも呼べるものが出現しているからです。

　ポスト他人指向社会は，「内的他人指向社会」と呼べます。つまり人々はネットを通じて形成された「内的なミニ社会」をもっていると考えられるのです。「今，社会はこのようになっているのだ」ということを人々はそれぞれ想像し，そこに同調しようとします。そうした認識が正しいかどうかは誰にもわかりません。こうした内的なミニ社会はネットを通じてその都度正しさが検証され訂正されていきます。この意味でネット社会は開かれた存在であると同時に，閉じられた社会でもあります。ネット社会において消費者は自分の中のミニ社会が正統であるかを実証しつづけることを強いられます。

　リースマンが60年前に語った認識はいまだに私たちの消費社会を考えるうえでの大きなヒントを与えてくれています。

3 準拠集団

3.1 準拠集団とは

あなたはファッションを買うとき，自分の判断だけで買っているでしょうか。ファッションについて私は確かな判断力をもっている，と自認する人もいるかもしれません。しかしそこにまったく他人の眼が入っていないわけではありません。どのような服装をするべきかについては社会的な判断が欠かせません。会社でネクタイをするべきか，あるいは，会社で許されるカジュアルな服装とはどのような服装なのか，こうした判断は自分だけでは下せません。

このように，消費者は社会の中で何かしら他人の眼を意識しながら消費を行っています。消費者は社会的な存在として，社会の中でお互いに影響を与えながら生活し，消費活動を行っています。では消費者はお互いにどのように影響を与えながら消費生活を形作っているのでしょうか。

そのために手がかりになる概念が準拠集団です。**準拠集団**（reference group）とは，その消費者の行動・嗜好・価値観に影響を与えるようなバーチャルな（架空の），あるいは，現実の個人や集団のことです。

3.2 個人行動への影響

準拠集団という概念については，これまで社会学を中心にさまざまな論議がなされてきました。この概念を最初に取り上げた心理学者ハイマンは 1940 年代に，個人の態度に影響する社会集団の存在を指摘しています。

さらに 1950 年代，社会学者**マートン**は，人々が社会集団の影響を受けて行動する傾向があることを発見しました。米国の軍隊を対象として行われた調査によれば，昇進の機会が少ない兵士ほど，より大きな満足を得ていたのです。一方，航空隊のように，昇進率が高い部署の兵士ほど，昇進の機会に

ついてより批判的であり，不満をもっていたのです。なぜこのような逆説的な結果が引き起こされたのでしょうか。

普通，自分に与えられた条件を参照して，人々は自分の処遇を判断すると考えられるのですが，実際にはそうでなかったのです。昇進の機会の少ない兵士も，昇進の機会が高い兵士たちも，自分の同僚たちのありようを参照して，満足したり，あるいは不満を抱いたということになります。昇進の機会が少ない部隊にいる兵士は，自分の仲間を見てあまり不満を抱かなかったのですが，昇進の機会が多い部隊の兵士は，昇進する仲間たちを見て，より過大な期待を抱いて不満を募らせたと解釈できます。

つまり人々の満足に対して，自分に与えられた制度や環境だけでなく，自分が参照する（準拠する）集団が影響を与える可能性があるのです。こうした自分に影響を与える社会集団の存在は，マーケティングにおいても重要とみなされるようになってきました。

3.3 消費行動への影響

準拠集団には数々の例が挙げられます。古典的な例としては，第2次大戦の後，当時新興階級であった米国の上流階級が自分たちがどのようなファッションや立ち居振る舞いをしたらよいのか，英国の貴族階級の消費生活を真似たということがありました。この場合英国の貴族が準拠集団になるわけです。

家族，友人，学校，職場なども消費活動に影響を与える準拠集団ですし，趣味の集まり・特定のファッションの愛好家グループ，あるいは，インターネット上のSNS（ソーシャルネットワーキングサービス）で形成されるコミュニティやグループなどを挙げることができます。

では準拠集団は具体的にどのような影響を消費者行動に与えるのでしょうか。パークとレシッグ［1977］によれば，その影響のあり方は①情報的影響，②実用的影響，③価値表現的影響の3つに分類されます。

まず，①の情報的影響とは，その消費者が何らかの情報を必要としている

ときに，その情報を与えてくれることを指します。たとえば主婦が今晩の料理で何をつくるべきか悩んでいるとき，SNSの「クックパッド」にアクセスして手持ちの材料で作れるようなレシピを参照します。そこではたくさんの消費者が自分の開発したレシピを公開してくれているので，レシピ情報を活用して今晩のメニューをつくることができるでしょう。この情報的影響の段階では，準拠集団は自分にとって有用な情報を与えてくれる存在です。

②の実用的影響とは，ある消費者が購入の意思決定行動に影響を与えることです。パソコンでどのメーカーのどの機種を買おうか悩んでいるとき，会社のIT関係の専門部署が購入していた機種を見て，「これならば専門家が使っているのだから間違いない」と判断して，その機種を買おうとする影響がそれにあたります。こうした場合，準拠集団は，消費者の購入意思決定という実際の活動に影響を与えていることになります。

③の価値表現的影響とは，消費者の個人の価値観に働きかけて変化させることを指します。たとえば，ヒップホップファッションを身につけるということは，単におしゃれをするという以上に，「ヒップホップ的な生き方」＝世間の常識に挑戦する，というメッセージを含む場合があります。この場合，ヒップホップのグループや生活者たちが準拠集団ということになります。

あるブランドを購入する，あるいは，あるブランドを保有するということは，自分自身に対するイメージを変えたり，高めたりする場合があります。このように消費者の価値観を変化させるような関係が価値表現的影響なのです。

それではなぜ私たちは消費についてこのように準拠集団の影響を受けるのでしょうか。1つには，消費活動そのものが社会的な基準によって規定されているからです。たとえば，どのようにふるまわなければならないか，どのようなものを身につけなければならないか，どのような生活をすべきか……このような生活の在り方を決める暗黙の規定はそれぞれの社会や階級・階層によって細かく決められていることが多いのです。このために私たちは何か参照すべき集団を探してそれを見習うようにするのです。

また消費者は自分が欲する消費のスタイルを発見するために，他人の力を

借りるときがあります。自分が何が欲しいのか，どのようなブランドや製品を買いたいのか，それを見いだすために，自分が尊敬したり，見習いたい他人や集団についてそれを学習します。

3.4 商品とブランドへの影響

では，私たちが消費者として商品やブランドを選択するとき，準拠集団はどのように影響するでしょうか。ビアデンとエッツエルは，**図表14-1**のように，準拠集団が，商品とブランドの選択について，それぞれ異なった影響を与えることを示しました。つまり商品カテゴリー，あるいはそのブランドの必要度に対応して，私たちは準拠集団の影響を受けていることになります。

まず，準拠集団が，商品選択にも，ブランド選択のどちらにも影響を与えない場合があります。③個人的必需品がそうです。冷蔵庫や洗濯機を選ぶ場合，通常私たちは自分の所属する集団や自分があこがれる集団のことはほとんど考えずに選択しています。

一方，準拠集団が，商品カテゴリー選択にもブランド選択にも影響を与える場合があります。①一般的贅沢品の場合です。**図表14-1**では例として，スキーやヘルスクラブが挙げられていますが，日本ではむしろ別荘のような例がより適切でしょう。別荘を所有することについて，自分があこがれる富裕層の消費行動の影響を受けると同時に，旧軽井沢の別荘のように，ブランド選択についても影響を受けるからです。

興味深いことに，②の一般的必需品の商品，たとえば，腕時計の場合，この商品を買うかどうかについては準拠集団の影響はあまりありません。しかし腕時計のブランドを選択するときは準拠集団の影響を受けることがあります。

さらに，④個人的贅沢品というカテゴリーにおいては，その商品を選ぶこと自体に準拠集団の影響がありますが，ブランドの選択自体にはあまり影響がありません。たとえば，自宅にホームシアターシステムを購入するという

場合，この商品カテゴリーの選択については準拠集団の影響を受けます。しかしホームシアターのブランド選択については影響を受けないのです。

なぜこのような商品カテゴリーとブランドの選択について，異なった準拠集団の影響が表れるのでしょうか。1つの理由は，その商品を所有することが，他者，特に準拠集団にわかるかどうかです。もしその商品かブランドを所有していることが，準拠集団にわかれば，自分もその集団に属しているという証しになるからです。

非必需品＝贅沢品の場合，その商品カテゴリーを選択するかどうか，その結果が準拠集団と自分の関係にとって意味があるものとなります。別荘やホームシアターのように，それをもっているかどうかが，準拠集団に自分が属しているという印となりえるからです。

しかし，一般的な必需品と贅沢品の場合，準拠集団の目にさらされた場合，どのブランドを保有するかどうかが，問題になります。同じ時計を保有しているのでも，どのブランドの時計を保有しているかが問題なのです。個人的必需品も贅沢品の場合は，どのブランドをもっているか，準拠集団からはわかりにくい性質をもっていますので，ブランド選択は問題にならないのです。

このように準拠集団は，私たちの消費生活において，商品とブランドの選択の場面で，微妙ながらも，決定的な影響を与える場合があります。こうした準拠集団の影響の問題は，インターネットによる社会的ネットワーキングが発達した現在，あらためてその重要性が問われていると考えられます。

3.5　準拠集団の類似概念

準拠集団のありようは，時代とともに変化します。現代においてはインターネットの発達により新たな準拠集団の在り方が観察されるようになりました。

1つは，**ブランド・コミュニティ**です。ブランド・コミュニティとは趣味やテイスト，行動を同じくする人たちがネットを介しながら，場合によってはリアルな場面で集う集団のことです。ブランド・コミュニティにもさまざ

図表14-1 ▶▶▶商品とブランドに与える準拠集団の影響

	必需品	非必需品
	商品選択への 準拠集団の弱い影響	商品選択への 準拠集団の強い影響
【視認性】ブランド選択への準拠集団の強い影響	②一般的必需品： 準拠集団は，商品選択に弱い影響しかないが，ブランド選択には強い影響をもつ。例：腕時計，自動車。	①一般的贅沢品： 準拠集団は，商品選択にもブランド選択にも強い影響をもつ。例：スキー，ヘルスクラブ。
【プライベート】ブランド選択への準拠集団の弱い影響	③個人的必需品： 準拠集団は，商品選択にも，ブランド選択にも弱い影響しかない。例：マットレス，冷蔵庫。	④個人的贅沢品： 準拠集団は，商品選択には強い影響を与えるが，ブランド選択には弱い影響しかない。例：ホットバスタブ，ホームエンタテインメントセンター。

注：表中の番号は筆者。
出所：Bearden & Etzel [1982] p.185。

まな種類があり，「ゆるい」関係＝メンバー同士の関係性がさほど強くない集団から，より緊密な関係をもつ集団まであります。

ブランド・コミュニティではメンバーはお互いに地理的に遠方にあり，ネットを通じて情報や意見交換を行いますが，折りに触れて実際に人々が集う「リアル」な会合（オフ会）が行われるときがあります。

たとえば，「スターバックス」のフェイスブックページでは約117万人（2015年2月）が「いいね！」を押しています。そのページでは自分がいま訪問しているスターバックスのお店情報がアップされたり，自分が飲んだドリンクについてのコメントが掲載されたりします。これは「ゆるい」ブランド・コミュニティの一例ということになります。

二輪車のアメリカのブランド，ハーレー・ダビッドソンでは，強烈な個性をもった高級な二輪車を愛好する消費者のコミュニティがいくつか存在します。こうしたブランド・コミュニティでは愛好者同士がバイクのアクセサリーや改造について情報交換したり，メーカーとの意思疎通の場ともなっています。またリアルな場でいっしょにツーリングを楽しむということも行っています。こうしたコミュニティではブランドへの思いや愛着をより強め，参

加者同士の絆を強めるような活動が種々行われています。

　もう1つ準拠集団の類似概念として**コンシューマー・トライブ**（consumer tribe）という集団があります。トライブとは「種族」という意味です。トライブとコミュニティとの違いは，トライブのほうが，消費ライフスタイルや好み・主義主張において，より強い共通性をもっている点にあります。たとえば，日産自動車が出したフェアレディZのファンサイトは世界中に存在し，かつての名車を今なお熱狂的に愛好する人たちのための場となっています。

4　イノベーター

4.1　イノベーションの採用過程

　イノベーション（革新）とは何でしょうか。マーケティングのうえでは，消費者にとって新しい要素をもち，それらが結合された商品やサービスがそれにあたります。新商品は現代のマーケティング環境においてはますます重要性を増してきています。企業によっては現在の売上げの多くの部分が過去5年以内に発売された新製品でつくられている，という場合も珍しくありません。企業は常に新商品を出し続けなければいけない宿命にさらされているのです。

　では新製品はすぐに顧客に受け入れられるものでしょうか。また，新製品はどのようにして消費者の中に受け入れられていくのでしょうか。新しいことに対して顧客には抵抗が生まれる場合もあります。また，新製品を喜んで人よりも早く買う人もいれば，周りの人が購入してから購入を決める人もいます。こうした問題を「イノベーションの普及」と捉え，これまでにも，さまざまな側面から研究がなされてきました（**図表14-2**）。

　イノベーションを社会において最初に採用する（＝受け入れる）人は「**イノベーター**」と呼ばれています。イノベーターは全体の人口の2.5％存在し，

図表14-2 ▶▶▶イノベーション採用者のタイプ

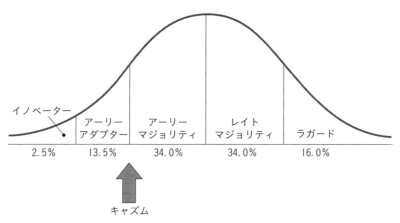

出所：ロジャース[2007]。

社会においてイノベーションを普及させるための引き金の役割を果たします。

こうしたイノベーション採用の時期によって，消費者は5つのタイプに分けられます。

まず全体の2.5%である「イノベーター」は最初にイノベーションを他の人にさきがけて採用するタイプです。冒険的な性格をもち新しいアイデアを試すリスクを恐れない人たちです。また地域にこだわらない世界共通の考え方をもち，イノベーター同士で盛んにコミュニケーションがあります。

次の**アーリーアダプター**＝「初期採用者」は，社会から尊敬される存在です。彼らは地域的な社会システムとかかわりをもち，新しい考え方を採用する前に試してみる役割をもっています。彼らは社会のオピニオンリーダーであることが多いのです。

アーリーマジョリティ＝「前期多数派」は「慎重に考える人たち」です。新しいものについて採用する前に少し考えてから採用するタイプです。**レイトマジョリティ**「後期多数派」は「疑い深い人たち」です。初期多数派の行動をみて，経済的に必要であれば採用するという態度を取ります。自分の知り合いが多く使っているから，という理由で採用することも多いのです。

イノベーションを採用するのがもっとも遅い**ラガード**＝「遅滞者たち」は

伝統的な考え方を重視する人たちです。過去の伝統を大事にし，新しいものに用心深い傾向があります。

4.2 現実のイノベーター

こうしたロジャーズの記述をよく読むと，普通私たちが「イノベーター」というコトバから抱くイメージと，ロジャーズが言うイノベーターとは少しばかり食い違いがあることがわかります。イノベーターとはローカルな社会において，手本になるような「かっこいい」存在ではなく，イノベーターとはむしろ「よそ者」であることが多いということなのです。イノベーターが単なる「変わり者」としか見えない場合も少なからずあるはずです。

逆に言えばよそ者であるからこそ，イノベーターはイノベーターでありうるとも言えます。世間の常識や制約に捉われず，社会の片隅に位置して，まったく新しい事柄に挑戦するのが彼らです。文化人類学者の**山口昌男**[2000]が唱えたように，文化の周縁部から新しいものが登場し，それが後に文化のメインストリームになる歴史を私たちはみてきました。ヒッピー文化も，オタク文化もそのような経路をたどったのです。

地域から尊敬されているのはイノベーターよりもアーリーアダプター（初期採用者）たちです。初期採用者たちはよそ者＝イノベーターが採用したイノベーションを恐る恐る試してみます。彼らはもともと地域社会で一目おかれる存在ですから，オピニオンリーダーでもあり，影響力をもっています。つまり地域の人たちにとって，初期採用者の人たちはロールモデルであり見習うべき対象なのです。

イノベーションの普及が成功するのはまさによそ者であるイノベーターから地域のリーダーである初期採用者にイノベーションが伝播したときです。しかし多くのイノベーションはイノベーターだけに普及することで終わってしまいます。

肝心なことはイノベーターから初期採用者にイノベーションが引き継がれるように手助けを行うことです。それではどのようにしたらイノベーターか

ら初期採用者にイノベーションが引き継がれるようになるのでしょうか。それには以下に述べるような,イノベーションがもつ「複雑性」「両立不可能性」といった問題を解決することが必要です。

なお,この点について,1991年にムーアによって発表された「**キャズム**」（断絶）という考え方によれば,普及のギャップは,むしろアーリーアダプターとアーリーマジョリティの間に発生すると主張されています（図表14-2）。ロジャーズが農村や開発途上国などの事例を多く集めているのに比較して,ムーアはコンピューターなどテクノロジーの発達を念頭においているために,このような違いが生じていると考えられます。

ムーアによれば,アーリーアダプターとアーリーマジョリティとでは,イノベーションの採用の動機が異なっているためにこのようなキャズムが生じるというのです。アーリーアダプターが競合と差別化のためにイノベーションを採用します。しかし,アーリーマジョリティは業務の効率化のためにイノベーションを採用するのです。

4.3 成功の条件

それでは,イノベーションが消費者に受け入れられ成功するためにはどのような条件が必要なのでしょうか。主に4つの条件が考えられます。

【イノベーション成功の条件】
1. **相対的便益**……その商品がもたらすベネフィットが他の商品と比べて相対的により優れた便益を提供していると感じられること。
2. **両立性**……消費者の現行のニーズや生活体系に合致していること。ワープロのキーボードの配列は昔ながらのタイプライターの配列を踏襲しているが,新しく効率的な配列の提案がこれまで受け入れられなかったのはこの両立性がなかったから。
3. **複雑性**……消費者にとってこのイノベーションが複雑でなく簡単であると感じられること。消費者にとって面倒でないこと。

4．**試行性**……そのイノベーションを自分で試す機会が提供されること。消費者は自分で試してみないとそのイノベーションを信じる気になれない。

　最近の研究によるとコンピューター関連の普及では，初期に盛り上がった普及率が一時的に下がる「**サドル現象**」が見られることがあります。その後に再び普及率があがっていくわけですが，これはいったんイノベーターに普及した後，質的に異なるアーリーアダプターに採用されるようになるまで時間がかかるのが原因と考えられています。

　イノベーションの普及に際しては，イノベーターだけに着目するのではなく，その次の普及をになう，アーリーアダプターやアーリーマジョリティに普及することを考えなければいけません。

5　シェアリング

5.1　シェアリングとは

　2011年3月11日に起きた東日本大震災の後，注目される1つの消費行動があります。それはボランティアや災害援助活動にみられるような「**シェアリング**」です。シェアリングとは，自分が所有しているモノやサービス，あるいは労力など自分のもつ資源を，他人のために無償で使わせる行動のことです。震災後には多くの人たちが自分のもっている物や資源を，被災者のために提供しました。また海外からも多くの援助が届きましたが，そのかなりの部分は海外の人々のシェアリング活動によってなされています。

　しかしよく考えてみると，私たちはふだんからシェアリングという行動を意識することなしに行っていることがわかります。たとえば，家庭において親は子どもたちのためにいつも自分の労力をいとわず，さまざまなケアや教育を施しています。また私たちは食事のとき，大皿から食べ物を分け合っています。また住宅というものはそれ自体家族という単位で，その機能を分か

ち合いながら生活している空間です。

　さらにもっと社会的な場面でもさまざまなシェアリング行動がみられます。電車に乗ったとき，お年寄りや体が不自由な人に席を譲るのもシェアリングですし，クルマを運転しているとき，車線を他のクルマに譲る行動もそうです。

　インターネット社会はシェアリングからできていると言っても過言ではありません。お金を支払うことなしに情報が人々の間で分かち合われていますし，ネット上のサイトで他の見知らぬ他人から物事を教えてもらうこともたびたびあります。

　またシェアリングされるものは，物質的なモノや形のない情報だけではありません。人間の身体もシェアされることがあります。臓器移植はその例です。自分の死後に内臓をドナーとして，必要とする人に分け与えることもシェアリングに含まれるのです。

　それではシェアリングという行動にはどのような特徴があるのでしょうか。

5.2　シェアリングの特徴

　シェアリングには，購買などの金銭的交換や贈与（ギフト）などの行動と一見似たところがあります。しかしよく観察すると，シェアリングにはそれらと異なる特徴があります。消費者行動論研究者，ベルク教授によると，シェアリングは基本的には家族の中で行われる行動です。それは大きく，(1)マザーリングと，(2)世帯資産の蓄積と分配，の2つの基本タイプに分けられます。(1)マザーリングとは文字通り，motherの行う行動，すなわち，お母さんが子どもを育てるときのような，無償の愛情に基づく，個人的なシェアリングのことです。母親が赤ちゃんにおっぱいをあげたり，食べ物を与えることもそうですし，親は子供のために，自分の時間や労力を使って教育やしつけを行います。(2)世帯資産の蓄積と分配とは，家族が資産を貯め，それを何らかの手段で分配することを意味しています。家族で所有される多くのモノは，特定の誰かの所有物ではなくて，家族の共有物となっています。たとえばペットの動物は家族の誰かの所有物では普通ありません。

こうした家族にみられるシェアリングは，次のような特徴をもっています。

1つはこうしたシェアリングする人同士の関係が「非互恵的」であることです。ギフトなどの贈与行動は互恵性があります。つまり，贈り物をすることは何らかのお返し＝返礼を伴います。贈り物はつねに何らかの義理を返す行動であり，贈り物をもらう人は，その恩義を返すことを期待されています。しかしシェアリングではそうではありません。シェアリングとは返礼を期待しない行動なのです。お母さんが赤ちゃんを育てるのは，赤ちゃんから何かお返しを期待するからではありません。

またシェアリングはお金による交換とも異なります。交換ではそのモノの所有権が移動することが起こります。つまり何か物を買えば，その物は他人のモノから自分のモノになります。しかしシェアリングでは違います。たとえば家族で使っている石鹸をシェアすることは，所有権の移動を伴いません。

5.3 コラボ消費

シェアリング行動の起源は，歴史以前の太古の狩猟社会にさかのぼると考えられています。狩猟時代に人間は狩猟した動物をシェアして食べる生活が行われていました。また家族集団の間では石器などさまざまなモノをシェアすることが普通に行われていました。

現代でも子どもはその幼年時代にシェアすることを学びます。兄弟同士でおもちゃをシェアしあったり，食べ物を分けあったりすることを親から教えてもらいます。しかしそのような習慣は次第に大人になるにつれ失われ，より個人的な所有や交換を行うようになります。

シェアリングが現代において重要なのは，困窮したときの援助行動として行われるシェアリングや，社会的活動として行われるシェアリングです。

冒頭に書いたように災害時，被災者同士はシェアリングを通じて，自分が持っている食べ物やシェルターを分け合い生活しようとします。東日本大震災のとき，仙台などでは，不安感や食料不足を補うために，数日間アパートなどで共同生活を経験した学生もいました。これは普段の生活場面ではみら

れなかったシェアリング行動と言えます。

　またマーケティングの観点から重要なのは，「**コラボ消費**」です。コラボ消費とは，共同で消費する仕組みをもつことを意味します。たとえば，共同で企画・建設するマンション，タイムシェアリングのマンションやリゾート施設，アメリカでよくみられる友人同士やコミュニティでのカーシェアリングなどです。タイムシェアリング式のリゾートでは，一定の時間だけそのリゾート施設を使う権利が販売されます。カーシェアリングでは，1台のクルマを知り合い同士で時間を分けて使うことが行われます。また，コストコ（Costco）のような大規模なメンバー制のディスカウントストアでは，主婦が何人かで買い物をして，安く買った大きな肉の塊や洗剤をシェアしあうことも行われています。こうした行動を総じて「コラボ消費」と呼ぶことができます。

　これからの時代にマーケティングを企画するとき，そこに何らかのシェアリング行動を介在させることは必要だし，有効と考えられます。なぜなら，消費者は資源が有限であることに気づき始めていますし，消費を通して何らかの社会的貢献をなしたいと考えるようになってきているからです。また消費者同士が交流しあうことに次第に喜びを見出すようになっています。たとえば，ブランドサイトをつくってそこで，何らかの情報のシェアリングや，余ったり使われていないモノのシェアリングを促進するアイデアが考えられるでしょう。コラボ消費という概念と併せて，シェアリングをマーケティング戦略の中に組み込んでいくことがさらに必要とされると思われます。

Working　　　　　　　　　　　　　　　　　　調べてみよう

私たちは他者の行動を見ながら普段消費生活を行っていますが，もしも比較する他者がいない場合，何を基準としてモノを買ったり使ったりするでしょうか。絶海の孤島や牢獄など，他者から切り離された境遇に置かれた人の消費スタイルを調べてみよう。

Discussion　　　　　　　　　　　　　　　　　　議論しよう

現代において，流行はどのような社会的役割を果たしているでしょうか。ポジティブな立場とネガティブな立場の2つのグループに分かれてディベートしてみよう。

参考文献

- エベレット・ロジャーズ著　三藤利雄訳［2007］『イノベーションの普及』翔泳社。
- ガブリエル・タルド著　池田祥英，村澤真保呂訳［2007］『模倣の法則』河出書房新社。
- ゲオルク・ジンメル著　北川東子，鈴木直訳［1999］『ジンメル・コレクション』筑摩書房。
- ジェフリー・ムーア著　川又政治訳［2000］『キャズム』翔泳社。
- 竹内洋［2008］『社会学の名著30』筑摩書房。
- デイヴィッド・リースマン著　加藤秀俊訳［1964］『孤独な群衆』みすず書房。
- 中島純一［2013］『増補改訂版　メディアと流行の心理』金子書房。
- ナンシー・F. ケーン著　樫村志保訳［2001］『ザ・ブランド―世紀を越えた起業家たちのブランド戦略』翔泳社。
- マートン, R. K. 著　森東吾，金沢実，森好夫訳［2005］『社会理論と機能分析』青木書店。
- 山口昌男［2000］『文化と両義性』岩波書店。
- Bearden, W. O. & Etzel, M. J.［1982］"Reference group influence on product and brand purchase decisions," *Journal of consumer research*, 9, 183-194.
- Belk, R.［2010］"Sharing," *Journal of Consumer Research*, 36, 715-734.
- Hawkins, D. I., Best, R. J. & Coney, K. A.［2001］*Consumer behavior: Building marketing strategy*, Boston, Irwin McGraw-Hill.
- Hyman, H. H.［1942］"The Psychology of Status," *Archives of Psychology*, 269, 5-28.

第15章 企業と消費者

Learning Points

- ▶コ・クリエーションにはどのような種類があり、どのように役立っているでしょうか。
- ▶倫理的消費とはどのようなものでしょうか。
- ▶顧客満足を高めるためにはどのような方法があるでしょうか。
- ▶オンライン消費者行動にはどのような特徴があるでしょうか。

Key Words

コ・クリエーション　消費者イノベーション　倫理的消費　顧客満足
オンライン消費者行動

1 コ・クリエーション

1.1 共創という考え方

　新製品開発の分野で00年代以降、急速に関心をもたれるようになったのが、**コ・クリエーション**という考え方です。それまで新製品開発は企業の仕事であり、企業が技術や仕様を決定し、それを顧客や消費者に与えるものである、という考え方が支配的でした。そのような企業中心の考え方に対して、まったく異なる新製品のアプローチがあることが次第にわかってきました。顧客と企業とが手を携えて新しい製品をつくったり改善していくプロセスが、このコ・クリエーションなのです。コ・クリエーションは「共創」とも訳すことができます。

　コ・クリエーションの考え方に着目させるひとつの事件がありました。それはプラスティック製のブロック玩具でよく知られるレゴ社の経験です。同

社は1998年に「レゴ・マインドストーム」を発売しました。これはロボットの組立キットで，できあがったロボットをコンピューターで動かすことのできるレゴ社の本格的エレクトロニクス製品でした。

しかしマインドストームが発売されてからすぐ「事件」が起きました。ハッカーたちがマインドストームのソフトウェアのコードを解読し，インターネット上に発表してしまったのです。こうすることによって誰でもマインドストームのソフトウェアを書き変えて，自分が好きなように遊べるようになってしまいます。

この結果，世界中のハッカーたちが自分たちの思うようなロボットをつくるようになり，さまざまなロボットが世界のあちこちで動かされるようになりました。C言語やJAVAを使ってのプログラミングが可能になったのです。レゴ社からすれば，これはまったく自社の意図と異なった結果であり，違法行為にほかなりません。

このようなとき企業はハッカーを訴えるべきでしょうか。レゴ社の行ったことはまさに逆でした。同社自らマインドストームのプログラミング・ソースコードをネット上で公開してしまったのです。この行動の結果，マインドストームの売上は減少するどころか，急上昇しました。プログラム言語をオープンソース化することによって，この製品の可能性を大幅に広げることになったのです。

近年ではマインドストームを使って思いも寄らないような創造的なロボットがつくられています。たとえば，スウェーデンのハッカーは，日本人が発明し世界に広まった数字パズルである「素独」（sudoku）を自分で読み解いてしまい，かつ数字をパズルに書きこんで完成してくれるマインドストームのロボットも登場しています（Youtube "LEGO Mindstorms Sudoku Solver"）。

1.2 「共創」の種類

このレゴ社の例からどのような教訓が得られるでしょうか。顧客と企業と

の関係は考えようによっては敵対関係にある場合もあります。たとえばハッカーを自社の敵とみなす場合です。しかしレゴ社の場合，彼らを「友好的」なハッカーと捉えました。そのことによって，彼らは自社のもつ製品の可能性を引き出し，より多くの機会をつくってくれました。その結果，こうした創造的な顧客たちがマインドストームの宣伝をしてくれたのみならず，売り上げにも大いに貢献してくれたのです。

このようなコ・クリエーションは現在ではさまざまな分野にわたって製品開発に応用されています。例えば航空機製造のボーイング社は，787 ドリームライナー開発にあたり，世界で 12 万人のボランティアの力を借りて，そのデザインをつくりあげました（http://www.newairplane.com）。

こうしたコ・クリーエーションをいくつかの種類に分類してみましょう。顧客と企業と，どちらが主導的な役割を果たすか，また，両者の関係が固定的か，オープンなものか，によって，4 種類のコ・クリエーションのタイプを得ることができます（**図表 15 - 1**）。

1つは(1)「コラボレーション」で，これは顧客主導型で両者がオープンな関係です。たとえば，「R（アール）」という統計ソフトにみられるオープンソースソフトウェア開発はその典型的なものです。

(2)「ティンカリング」（改良）とは，企業主導型でかつオープンに行われる共創関係で，すでにできている製品を改良する目的で行われるものです。コンピューターゲーム開発として行われる例があります。(3)「コ・デザイニング」とは顧客主導型で，固定的な関係で行われます。ある顧客がオンラインでつくったデザインに対して，顧客同士が人気投票をするような場合です。(4)「サブミティング」（提案）とは，企業主導で，かつ固定的な関係として行われるタイプです。企業が主催するデザインコンペなどはこの例にあたります。サブミティングでは，顧客は企業に直接さまざまなアイデアを提供します。

このように考えてくると，コ・クリエーションにもさまざまな手法や種類があることに気づきます。

図表15−1 ▶▶▶ 4つのコ・クリエーション

<table>
<tr><th></th><th>固定的</th><th>オープン</th></tr>
<tr><td>顧客主導型</td><td>(3)コ・デザイニング（協同デザイン化）＝少数の顧客がまず企業に新製品案を提示し、次に、より多くの顧客たちがどのコンテンツを選択すべきかを決める。例：Threadless.com</td><td>(1)コラボレーション（協同）＝顧客が主導して行う集団的製品開発作業。例：Linux開発のオープンソースプロジェクトなど。</td></tr>
<tr><td>企業主導型</td><td>(4)サブミティング（提案）＝顧客が直接企業に新製品案を提案する。例：スウェーデンのElectrolux社のDesignlaboコンペ。</td><td>(2)ティンカリング（改良）＝市場で販売された製品を改良した結果、それが次の製品開発に結びつく。例：コンピューターゲーム。</td></tr>
</table>

出所：O'Hern & Rindfleisch［2010］をもとに作成。

1.3 消費者イノベーション

　MIT教授フォン・ヒッペルたちの最近の研究報告によれば、消費者自身が起こすイノベーションは想像するよりも広い範囲にわたっています。英国国民の代表サンプルを用いたサーベイによると、6.2％の英国消費者が直近の3年間で何らかの**消費者イノベーション**（消費者自身による商品創造や改良）に携わった経験があるということです。消費者イノベーションとは、コ・クリエーションにつながるような、消費者自身による商品の発明や改良のことです。たとえば、釣り道具を改造して、高いところの木の枝を切れる道具をつくり出した、というような「発明」です。

　こうした消費者イノベーションにもいくつかの種類があると考えられます。もっとも簡単な次元は、消費者が既存の商品について、発売企業の想定した以外の、新しい使い方や楽しみ方を考え出す段階です。たとえば、日清マグヌードルという商品は、日清食品の女子社員が昼食時、持参したチキンラーメンを小さく割って、カップに入れお湯をそそいで、スープにして飲んでいるのを見て発想された食品です。

　次の次元は消費者が、自分で新しいソフトウェアやハードを作成して、それを既存製品に連結させることで、新しい製品を生み出す場合です。先に挙げたレゴ社のロボットの場合がこれに当たるでしょう。

最終的には，消費者自身がまったく新しい製品やサービスを生み出してしまい，それを企業が採用する場合が考えられます。たとえば東京の地下鉄の「乗り換えマップ」（どの位置で乗車するとどの階段やエスカレーター・エレベーターが近いか）は素人の主婦が発明し地下鉄に採用されたものです。

　こうした消費者イノベーションを行っているのは英国人口のうち6.2％の約290万人にあたります。しかしこの数字は，ネット上の消費者コミュニティにおいて行われるコ・クリエーションの数字よりも，ずっと低いものです。何らかのコミュニティに属する消費者の20％から40％はこうした共創を行った経験があるからです。

　つまり，消費者は同じような関心や興味をもつ他者との間で，商品を改良したり，新たな商品を，よりつくり出しやすいことを意味しています。同じ趣味をもつ同士では，問題点について意見を出しやすく，またその点を改良するためにさまざまな知恵が得られるからです。

Column　ビジネスへの応用

　ここまで見てきたように，消費者＝顧客と企業のコ・クリエーション関係は，まだその始まりの段階にあるに過ぎません。しかしすでにあちこちの分野でコラボレーションが進行し，消費者イノベーションが実際に起こりつつあります。私たちはこうした企業と消費者との新しい関係にまだまだ慣れていません。

　消費者はコ・クリエーションを起こすに際して，自分とネットワークの関係にある仲間の存在を強く意識する事実を活かして，企業と消費者との新しい関係をつくることが今後よりいっそう重要になってきます。

2 倫理的消費

2.1 倫理と消費の関係

　スーパーの店頭で「フェアトレードコーヒー」という商品を普通に見かけるようになりました。広告の中で「エコ」「環境」をうたい文句にした商品やサービスは数多くみられます。この商品を買うと，このような社会貢献ができます，というキャンペーンも目につきます。こうした消費活動のことを一括して「**倫理的消費**」と呼ぶことができます。

　しかし企業や団体が実施するキャンペーンだけが倫理的消費なのではありません。消費者が自ら発案し活動する倫理的消費もあります。たとえば，問題のある企業の商品を買うのをやめようと呼びかけるボイコットや，地域の消費者グループが自発的に社会的貢献を目的として行う活動などです。

　ここでいう「倫理」とはどのようなことでしょうか。倫理という言葉の定義は複雑を極めますが，「他者に対してどのようにふるまうべきか」と定義してみましょう。つまり倫理的消費とは，他者・社会とどのようにかかわっていくべきか，それを意識した消費活動と考えることができるでしょう。倫理的消費活動において，消費者はこの商品を買うことで，自分は社会や他人とどのようなかかわりをもつか，それを考えていることになります。

2.2 なぜ倫理なのか

　こうした倫理的消費活動はここ 20～30 年間の間に形を変えながら次第に盛り上がりを見せてきました。その理由はいくつか考えることができます。

　環境問題に象徴されるように，地球規模で対処しなければならない問題が実際に起こってきたことがその 1 つの原因でしょう。1960 年代に環境を汚染するような企業活動は「公害」と言われました。しかし現在では環境問題は，単に企業個別の問題にとどまらず，地球市民全体で考えなければならな

い問題に変わっています。

　さらに，80年代にかけてサッチャーイズム（英国首相だったサッチャーの政策）やレーガノミクス（米国大統領ロナルド・レーガン時代の経済政策）に代表されるようなネオ・リベラリズムが後退したことと，倫理的消費とが関連あるという指摘があります。小さな政府を目指し，規制の少ない自由な企業活動を掲げるネオ・リベラリズムの影響によって，政府による規制や公企業の民営化政策が盛んになりました。しかし2000年代以降，特にリーマンショックをきっかけにして，こうした傾向に一定の反省が起こるようになりました。

　以前から南北問題と言われた途上国との貧富の格差も一部を除いては解消していませんし，先進国ではこれまでのような過剰な消費のライフスタイルに代わって，健康や環境に配慮したライフスタイルが台頭してきました。極端な自由放任主義の経済のあり方について議論されるようになったのです。消費者の倫理が問われるようになった時代的背景としてこのような事情があったのです。

2.3　どう理解するか

　倫理的消費活動は多岐にわたり，幅広い消費活動をこの中に含めることができます。2011年の初頭に話題となった，「タイガーマスク」の活動もここに含めてもいいかもしれません。多くの人たちが施設や地方公共団体にランドセルや物品を寄付したことが話題になりました。

　ここで倫理的活動を以下の2つの軸で整理することにします。

　1つは「否定的 VS. 肯定的」の軸です。否定的とは現状のありように抗議し，これを否定するような消費者活動のことです。肯定的とは，現状をさらに改善し，あるべき姿を求めて行動する消費のことです。

　もう1つの分類軸は，「社会・企業対応 VS. 自然・生活対応」の軸です。消費活動が社会や企業に対して行われるものか，あるいは自然や消費者の生活に向けて行われるのか，という軸です。ここから得られる4つの倫理的消

費のタイプを見ていきましょう（**図表15-2**）。

タイプ1「否定的－社会・企業対応」に含まれる倫理的消費活動とは，自然破壊を起こした企業に対する抗議活動のように，現在行われている企業行動や政府政策に抗議し，これを否定するような活動のことです。消費者ボイコットはその古典的な例で，米国などでは人種差別を行う企業の商品への不買を申し立てる運動が行われた歴史があります。

タイプ2「肯定的－社会・企業対応」では，途上国との公正な取引を求め，途上国の暮らしや農業環境を守る活動であるフェアトレード商品を買うような活動が代表的なものです。またコーズ（リレーテッド）マーケティングのように，企業が提唱して行う，購買を通じて社会的に有意義な活動に金銭的な貢献を行うこともこのタイプに含まれます。

タイプ3「肯定的－自然・生活対応」では，環境運動やスローライフのように，自然や環境を保護する活動，自然に根差したゆるいテンポの生活を提案する，などがここに含まれるでしょう。日本コカ・コーラ社が発売している「い・ろ・は・す」というミネラルウォーターはこの消費タイプに入るでしょう。

さらに，**タイプ4**「否定的－自然・生活対応」では，動物の毛皮を着ることを拒否するような活動，あるいは，医薬品業界における動物実験反対などの運動がここに入ります。

Column　ビジネスへの応用

　企業のマーケティング活動にとって，倫理的消費はときとしてプラスにも働きますし，場合によってはマイナスに働くこともあります。倫理的消費において消費者は必ずしも自分の利益のために動くとは限りません。いわゆる「消費ニーズ」とは異なった基準で消費者は選択するようになるのです。

　このような倫理に目覚めた消費者を満足させるためには，企業がさらにその倫理的動機を満足させるような活動を企画し，実行していく必要があります。つまり企業もまた倫理的行動に敏感になる必要があるのです。CSR（企業の社会的責任）もこうした消費者の倫理的消費活動と歩調を合わせて実施していく必要があるでしょう。

図表15−2 ▶▶▶倫理的消費の分類

	肯定的	否定的
社会・企業対応	タイプ2 フェアトレード，コーズマーケティング	タイプ1 消費者ボイコット，反ブランド
自然・生活対応	タイプ3 環境，スローライフ	タイプ4 反毛皮，動物実験反対

出所：筆者作成。

3 顧客満足

3.1 顧客満足という概念

「**顧客満足**」という用語は，すでに一般的にもよく知られ，また実践されているマーケティング概念です。顧客満足がマーケティングの重要課題として注目されるようになったのは1980年代以降のことです。スウェーデンで包括的な顧客満足度調査（SCSB）が本格的に開始されたのが1989年，それ以降米国をはじめとした各国で顧客満足度調査が盛んに行われるようになってきました。

米国では以前から顧客満足調査が浸透し一般消費者にごく親しい存在になっています。自動車の満足度調査で有名なJ.D.パワー（J.D. Power）という企業があります。米国ではこの企業の調査結果を用いて「J.D.パワーの顧客満足度調査でナンバーワンに選ばれた」という表示が広告やパッケージで訴求されることがあります。つまりJ.D. Power社という調査会社自体がブランドになったほど，顧客満足という概念が一般化したということなのです。日本でも同じような広告訴求が最近行われるようになっています。

なぜ顧客満足が問題にされるようになったのでしょうか。それは，日本の産業構成割合の変化が1つの大きな原因です。日本の国内総生産に占める第1次産業（農林漁業）の割合は，1955年の21.0%から2008年の1.6%に低

下しました。第2次産業（鉱業，建設業，製造業）は，1955年の36.8％から1970年には46.4％まで上昇しましたが，2008年には28.8％まで低下しています。一方，第3次産業（サービス業，卸売・小売業など）の割合は，1955年の42.2％から2008年には69.6％まで上昇しています。さらに第3次産業のうちサービス産業は35.9％を占め，卸売業・小売業や不動産業をしのいでもっとも大きな産業分野となっています（厚生労働省［2010］）。つまり日本国内経済の約7割はサービス関連産業によって産み出されているということになります。

サービス業はヒトの手を介して行われます。たとえば流通業や宅配便などはサービス業です。こうしたサービスを利用したとき，消費者はそのサービスの質（クォリティ）を判断することが起こります。あるお店でサービスを受けたとき，消費者が「よし，またこの店に来よう」と思うか，「二度とこの店には来たくない」と思うかは大きな違いです。

このように引き続き消費者が同じサービスを買いたいと思わせる動機となるいくつかの要素のうち，重要なものがこの顧客満足なのです。高い顧客満足があってはじめてサービスの質が評価され，引き続きそのサービスが利用されるかどうかが決まることになります。こうした理由で，サービス業では顧客満足が重視されるわけです。

3.2 顧客満足とは

このように普及してきた顧客満足という概念ですが，それでは満足とは一体何か，と問いかけてみると，まだそれほどはっきりしているとは言えません。たとえば，満足という言葉は独立した項目として心理学辞典にはほとんど出てこないのです。満足はもともと心理学の用語でなかったからです。心理学では欲求が満たされた状態を満足としているだけで，さほど積極的な概念とは言えませんでした。

ノースウェスタン大学のコトラー教授によれば，顧客満足とは「買い手の期待に対して，製品の知覚パフォーマンスがどれほどであったか」（p.177）

と説明されています。この説明は，顧客満足でもっとも有力な**期待－充足理論**に沿ったものです。つまりサービスに対して顧客が事前にもっていた期待に対して，それが顧客にとってどの程度満たされたか，それを満足と考えよう，というわけです。

　この理論に従えば次のようになります。まず，大いなる期待をサービスに抱いている場合を考えてみましょう。前々から高級ホテルに泊まろう，という予定を立てていて，実際に宿泊したとき，事前の期待は大きいものがあります。しかし，もしもホテルの部屋に入ったとき，部屋が清潔でなかったとしたら，その期待は大いに裏切られます。その結果，満足度は急に低下することになります。

　逆に，顧客がサービスを利用する際，事前に低い期待しかもっていない場合，簡単にその満足度は充足されます。たとえば，多くの電車通勤利用者にとって電車はいつもどおり障害なく運行され，不快なことがなければよい，というのがせいぜい「事前の期待」です。その結果，満足であるかどうかすら普段は自覚することなく，私たちは電車を利用しています。

　しかしもしも何も期待していなかったにもかかわらず，とても良いサービスを受けた場合はどうでしょうか。海外に行くとき飛行機のエコノミークラスを利用する予定であったにもかかわらず，思いがけず飛行機会社の予約システムの不備で，無料でビジネスクラスにアップグレードしてもらった……このようなケースでは，大きな満足が期待できます。

　ある研究によれば，顧客の「努力」もこの期待に影響するということです。たとえば，手に入りにくい家具を探して手間と時間をかけた人にとって，やっと入手した家具に高い満足を覚えることでしょう。

　こうしてみると，事前に高い期待を抱かせ，その購入に努力を要するような施策を講じ，その結果満足のいくサービスを提供すれば，顧客は高い満足を得るといえます。ただし実際のマーケティング活動においては，「努力」をわざと課すことは難しいので，実際のところマーケターは「期待」を操作して満足を高めることを行っていると考えられます。

　この期待－満足の考え方には実務的にはジレンマが伴います。1つには，

事前の期待を高くすることは,サービス提供者にとってはリスク(不確実性)が高まるからです。もし期待させたその挙げ句期待を裏切ったとしたら,満足度は大いに低くなってしまいます。逆に事前の期待を低くしたならば,少しくらい質の悪いサービスでも高い満足が得られるでしょうが,しかし事前に低い期待では,お客さんが集まりません。そこで,高すぎず,低すぎず,中程度の期待を事前に形成することが良いのではないかという説もあります。

3.3　顧客満足の測定

2010年3月に発表された「日本版顧客満足度指数」(サービス産業生産性協議会)の調査で,顧客満足は次の3つの要素で測定されています。

1. 全体満足度：過去1年間の利用経験からの全体的満足
2. 選択満足度：これを選択したことは良かったか
3. 生活満足度：生活を良くすることにどの程度役立ったか

一方,米国の満足度モデル(ACSI)では,次の3つの要素で顧客満足が測定されています。

1. 全体満足度
2. 理想比較度：そのカテゴリーで理想的と思うサービスにどれだけ近いかどうか
3. 期待充足度：事前の期待を超えたか,あるいは下回ったか

日本と米国の満足に対する概念設定の違いがここには反映されているようにもみえます。米国人はサービスに理想を想定したり,事前に大いに期待しているのかもしれません。一方,日本の測定尺度では,事前よりも,事後に考えて評価する点を優先しているようです。

どちらの考え方が正しいというわけではありません。ただ商品によっては

米国式のスケールをあてはめて質問する場合がベターな場合もあるでしょう。それは消費者が期待を形成しながら，より能動的に選択するようなサービスの場合です。たとえば，旅行やスポーツなどではこうした理想との比較や期待充足などの観点を取り入れると，さらに効果があるように考えられます。

3.4 顧客満足形成の過程

また顧客満足はどのようにして形成されるのでしょうか。日本版顧客満足度指数では，次のようなモデルによって説明されています（図表15-3）。

この図では，顧客満足にかかわるいくつかの要因がどのように関係しているかを表しています。より太い矢印はより強い影響関係を示しています。このモデルに従って満足形成の過程を追ってみましょう。

まず満足の出発点として「事前期待」があります。この期待度は，次に「知覚品質」に影響します。たとえば，ある音楽コンサートで事前に「早く観られないかな～。ドキドキ」と待っていたA君には高い期待度をもたれています。コンサートではそのアーティストはとても素晴らしいパフォーマンスをみせました（高い知覚品質）。

こうなると，「やっぱりこのコンサートは，高いお金を払っただけのことはある。」と「知覚価値」も高まる結果となります。そうなると，高い「満足」

図表15-3 ▶▶▶日本版顧客満足度指数によるモデル

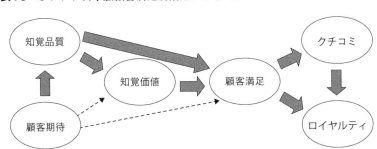

出所：サービス産業生産性協議会[2013]リリース資料。
　　　http://activity.jpc-net.jp/detail/srv/activity001396/attached.pdf

> **Column** ビジネスへの応用
>
> 　こうしてみると，サービスで満足度を高めるためには，次のような考え方が必要となります。まず最初に，(1)ほどほどに高い期待を顧客に与え，盛り上げておくこと，さらに，(2)期待に見合ったサービス品質を備えておくこと，(3)品質と価格のバランスを考慮して価格を設定すること，(4)さらに満足した消費者がこのサービスをより支持してくれるよう，口コミの発生を助け，また買いに行きたいロイヤルティを高める仕組みづくりをすべきである。このような結論になるでしょう。
>
> 　サービスマーケティングでは，顧客満足だけにとどまらず，「顧客歓喜」「顧客感動」customer delight を満足の上位概念として追求しなければならない，という考え方も提唱されるようになりました（Oliver, Rust, & Varki [1997]）。これは期待もしなかったような高いレベルでの顧客満足のことです。たとえば，ホテルに宿泊したとき，思いがけず誕生日のケーキがカードとともに部屋に置いてあったら，とてもうれしくなるかもしれません。日本の顧客サービスはすでに高い水準にあると言われますが，今後のサービス産業の方向性を考えるとき，新しい消費者の満足のありようを考えていく必要があります。

が観測され，さらには，そのコンサートのことをブログで書いて仲間に知らせようという「行動」に変わります。最終的にはそのごひいきのアーティストに対する「ロイヤルティ」はさらに高まり，「この人のコンサートには毎回必ず行こう」という行動となって現れると考えられます。

4　オンライン消費者行動

4.1　インターネットとは

　インターネットはもともと ARPAnet と言い，米国国防総省が1969年に導入したコンピュータネットワークが起源になっていると言われています。この中央制御型ではない，分散型のネットワークはその後，90年代に世界規模で大きく広がり，私たちの生活を大きく変えてしまいました。

　2012年末には，日本全体のインターネット利用者は9,652万人，10年前

の2002年と比較して39％も増加しています。日本人の79.5％が利用していることになり，10年前と比較して21.7％増加しています。個人の79.5％，世帯の86.2％がネットを利用しています（総務省［2014］）。今ではインターネットなしでは生きられないと思う人が世間の多くを占めるようになりました。若い人にとってむしろインターネットが存在しない世界を想像することが難しいでしょう。ネットは私たちの生活のインフラ（社会基盤）になり，消費者行動にも大きな影響を与えています。

またインターネットを通じて，消費者は購買行動を行うようになりました。直接eコマースから商品を買う，あるいは，ネット上で買い物のための情報を検索する，というようにです。消費者はインターネットを用いて消費行動を行うことに次第に習熟するようになりました。では，ネット上の消費者行動とリアルな消費者行動とはどのように異なるのでしょうか。

4.2　増加するEC

経済産業省［2013］によれば，消費者向けの電子商取引（EC）市場の規模は2009年で9.5兆円，前年対比12.5％増加，全小売取引の3.1％（EC化率）を占めるようになってきています。別の調査によれば，ネットショッピングする人の6割が月に1回以上購買し，1カ月に5,000円以上1万円未満の支出額と回答した人が全体（ネットショッピングの経験者，男女20〜59歳）の31％でもっとも多くなっています（マクロミル［2009］）。

では消費者はリアルな買い物行動と比較して，ネット上でどのような行動を行っているのでしょうか。そしてマーケティングという観点から，ネットでの買い物行動について，どのような考え方が重要なのでしょうか。

4.3　なぜオンラインショッピングか

私たちはなぜインターネットで買い物するのでしょうか。消費者がECサイト（電子商取引サイト）を利用する第1の理由は「24時間いつでも購入

できる」(80%),次に「出かけなくても買い物ができる」(71.9%),第3に「価格が安い」(55.6%)などがその主な理由として挙げられています(マクロミル[2009])。

この調査結果を見る限り,インターネットショッピングを行うモチベーションは第1に時間の節約と関係があるように考えられます。現代人にとって時間はますます重要な資源となりつつあります。買い物に伴う「無駄な時間」を節約し,同時に,低価格商品を入手できるならば,これは合理的な選択ということができるでしょう。

4.4 どのような商品を買うか

インターネットで購買される商品カテゴリーにはどのようなものがあるでしょうか。DNP[2007]によれば,「旅行」「チケット」「音楽・映像ソフト」「書籍」がトップのカテゴリーになっています。なぜこれらのカテゴリーの商品がネットを通じて購入されるのでしょうか。考えられる理由の1つは,これらのカテゴリーでは自分と同じような好みをもつ人々からの評判や口コミを参考にして購入することが行いやすいからです。

それだけでなく,これらのカテゴリーでは,ほかのチャネルで買うよりもネットのほうが有利な理由がカテゴリーごとにあるからです。旅行では,旅行代理店の窓口よりもネットのほうが多くの客観的な情報が容易に入手しやすい,チケットは電話や窓口よりも入手が簡単,ソフトや書籍ではより多くの選択が可能になる,などです。ファッションのようなカテゴリーでは試着が可能であるなど,リアルな店舗チャネルのほうが,オンラインチャネルよりも,消費者にとっての利便性がより高いと考えられます。

4.5 どのように情報を探るか

消費者はどのように商品情報をオンラインで探究するのでしょうか。
検索エンジンで,自分が探したい情報を検索したとき,その検索結果

の一部しか利用しないという傾向があることがまず特徴的です（Petrovic [2010]）。多くの消費者（73％）が，検索エンジンで最初に表示されたページしか利用しません。あるいは，検索ページの上半分に位置された情報しか読みません。

　そして消費者は検索ページを「スキャン」します。つまり自分に関心のある情報がどこにあるか，それを目で追うことをします。つまりくまなく検索ページを最初から最後まで詳しく読むということはしません。そのかわり，自分にとってのメリットをスキャンして探すのです。

　オンライン購買での消費者行動の特徴のもう1つは，彼らの忍耐力の欠如です。自分で買い物情報を探しているとき，その情報が出てこないときや，ウェブサイトがスムーズに動かないとき，消費者はすぐにイライラします。先に書いたように，現代において誰にとっても時間は貴重な資源であり，ロスされることに人々は耐えられません。また検索行動などをしているとき，ポップアップ広告などが出てきて自分の作業を邪魔されることにネガティブな印象を受けることが多いのです。

　しかしながら，一方では自分が欲しい情報について，もしそれがサイトから何らかの返事をもらえるということであれば，1日時間をかけて待つこともいとわない，という傾向もみられます。

　それでは，アマゾンなどで買い物や検索をしたとき自動的に表示される「おすすめ」（「この商品を買った人はこんな商品も買っています」など）はどう利用されているでしょうか。多くの人はこうした自動的なおすすめに従うよりも，自分で検索して探した情報，あるいは，他人の評判・口コミなどをより頼りにして購買するようです。

4.6　サイトで買われる要因

　ではどのような要因が結局，ウェブサイトでの購買につながるのでしょうか（Darley, et al. [2010]）。

　まず購買意図にポジティブな影響を与えるのは，ネットを使って情報を探

そうという意図です。つまり情報を探したいという強い気持ちがあるほど，購買の可能性が高まることを意味しています。

買いたいものについて，自分が信用できる口コミあるいは「おすすめ」情報に出会ったときはどうするでしょうか。当然のことながら，その情報を自分の購買決定に利用するだけでなく，その人は検索の努力をそれ以上かけない傾向にあります。口コミ情報は結果として検索努力を少なくさせることになります。

「おすすめ」などの商品レコメンデーション情報を使わなかった消費者は，より単純なオンラインでのショッピング行動を行う傾向があります。つまりあまり情報を収集したりせず，選択肢の間で迷うよりも，ごく簡単な手がかり情報をもとにして意思決定をします。逆に言えば，口コミ情報を利用する人ほど，より多くの選択肢から念入りに選ぼうとするなど，より複雑なオンラインショッピングをすることになります。

4.7 信頼の形成

ネット上での購買には，売り手と買い手との間での信頼の形成というステップが必要です（Constantinides [2004]）。ネット利用者の85％がそのサイトを利用する選択基準の第1は「信用できそうなサイトであること」と回答しています（マクロミル[2009]）。この回答は，「商品の価格が安いこと」(75.8％) をしのいでいます。つまり消費者は価格よりも安全を重視していることになります。

リアルなショッピングにおいては，こうした信頼の形成はさほど必要ではありませんでした。なぜならば，リアルな店舗では，その店が信用できるかどうか，信頼のための「手がかり」を得られやすいからです。たとえば，そのお店が長い歴史をもっているとか，ほかの人々もそこで買い物をしているのを観察できる，店の内外の様子から経験的にその店の信用度がある程度判断できる，などです。ネットではこうした信頼のための手がかり情報はリアルほど入手がやさしくありません。

ネットの信頼には，さまざまな要素が含まれます。たとえば，注文した商品が正確に届けられるかどうか，個人情報やクレジットカードのセキュリティ，アフターサービスなどです。

　この信頼形成のために，マーケターができることとは，「ウェブ経験」をより良くすることです（Constantinides［2004］）。ウェブ経験とは，そのウェブサイトの機能性，使いやすさ，情報性，感情・情緒，手がかり，刺激，商品，サービスなどもろもろの要素を含んでいます。消費者はこれらの要素から，そのウェブサイトと会社について総合的な印象をもつに至ります。これがウェブ経験です。このウェブ経験をさらに分解すると，機能的要素（サイトの使いやすさや顧客サービス），心理的要素（取引の安全や個人情報の安全など），コンテンツ的要素（デザイン，サイト表現のクォリティ，コミュニケーションなど）の3つに分かれます。

Column　ビジネスへの応用

　結局ネットでの購買に影響を与えるような変数は次の3つに集約できます（Darley, et al.［2010］）。①ウェブサイトへの信用，②ウェブサイトへの満足，③ウェブサイトの知名度，という要素です。

　こうした変数をマネジメントするためには，まず消費者に自社のECサイトが信頼できるという「シグナル」が必要です。ウェブサイトのデザイン，個別の問い合わせに対する素早いレスポンス，セキュリティへの配慮などです。また満足を高めるためには，商品のクォリティは当然のこととして，デリバリーの確実さ，アフターサービスの強化，などが重要です。さらにそのウェブサイトの社会的評判，運営する企業ブランドの強化などの施策も有効です。

　結論として，さきに書いた「ウェブ経験」＝最終的な消費者のウェブサイトへの総合的印象をより良いものすることがやはり購買につながるための重要な要素なのです。

Working　　　　　　　　　　　　　　　　　　　　　　　調べてみよう

倫理的消費を行った経験のある消費者にインタビューして，なぜそのような行動を取ったのか，動機や理由をまとめてみよう。

Discussion　　　　　　　　　　　　　　　　　　　　　　　議論しよう

1. インターネットで買う商品・買わない商品として，どのような商品があるかを挙げ，それらに共通した特徴を考えなさい。また，以前は買わなかったが，最近は買うようになった商品があれば，その変化の理由はどこにあるだろうか。
2. 近年「ショールーミング」が話題になっています。リアル店舗で商品を見て，購買はオンラインショップで買うという行動です。①なぜショールーミングが起こるのか，また，②ショールーミングはどのような商品に起こるだろうか。③リアルな小売業として，ショールーミングに対してどのような対応がありうるかを考えなさい。

参考文献

- 「オープンソースの『レゴ・マインドストーム』が大人気」［2000］WIRED 2000/11/09
- 小川進［2011］「レゴ社はなぜハッカーを愛するのか」（2011年4月号）President ビジネススクール流知的武装講座［265］。
- 久保龍太郎［2010］「たかきの独り言【人間力】日清食品「カップヌードルミニ」開発秘話（2010/9/14）
- 経済産業省［2013］「平成24年度我が国情報経済社会における基盤整備（電子商取引に関する市場調査）」。
- 厚生労働省［2010］『厚生労働白書』ぎょうせい。
- コトラー，F.，ケラー，K. L. 著　月谷真紀訳［2008］『コトラー＆ケラーのマーケティング・マネジメント』ピアソン・エデュケーション。
- 総務省［2011］『平成22年通信利用動向調査』。
- 総務省［2014］「インターネットの利用に関するデータ」。
- DNP 大日本印刷株式会社［2007］メディアバリューレポート Vol. 17。
- ナオミ・クライン著　松島聖子訳［2001］『ブランドなんか，いらない─搾取で巨大化する大企業の非情』はまの出版。
- 発明学会　ヒット商品
  http://www.hatsumei.or.jp/idea/hit.html
- 株式会社富士通総研［1999］インターネットショッピング調査。
- 「フェアトレードコーヒーを買ってみる」日経 BP 環境経営フォーラム　ウェブサイト（2007年5

月17日アクセス）
- 堀啓造［2005］「消費者行動から見る患者満足」消費者行動研究学会発表論文 http://www.ec.kagawa-u.ac.jp/~hori/yomimono/satisfaction2005.pdf
- 株式会社マクロミル［2009］ネットショッピングの利用実態調査。
- 村上勝利・伊吹英子・高橋雅央［2005］「コ・クリエーション戦略―顧客の経験が企業の戦略を変える」『知的資産創造』（10月号）pp. 38-53。
- Constantinides, E. [2004] "Influencing the online consumer behavior: the Web experience," *Internet Research*, 14(2), 111-126.
- Darley, W. D., Blankson, C. & Luethge, D. J. [2010] "Toward an Integrated Framework for Online Consumer Behavior and Decision Making Process: A Review," *Psychology & Marketing*, 27(2), 94-116.
- Hannna, N. & Wozniak, R. [2001] *Consumer behavior: An applied approach*, Prentice-Hall.
- von Hippel, E., de Jong, J. P. J. & Flowers, S. [2010] "Comparing business and household sector innovation in consumer products: Findings from a representative study in the UK," *Working paper* (September, 2010). Social Science Electronic Publishing, Inc.
- Johnson, M. D., *et al.* [2000] "The evolution and future of National Customer Satisfaction Index," *Working Paper*.
- Lewis, Tania, & Potter, Emily [2011] *Ethical consumption: A critical introduction*, London: Routledge.
- O'Hern, M. S. & Rindfleishch, A. [2010] "Customer co-creation: A typology and research agenda," In: (Naresh K. Malhotra ed.) *Review of Marketing Research*, Vol. 6., pp.84-106. Armonk, M. E. Sharpe.
- Oliver, R. L., Rust, R. T. & Varki, S. [1997] "Customer delight: Foundations, findings, and managerial insight," *Journal of Retailing*, 73(3), 311-336.
- Petrovic, Dejan [2010] Analyses of consumer behavior online. *Analogik*. http://analogik.com/articles/227/analysis-of-consumer-behaviour-online
- Yoon, S. J. [2002] "The antecedents and consequences of trust in online-purchase," *Journal of Interactive Marketing*, 16, 47-63.

▶▶▶ さらに学びたい人のために

　消費者行動論では，これまでに多くの文献が刊行されています。ここでは主に2000年以降に刊行された書籍を対象として，初学者から専門家を目指す方のためのブックリストを提示します（下記以外の消費者行動論関連の文献については田中洋『消費者行動論体系』（中央経済社）の巻末のリストを参照してください）。

▶概論を学ぶために

- 青木幸弘［2010］『消費者行動の知識』日本経済新聞出版。
- 青木幸弘・新倉貴士・佐々木壮太郎・松下光司［2012］『消費者行動論──マーケティングとブランド構築への応用』有斐閣。
- 杉本徹雄［2012］『新・消費者理解のための心理学』福村出版。
- マイケル R. ソロモン著　松井剛監訳『ソロモン 消費者行動論』丸善出版。
- 田中洋・清水聰編著［2006］『消費者・コミュニケーション戦略──現代のマーケティング戦略(4)』有斐閣。
- 守口剛・竹村和久・白井美由里・新倉貴士・神山貴弥・丸岡吉人［2012］『消費者行動論──購買心理からニューロマーケティングまで』八千代出版。

▶より専門的に学ぶために

- 阿部周造［2013］『消費者行動研究と方法』千倉書房。
- 小川孔輔監修　木戸茂著［2014］『消費者行動のモデル（シリーズ・マーケティング・エンジニアリング）』朝倉書房。
- 齋藤嘉一［2015『ネットワークと消費者行動』千倉書房。
- 澁谷覚［2013］『類似性の構造と判断──他者との比較が消費者行動を変える』有斐閣。
- 清水聰［2006］『戦略的消費者行動論』千倉書房。
- 白井美由里［2005］『消費者の価格判断のメカニズム──内的参照価格の役割』千倉書房。
- 須永努［2010］『消費者の購買意思決定プロセス──環境変化への適応と動態性の解明』青山社。

- 高橋郁夫［2008］『三訂 消費者購買行動―小売りマーケティングへの写像』千倉書房。
- 高橋広行［2011］『カテゴリーの役割と構造 ブランドとライフタイルをつなぐもの』関西学院大学出版会。
- 武井寿［2015］『意味解釈のマーケティング―人間の学としての探究』白桃書房。
- 竹内淑恵［2010］『広告コミュニケーション効果―ホリスティック・アプローチによる実証分析』千倉書房。
- 竹村和久［2009］『行動意思決定論－経済行動の心理学』日本評論社。
- 田中洋［2008］『消費者行動論体系』中央経済社。
- 田中洋編［2014］『ブランド戦略全書』有斐閣。
- 新倉貴士［2006］『消費者の認知世界』千倉書房。
- 仁科貞文・田中洋・丸岡吉人［2007］『広告心理』電通。
- 牧野圭子［2015］『消費の美学』勁草書房。
- 松井剛［2013］『ことばとマーケティング―「癒し」ブームの消費社会史（碩学叢書）』碩学舎。

索 引

英数

CDPモデル……………………………17
EPS……………………………………53
HPS……………………………………53
LPS……………………………………53
POP……………………………………41
POS……………………………………42

あ

アーリーアダプター………………233
アーリーマジョリティ……………233
愛情ニーズ……………………………27
アイデンティティ…………………197
アトキンソンとシフリンの二重貯蔵モデル
　………………………………………119
アンカリング効果………………21, 68
安全ニーズ……………………………27
意思決定………………………………50
維持リハーサル……………………120
一般知識……………………………131
イノベーション……………………232
イノベーター………………………232
今していることへの没入状態……178
意味記憶………………………126, 131
意味符号化…………………………119
インディケーターグループ…………30
ウォンツ………………………………26
エグゼンプラー……………………139
エスノグラフィー…………………190
エピソード記憶……………………126
エピソード知識……………………131
エンゲル………………………………16

オペラント条件づけ………………114
音韻的符号化………………………119

か

下位カテゴリー……………………138
解釈…………………………………135
階層構造……………………………132
階層モデル……………………………95
外的参照価格………………………111
概念の批判的吟味…………………188
買い回り品……………………………35
買い物行動……………………………35
買いやすさ……………………………40
価格……………………………………39
価格知覚……………………………110
学習…………………………………113
拡張自己……………………………155
カクテルパーティ現象……………106
家族購買意思決定……………………73
カトーナ………………………………15
感覚刺戟……………………………104
環境手がかり………………………125
関係強化……………………………209
関係弱体化…………………………209
関係の断絶…………………………209
感情…………………………………142
関連性………………………………123
機械的記憶化………………………113
希少性…………………………………9
期待−充足理論……………………251
気分…………………………………148
気分一致効果………………………149
希望……………………………………28
基本カテゴリー……………………138

基本感情	144
基本情動理論	143
客観的知識	131
キャズム	235
極端の回避	68
距離抵抗	40
繰り返し	123
計画行動理論	94
顕在記憶	124
検索	118, 122
顕出属性	86
限定的問題解決	55
広域的問題解決	53
好意形成	112
行動経済学的アプローチ	64
購入意思決定	51
購買意思決定	71
幸福	171
小売イメージ	39
合理的活動モデル	93
考慮集合	56
顧客満足	42, 249
コ・クリエーション	241
古典的条件づけ	114
コラット	16
コラボ消費	239
コンシューマーインサイト	31, 193
コンシューマー・トライブ	232

さ

サーストン法	84
最上位カテゴリー	138
最小限の関係維持	209
再生	127
再認	127
サドル現象	236
サブリミナル	108
さまざまな定性(質的)方法論の使用	188

シェアリング	236
シェス	16
視覚的符号化	119
時間	123
シグナル	63, 161
自己意識の消失	178
試行性	236
自己実現ニーズ	27
市場の信念	63
市場要因	37
システム1	20
システム2	21
品揃え	39
自分の活動への集中	178
自分の行為を統制している感覚	178
社会的性格	222
社会的動機	33
習慣的意思決定	55
自由想起	127
周辺ルート	92
主観的知識	131
準拠集団	226
純粋再生	127
条件刺戟	114
状況要因	37
焦点的注意	107
衝動買い	46
消費	8
消費者意思決定過程モデル	17
消費者イノベーション	244
消費者活動	93
消費者活動理論	93
消費者信頼感指数	16
消費者センチメント	16
消費者の新近性	124
消費者の動機	124
消費者文化理論	189
消費者マインド	16
消費者ロジスティクス	40
消費の意味の重視	188

商品カテゴリー化	137
情報の完全性	123
情報の競合性	123
ショールーミング	40
処分	42
処理水準	122
ジレンマ	10
神聖消費	202
ジンメル	221
信頼	158
心理的な報酬	178
スキーマ	135
スクリプト	136
精緻化見込みモデル	90
精緻化リハーサル	120
生理的ニーズ	27
説得	97
宣言的記憶	126
潜在記憶	109, 124
選択	10, 11
選択的注意	106
全面計画購買	45
相対的便益	235
組織購買意思決定	75
組織購買階層理論	75
尊敬ニーズ	27
ゾンバルト	13, 212

た

代替案決定規則	58
態度	78
態度の3要素モデル	80
代理指標	112
達成できる見込みのある課題	178
他人指向型	223
タルド	221
短期記憶	119
短期貯蔵庫	119

知覚	104, 105
知覚循環モデル	110
知覚的流暢性	108
知覚品質	112
知覚ベネフィット	37
知覚リスク	37
知識	130
知識と理解への欲求	27
チャンキング	121
注意	106
中心ルート	92
長期記憶	121
直接的なフィードバック	178
貯蔵	118
ツァイガルニク効果	123
定位	106
ディヒター	15, 30
手続記憶	126
手続的知識	131
デマンド	26
動機	28, 31
トリクルダウン	221

な

内的参照価格	111
ニーズ	25, 26
ニコシア	16
二重過程理論	22
認知構造	137
認知的学習	113
認知反応	92
ネガティブな関係の確証	209
ネットワーク構造	132

は

| 廃棄行動 | 43 |

はく奪	156
パッカード	13
幅広い消費活動への考察	188
バラエティ・シーキング	44
ハワード	16
販売員	40
非計画購買	46
美ニーズ	27
非補償規則	58, 60
ヒューリスティックス	161
貧困	9
複雑性	235
符号化	118
符号化特定性原理	126
部分計画購買	46
プライミング	125
ブラックウェル	16
ブランド・コミュニティ	230
ブランド知名(認知)率	127
ブランド・ロイヤルティ	44
フレーミング効果	69
フロイト	15
フロー	176
プロスペクト理論	64
プロトタイプ	139
ベットマン	16
ポジショニング	138
ポジティブな関係の確証	209
補償規則	58
補助再生	127

ま

マートン	226
前注意処理	107
マジックナンバー7	121
マックス・ウェーバー	13
マッチング活性化仮説	107
ムード	124
無条件刺戟	114
明瞭な目標	178
モチベーションリサーチ	15, 30
モデリング	115
最寄品	35
問題解決	113

や

山口昌男	234
誘因	29
要求工学	76
欲望	27
余剰	11

ら

ラガード	233
リッカート法	83
リースマン	222
立地	39
流行	220
両立性	235
倫理的消費	246
レイトマジョリティ	233

▶著者紹介

田中 洋（たなか　ひろし）

中央大学名誉教授。京都大学博士（経済学）。
1951年名古屋市生まれ。1975年株式会社電通入社。同社に21年間勤務。同社マーケティングディレクター，法政大学経営学部教授，コロンビア大学ビジネススクール客員研究員，中央大学大学院戦略経営研究科教授などを経て，2022年より現職。この間フランス国立ポンゼショセ工科大学ビジネススクール，東北大学，名古屋大学，慶應義塾大学，早稲田大学などで非常勤講師。マーケティング論専攻。日本マーケティング学会会長，日本消費者行動研究学会会長などを歴任。
日本マーケティング学会マーケティング本大賞，同学会ベストペーパー賞，日本広告学会賞（4度），中央大学学術研究奨励賞（2度），東京広告協会白川忍賞などを受賞している。数多くの企業でマーケティングやブランドに関して戦略アドバイザー，研修講師を務める。
Facebook：https://www.facebook.com/hiroshi.tanaka1
主著：『消費者行動論体系』（中央経済社，2008），『ブランド戦略論』（有斐閣，2017），『ブランド戦略ケースブック2.0』（同文舘出版，2021）など。

消費者行動論

2015年3月30日　第1版第1刷発行
2025年3月30日　第1版第13刷発行

著　者　田　中　　　洋
発行者　山　本　　　継
発行所　㈱中央経済社
発売元　㈱中央経済グループ
　　　　パブリッシング

〒101-0051　東京都千代田区神田神保町1-35
電　話　03（3293）3371（編集代表）
　　　　03（3293）3381（営業代表）
https://www.chuokeizai.co.jp
印刷・製本／文唱堂印刷㈱

©2015
Printed in Japan

＊頁の「欠落」や「順序違い」などがありましたらお取り替えいた
しますので発売元までご送付ください。（送料小社負担）
ISBN978-4-502-12651-2 C3034

JCOPY〈出版者著作権管理機構委託出版物〉本書を無断で複写複製（コピー）することは，
著作権法上の例外を除き，禁じられています。本書をコピーされる場合は事前に出版者著
作権管理機構（JCOPY）の許諾を受けてください。
　JCOPY〈https://www.jcopy.or.jp　eメール：info@jcopy.or.jp〉